民國文化與文學 研究文叢

三 編
李 怡 主編

第 17 冊

民國文化建構中的地域文學辨思

鄧 經 武 著

國家圖書館出版品預行編目資料

民國文化建構中的地域文學辨思／鄧經武 著 -- 初版 -- 新北市：
花木蘭文化出版社，2014〔民103〕
目 2+236 面；19×26 公分
（民國文化與文學研究文叢 三編；第 17 冊）
ISBN 978-986-322-789-2（精裝）
1. 中國文學 2. 現代文學 3. 文學評論
541.26208   1030127513

特邀編委（以姓氏筆畫為序）：

ISBN-978-986-322-789-2

9 789863 227892

丁　帆	王德威	宋如珊
岩佐昌暲	奚　密	張中良
張堂錡	張福貴	須文蔚
馮　鐵	劉秀美	

民國文化與文學研究文叢
三　編　第十七冊　　　　　　ISBN：978-986-322-789-2

民國文化建構中的地域文學辨思

作　　者	鄧經武
主　　編	李　怡
企　　劃	四川大學現代中國文化與文學研究中心
	民國文學與海外漢學研究中心（籌）
	北京師範大學民國歷史文化與文學研究中心
總 編 輯	杜潔祥
副總編輯	楊嘉樂
編　　輯	許郁翎
出　　版	花木蘭文化出版社
社　　長	高小娟
聯絡地址	235 新北市中和區中安街七二號十三樓
	電話：02-2923-1455 ／傳真：02-2923-1452
網　　址	http://www.huamulan.tw 信箱 hml810518@gmail.com
印　　刷	普羅文化出版廣告事業
初　　版	2014 年 9 月
定　　價	三編 20 冊（精裝）新台幣 35,000 元

民國文化建構中的地域文學辨思

鄧經武　著

作者簡介

鄧經武，男，1955 年 6 月～，成都市金堂縣人。從不參加任何政黨。四年小學時，因「文革」爆發而輟學，在農村種過地，在工廠做過 8 年工人。1979 年以「同等學力」僥倖考入四川師大中文系，大學畢業後成為高校教師至今。其間做過學校教務處行政工作、參與組建並主持過旅遊系行政工作、擔任過學校圖書館長。後來自行退出學校行政系列，恢復一個教師的本貌。現為成都大學中文系教授。

出版學術著述有《20 世紀巴蜀文學》（1999）、《巴蜀文化與四川旅遊資源開發‧巴蜀文學與文人》（2002）、《《大盆地生命的記憶——巴蜀文學與文學》（2005）、《聚焦茅盾文學獎》（合作，2005）、《六百年迷霧何時清：「湖廣填四川」揭秘》（2010）。另有四川省文化建設重大工程《巴蜀文化通史‧文學卷》（合作，待出版）。

在各類學術刊物發表論文約百篇，主要涉及 20 世紀中國文學、地域文化與巴蜀文學、文化學與城市文化形象等話題。

社會兼職有：四川省教育廳人文社科重點研究基地「地方文化資源保護與開發研究中心」（第一屆、第二屆）學術委員會委員、四川省中國現當代文學研究會副會長、中國郭沫若研究會理事、四川省地方志協會理事和學術委員會委員等。

提　　要

本書主要著眼於民國整體格局中巴蜀文學的重新發現以及其對民國文化建構的貢獻，著重對川籍作家的地域性言說特徵進行剖析，論述了其對民國文學的發展與繁榮的努力，所涉及的對象有郭沫若、巴金、李劼人、沙汀、艾蕪、羅淑、何其芳、陳銓等在民國文學發展歷程各時段具有相當影響的作家及其代表作。對民國文學研究界注意不夠的詞人趙熙等舊體文學創作，以及「還珠樓主」武俠小說的承繼流變等，進行了展示和論說。這是基於民國社會和文化運行的特點，在巴蜀大盆地呈現得極為典型。同時，也選擇了吳越、秦晉、湖湘等地域文化圈的民國文學一些案例進行分析，以展示民國文學的空間構成的總體格局運行態勢。

本書從世界文化思潮的視野下，審視這些文學現象的呈現原因，又從民族文化傳統尤其是不同地域文化積澱的背景下，對諸多作家創作案例進行辯思。既注意各不同地域文化的作用下作家藝術表現特色緣由，又將之放入世界性文化結構之中，思考其受時潮蕩滌的藝術呈現原因。同時還注意了英美意象派詩歌從「東方化」開始、布萊希特代表作所受到「四川好人」影響等中外文學的互動關係等現象。

本書主要的理論支撐是人類文化學、文藝美學、比較文學。

「民國熱」與民國文學研究
——第三輯引言

李　怡

　　經過多學界多年的倡導和努力，「民國文學」的概念在越來越大的範圍內獲得了人們的理解和接受，從民國歷史文化的角度闡述文學現象也正在成為重新定位「現代文學」的重要思路，從某種意義上看，這可以說是近年來中國文學研究的一大動向。當然，面對我們業已熟悉的一套概念、思路和批評方式，「民國文學」的價值、意義和研究方式也依然需要更多的學者共同參與，並貢獻自己的創造性思想，在更獨特更具規模的「民國文學史」問世之前，種種的疑問是不可避免的。其中之一，就是困惑於社會上越來越強烈的「民國熱」：在不無喧鬧、魚龍混雜的「民國消費」的浪潮中，所謂的「民國文學研究」又意味著什麼？它根源於何方？試圖通往何處？如何才能將流俗的迷亂與學術的理性劃分開來？

　　在這個意義上，釐清當前中國社會的「民國熱」與學術研究的「民國文學」思潮之相互關係，也就成了一件極有必要的事情。

作爲當代大衆文化的民國熱

　　民國熱，這個概念的所指本身並不明確：一種思想潮流？一種社會時尚？一種消費傾向？我們只能先這樣描述，就目前一般報章雜誌的議論而言，主要還是指由媒體與出版界渲染之後，又部分轉入社會時尚追求與大眾想像的「趣味的熱潮」。

　　在一個相當長的時期內，「民國」這一概念通常被另外一個色彩鮮明的詞語代替：舊中國，它指涉的就是那一段早已經葬身歷史墳墓的「軍閥當道，

萬馬齊喑，民不聊生」的時代，因早已結束而記憶發黃，因過於黑暗而不願詳述。而所謂的「民國熱」就是對這些固化概念的反動，重新生發出瞭解、談論這段歷史的欲望，並且還不是一般的興趣，簡直引發了全社會範圍內的廣泛而強烈的熱潮。據說，當代中國的「民國熱」要追溯到 2005 年。餘世存的《非常道》、美籍華人學者唐德剛的《袁氏當國》、張鳴的《歷史的壞脾氣》相繼出版，一反過去人們對「民國」的刻板印象，種種新鮮的歷史細節和「同情之理解」，喚起了中國人對原本早已塵封的這段「舊中國」歷史的新的興味。接下來的幾年中，陶菊隱、傅國湧、何兆武、楊天石、智效民、邵建、李輝、孫郁等「民國見證人」與「民國史學者」不斷推出各種鮮活的「民國話題」，使得我們在不斷「驚豔」的發現中似乎觸摸到了「真實」的歷史脈搏，而且，這些關於民國往事、民國人物的敘述又不時刺激到了我們當今生活的某些負面，今昔對比，但不再是過去那種模式化的「憶苦思甜」，在不少的時候，效果可能恰恰相反，民國的細節令人欣羨，反襯出今天的某種不足，這裡顯然不無記憶者的美化性刪選，也難免闡釋者的想像與完善，但對於廣大的社會讀者而言，嚴謹考辨並不是他們的任務，只要這些講述能夠填補我們的某種欠缺，滿足他們的某些精神需要，一切就已經夠了。「民國熱」在「辛亥百年」的紀念中達到高峰，如今，在大陸中國的稍具規模的書店裏，我們都能夠看到成套、成架、成壁的民國專題圖書，圖書之外的則是更多的報刊文章、電視節目，甚至服飾的民國懷舊潮流，大陸中國的民國熱還在一定程度上波及到了海峽對岸，在臺灣的圖書與電視中，也不時晃動著「民國記憶」的身影，只是，對於一個自稱「民國進行時」所在，也會同我們一起講述「過去的民國」，多少令人覺得詫異，它本身似乎也生動地提醒我們：民國熱，主要還真是一種大眾趣味的流變，而非知識精英的文化主題，儘管我們的知識界在其中推波助瀾。〔註 1〕

作為當代大眾文化體現的「民國熱」是由知識分子津津樂道的「民國掌故」喚起興味的，正是借助於這些「恍如隔世」的故事，人們逐漸看到了一個與我們熟悉的生活格局迥然有別的時代和社會，以及生活於其中的個性色彩鮮明的歷史人物，出於某種可以理解的現實補償心理，人們不免在這一歷史意象中寄予了大量的想像，又逐漸將重塑的歷史意象召喚進現實，成為某

〔註 1〕 參看周爲筠：《「民國熱」之下的微言大義》，載《南方都市報》，2008 年 1 月
　　　　 20 日。

種時尚趣味的符號，如在一些婚紗藝術照與大學畢業紀念照中流行「民國服飾」。應當說，作爲這一社會趣味的推動力量，一些知識分子的「關於民國」的寫作發揮了明顯的作用，但是，作爲流行的社會趣味本身的「民國熱」卻還不能是一種自覺的時代思潮，而只是知識分子的個人的某種精神訴求與社會情緒的並不嚴密的合流，一方面，知識界對這些「民國文化」的提取和發掘尚未進入系統的有序的理性層面，本身就帶有明顯的趣味化和情緒性色彩，包括目前流行甚廣的所謂「民國范兒」，這個本來是一個值得深入探討的精神現象，但是到目前爲止，依然主要流於種種極不嚴格的感性描述與文學比喻，而且據說提出者本人也還試圖放棄其概念發明權。〔註2〕

　　大眾文化，不管我們今天對它的評價究竟如何，都應該看到，這是一種與通常所說的由知識分子自覺建構的並努力納入到精英文化傳統的追求所不一樣的「文化」，它更多地與人們的日常生活方式及生活趣味緊密聯繫，是指普通大眾基於日常生活的需要而生成的種種精神性追求和傾向，它與精英知識分子出於國家民族意識、歷史使命或文化獨創性目標而刻意生產的成果有所不同。當然，作爲個體的知識分子既致力於精英文化的建構，又同時置身於大眾生活的氛圍之中，所以嚴格地講，他同樣也擁有大眾文化的趣味和邏輯，受到日常生活文化的影響，也自覺不自覺地影響著以日常生活爲基礎的大眾文化。

　　從精英知識分子的邏輯出發，我們不難發現大眾文化的若干消極面，諸如與媒體炒作對真正的個性的誤導甚至覆蓋，工業化生產的趣味同質化，五彩繽紛背後隱含的商業利益，對世俗時尚缺乏真正的批判和反思，甚至對國家意識形態的某種粉飾和媾和等等，當年的法蘭克福學派就因此對資本主義的大眾文化大加鞭撻。的確，源於日常生活需要的物質性、享受性與變異性等特點使得大眾文化往往呈現出許多自我矛盾的形態，這裡就有法蘭克福學派所痛心疾首的「商品性」、「同質化」、「工業生產式的批量化」、「傀儡化」、解構主體意識等消極面，如霍克海默和阿多洛在《啓蒙辯證法》中指出的那樣：「文化工業的產品到處都被使用，甚至在娛樂消遣的狀況下，也會被靈活地消費。」〔註3〕「文化工業反映了商品拜物教的強化、交換價值的統治和國

〔註2〕 舒非：《「民國熱」》，見 2012 年 8 月 10 日「大公網」，http://www.takungpao.com/fk/content/2012-08/10/content_913084.htm。

〔註3〕 霍克海默、阿多諾：《啓蒙辯證法》，洪佩郁、藺月峰譯，重慶：重慶出版社，1990 年版，第 118 頁。

家壟斷資本主義的優勢。它塑造了大眾的鑒賞力和偏好，由此通過反覆灌輸對於各種虛假需求的欲望而塑造了他們的幻覺。因此，它所起的作用是：排斥現實需求或眞實需求，排斥可選擇的和激進的概念或理論，排斥政治上對立的思維方式和行動方式。」〔註4〕

所以，我們今天也不難發現大眾「民國熱」中的一些爲消費主義牽引的例證。例如今天的「民國熱」也開始透露出不少獵奇和窺隱的俗套，諸如《民國公子》、《民國黑社會》、《民國八大胡同》一類黑幕消費、狹邪消費同樣開始流行一時，走上被法蘭克福學派抨擊的文化解構、文化異化的萎靡之路。

作爲學術史演進的「民國文學研究」

上述大眾之熱，在最近一些年給人留下了深刻的印象（有人稱之爲「愈演愈烈」），所以當「民國文學研究」的呼聲出現，便自然引起了不少的聯想：這是不是「民國熱」的組成部分呢？又會不會落入獵奇窺隱的窠臼呢？

在我看來，「民國熱」與「民國文學研究」的出現，其最大的相關性可能就在時間上。拋開臺灣學界基於意識形態原因而書寫「中華民國文藝史」不算，中國大陸最早的「民國文學」設想出現在 1990 年代末（陳福康），最早的理論倡導出現在 2000 年代早期（張福貴），但形成有聲有勢的多方位研究則還是在 2000 年代後期（張中良、丁帆、湯溢澤、李怡及「西川論壇」研究群體），這一逐漸成熟的時間剛好與所謂的「民國熱」相重疊，所以難免會給令人從中尋覓關聯。不過，值得我們注意的是，在前述大眾趣味的民國熱之外，其實還有另外一條線索被我們忽略了，這就是學術界對中國近現代歷史的考察和追問方式。

20 世紀初，劍橋史書已經成爲英語世界的多卷本叢書典範，《劍橋中國史》從 1966 年開始規劃，迄今已經完成 16 卷，它對歷史的劃分很自然地採用了朝代與政治形態的變化加以命名，至我們所謂的現代與當代分別編寫了《中華民國史》與《中華人民共和國史》各兩大卷，在這裡，「民國」歷史的梳理和描述已經成爲國際學界的正常工作，絲毫不涉及流行趣味的興起問題。

在大陸中國，雖然因爲政治原因，「民國」一詞一度包含了某種政治禁

〔註 4〕 斯道雷：《文化理論與通俗文化理論導讀》，楊竹山譯，南京：南京大學出版
　　　　社，2001 年版，第 71 頁。

忌，需要謹慎使用，但總體來看，除了「文化大革命」這樣的極端的文化專制時期之外，對「民國史」的關注和研究一直獲得了國家層面的包容甚至支持。《中華民國史》的編修工作可以追溯到半個世紀以前，早於《劍橋中國史》的編寫計劃。1956 年，在「向科學進軍」及「百花齊放、百家爭鳴」的熱潮中，國家科學發展十二年規劃中就已經列入了「民國史」的研究計劃。1961 年是辛亥革命 50 週年紀念，作爲辛亥革命親歷者的董必武、吳玉章等人又提議開展民國史研究。1971 年全國出版工作會議期間，周恩來總理親自指示，將編纂民國史列入國家出版規劃，具體交由中國科學院哲學社會科學學部（今中國社會科學院）近代史研究所負責組織實施，由著名史學家李新先生負責統籌。由於「文革」的環境所限，編寫工作真正開始於 1977 年，但作爲項目卻始終存在。作爲民國史研究系列之一，《民國人物傳》第一卷於 1978年出版，1981 年，《中華民國史》第一卷上下兩冊亦由中華書局正式出版，至2011 辛亥革命一百週年前夕，全套《中華民國史》共 36 卷全部出齊，被稱爲是中國出版界在近年來的一件大事。有趣的是，《中華民國史》第一卷在當年問世之後，遭到了臺灣學界的激烈批評，被認爲是政治色彩濃厚、評價偏頗的「官史」，當時大陸方面特意回應，辯解說我們的民國史研究不是政治行爲，是完全的學術行爲。雖然這辯解未必完全道出了我們學術制度的現實，但是從那時起，「民國史」的研究至少在形式上已經成爲學術而不是政治的一部分，卻是值得肯定的事實。到今天，史學界內部的民國史研究已經成爲中國學術重要的方向，中華民國史研究被確立爲中國社會科學院重點學科也已經十多年了；致力於「民國史」研究的自然也不只中國社會科學院一家，如南京大學、復旦大學、北京師範大學、中國人民大學等諸多學術機構都在這方面投入甚多，且頗有成就，就是一部《中華民國史》今天也不僅有中國社會科學院牽頭版，也另有南京大學版（南京大學出版社，2005 年，張憲文主編）、中國現代史學會版（四川人民出版社，2006 年）等，2000 年 9 月，南京大學中華民國史研究中心被批准爲教育部普通高等學校人文社會科學重點研究基地，多年來，他們通過編輯出版《民國研究》、承擔國家重點科研項目、連續舉辦中華民國史國際學術研討會、不斷推出大型研究叢書等方式穩健地推動著民國史的研究。

這一「民國史」的學術努力試圖突破當代「以論代史」之弊、還原歷史真實，承襲的是實事求是的中國學術傳統，與當下社會文化的時尚毫無關

係。

民國文學研究的出現和發展同樣是歷史學界實事求是追求的一種有力回應。

同整個歷史學界一樣，中國文學史研究也一度成爲「以論代史」的重災區，甚至作爲學科核心概念的「現代」一詞也首先來自於政治思想領域，與中國文學發生發展的事實本身沒有關係，以致到了 1980 年代，我們的文學博士還滿懷疑惑地向學科泰斗請教「何謂現代」。1990 年代的「現代性」知識話語讓中國文學研究在概念上「與國際接軌」了，但同樣沒有解決「以中國術語表述中國問題」的困惑，凡此種種，好像都在一再證實「論」的重要性，於是，「以論帶史」的痕迹依舊存在。

如何回到中國歷史自己的現實，如何在充分把握這些歷史細節的基礎上梳理和說明我們文學的發展，我們需要走的路還很長很長。

「民國文學」概念的重新提出，其實就是創造了一種可能：我們能不能通過回到自己的國家歷史情態之中，就以這些歷史情態爲基礎、爲名詞來梳理文學現象——不是什麼爭議不休的「現代」，也不是過於感性的「新文學」，就是發生在「民國」這一特定歷史語境中的精神現象和藝術追求，一切與我們自己相關，一切與生存於「民國」社會的我們相關。

就是這樣，本著實事求是的治史傳統，我們可以盡可能樸素地返回歷史的現場，勘探和發掘豐富而複雜的文學現象。實事求是，這本來是當年「民國史」負責人李新先生的願望，他試圖倡導人們從最基礎的原始材料做起，清理和發現「民國」到底有哪些值得注意的史實，這樣的願望雖然在「文革」的當時並不能實現，但卻昭示了一代民國史學人的寶貴的學術理想。今天，文學史研究也正在經歷一場重要的轉型，這就是從空洞的理論焦慮中自我解放，重新返回歷史，在學術的「歷史化」進程中鳳凰涅槃，迎來自己新的生命。

只有在這樣的學術脈絡中，我們才有可能洞悉「民國文學」研究的眞諦，也才可能將眞正學術的自覺與大眾文化的潮流區分開來，爲將來的文學史研究開關嶄新的道路。

社會的時尚是短暫的，而文學史研究的發展卻有它深遠的思想淵源。

大眾的文化是躁動的，而我們需要的學術卻是冷靜的、理性的。

當下的潮流總是變動不居的，除了「民國」之熱，照樣還有「啓蒙」的

熱,「黨史」的熱,「國學」的熱……不是每一樁的「時髦」都可以牽動學術思想的重大演變,儘管它們可以在某種程度上相遇,也可以發生某種的對話。

一切都是如此的不同,一切本來也就是根本不同。

熱中之冷與冷中之熱

我如此強調文學史學術的冷靜與理性,與鼓譟一時的社會潮流區別開來,這當然並不意味著我們的工作是封閉於社會,不食人間煙火的學院活動,當代學術向著「歷史化」的方向轉型,這並不意味著學術從此與主體感受無關,與社會關懷無關,從根本上看,這是一種對於研究主體與歷史客體雙向關係的全新的調適,我們必須最充分地尊重未經干擾的事實本身,同時也要善於從歷史事實的豐富中把握我們感受的真實性,在過去的歷史敘述中,我們對此經驗欠缺,希望「民國文學史」研究能夠讓我們重新開始。

這也就是說,雖然我在根本上強調了學術邏輯與時尚邏輯的不同,但是,我也無意拒絕從社會的普遍感受中獲得關於「歷史價值」的追問和思考,包括對大眾文化內在意義的尊重和關注。法蘭克福學派曾經激烈地抨擊了大眾文化的諸多弊端,不過,這不能掩蓋另外一些學者如英國的文化研究(如費斯克的學說)從相反的角度所展開的正面的發掘與肯定,這指的是對大眾文化追求中積極的建構性意義的褒揚。如費斯克所欣賞的反抗性、自由選擇性,正所謂「身體的快感所進行的抵抗是一種拒絕式的抵抗,是對社會控制的拒絕。它的政治效果在於維持著一種社會認同。它也是能量和強有力的場所:即這種拒絕提供強烈的快感,並因而提供一種全面的逃避,這種逃避使身體快感的出現令上層覺得驚慌,卻使下層人民感到了解放。」〔註5〕中國的大眾文化是在結束文革專制、社會改革開放的過程中發展壯大的,這樣的過程本身就與法蘭克福學派所警惕的成熟的資本主義文化不盡相同,它在問題重重的同時依然帶有抵抗現實秩序的某些功能,因此值得我們認真對待。即以我們目前看到的「民國熱」為例,一方面其中肯定充斥了消費主義的萎靡之態與嘩眾取寵的不負責任,但是,在另外一方面,我們卻也應該承認,帶動了「民國熱」的許多講述者本身也是民國史的研究者和關注人,他們兼具知識

〔註5〕費斯克:《理解大眾文化》,王曉珏、宋偉強譯,北京:中央編譯出版社,2001年版,第64頁。

基礎與人文關懷，即使是對「民國」的浪漫化的想像也部分地指向了某種對理想信念的緬懷——教育理念、文化氛圍、人格風骨等等——顯然不都是歷史的事實，但是提出問題本身卻無不鑒古知今，繼續變革中國、造福民族的意味，這卻不是無的放矢的。這樣的大眾文化包含了某些值得深思的精神訴求，在信仰沉淪、物質至上、唯利是圖的時代，尤其不可為「治民國史」者所蔑視，在某些時候，其本質上胸懷民族未來的激情恰恰應該成為學術的內在動力。

當然，社會情懷的擁有並不就是學術本身。學術自有自己的理念和法則，作為學者，我們思考的不是改變這些法則去遷就大眾的情趣，相反，是更好地尊重和完善法則，讓法則成為社會情懷的合理的延伸和提煉。民國文學的研究首先是學術，不是轉瞬即逝的社會潮流，與那些似是而非的「民國熱」比較，我們起碼還應該在下面幾個方面意識清晰：

第一，作為學者而不是媒體人，思想是學者的第一生命，而思想的提煉必須來自於對現實生活的有距離的觀察和判斷。我們要特別強調一種理性的認知，以代替某些煽情式文字書寫。之所以這樣強調，乃是在「學術通俗化、市場化」的今天，學術著作有時混同於媒介時代大量的「抒情讀物」中，如果單純依從大眾閱讀的快感，難免會模糊掉學者的本位，使思想讓位於抒情。

其次，作為歷史敘述的工作者，我們應該盡力還原歷史的複雜性，以區別於對歷史的想像。作為大眾文化的精神需求，其實不可能「較真」，有時候似是而非的故事更能夠調動人們的情緒，但是對於歷史工作者就不同了，它必須對每一個細節展開盡可能的考察、追問，即使充滿矛盾之處，也必須接受仔細的勘探和分析，當然，這樣的刨根問底可能會打破不少的幻夢，瓦解曾經的想像，就是「歷史見證人」的「口述實錄」也必須接受專業的質疑，未經質疑和考證的材料不能成為我們完全信賴的根據，這樣的「工作」常常枯燥而繁瑣，並不如一般大眾想像的那麼自由和愜意，但是學術的真相必須在直面這樣的事實之中，只有洞察了所有這一切的矛盾困惑，我們方能獲得更高的事實的頓悟，也只有不間斷的疑問，才能推動我們對「問題」的不斷髮現。正如有學人指出的那樣：「民國自有許多值得我們繼承、借鑒的遺產，如自由之精神，如兼容並包的大學氣度等等，但我們不應不加辨析，只選取光鮮處，一味稱歎；更無意於要在民國諸賢中分個高低上下，使孔子大戰耶

穌，魯迅 PK 胡適，只是覺得我們在關注歷史人物時，首先要研究其思想、事功，而非僅僅作為飯後談資的八卦、段子。」〔註6〕

第三，民國文學的研究最終是為了解釋說明文學本身的問題而不是其他。這裡的「其他」常常就是大眾豐富的需求，或者為了各自的政治道德目標，或者為了心理的釋放，或者就是獵奇與八卦，一切事物都可以成為談資，一切談論的方式都無不可，超越「專業」的任性而談往往更具某種「自由」的魅力。但是，一旦真正進入專業研究，這都是學術的大敵。民國文學研究最終是為了深刻地解釋和說明民國時期的文學何以如此，所有「文學之外」的信息都必須納入到對「文學之內」的認定才有其必要的價值，而且這些信息的真正性也須得我們反覆校勘、多方考辨。在「文學解釋」的方向上，關於「民國」的種種逸聞趣事本身未必都有價值，未必都值得我們津津樂道，只有能夠幫助我們重新進入文學文本的「故事」才具有學術史料的意義。

最後，也是我們必須格外重視的一點，那就是學術研究所包含的社會情懷主要是通過對社會文化環境的緩慢的影響來實現的，它並不等於就是目標單純的政治抨擊，也不同於居高臨下的道德訓誡。就民國文學研究而言，如何我們能夠在學術研究中發掘某些民國文學的發展規律，揭示某些民國作家的精神選擇，闡述某些文學文本的藝術奧妙，本身就對當前的文學生態發生默默的轉移，又經過文學的啟迪通達我們更大的當代精神，誠如斯，學術的價值也就實現了。學術研究有必要與傳統所謂的「現實隱射」嚴格區別開來，雖然我們能夠理解傳統中國的專制主義壓抑下「隱射」思維出現的理由，但是在總體上看，精神活動對社會現實的影響應當是正大光明的，而「隱射」思維卻是偏狹的和陰暗的，文學研究是排除「預設」的對歷史現象的豐富呈現，「影射」卻將思想牽引到一個特定的主觀偏執的方向之上，不僅不能真正抵達真相，而且還可能形成對歷史事實的扭曲和遮蔽，學術擁有更為開闊的目標和境界，而「影射」則常常被個人的私欲所利用。和一切嚴肅的學術研究一樣，民國文學研究是在健康和積極的方向上為中國的當代文化貢獻自己的智慧和力量。

恰恰是「民國熱」之中，我們需要一種「冷」的研究，當然，這「冷」並非冷漠，而是學術的冷靜和理性的清涼。

〔註6〕 王晴飛：《冷眼「民國熱」》，《文學報》，2012 年 7 月 5 日。

緒論：地域文化學視野中的文學問題

一、地域文學研究的相關概念

全球一體化浪潮的衝擊，引發了各國各民族對自我族群身份的重新確認和對本土文化的堅守張揚。在全球化語境中，中國文學開始自覺地展示本土特徵。追求個性風格的藝術創新，述說獨特人生感悟的「地域體驗」，爲彰顯特色鮮明的地域場景與風俗畫面等「地景書寫」，構成中國文學「湘軍」、「晉軍」、「陝軍」、「川軍」、「京派」、「海派」等多元發展格局。先秦時期各方國如吳越、秦晉、齊魯、荊楚、巴蜀等稱謂，在兩千多年後的中國文壇上，突然被「復活」爲當下出現頻率極高的文學評論術語。

在某種意義上說，在民國文化與文學的建構過程中，地域意識發揮著極大的作用。民國誕生的前夜，「反滿」與「共和」成爲一種必然關係，而建立共和的開始途徑則是「聯省自治」，這幾乎成民國初年最時髦的政治理想。《湖北學生界》（1903，後改名爲《漢聲》）、《浙江潮》（1903）、《江蘇》（1903）、《四川》（1906）、《河南》（1907）、《江西》（1908）等在日本留學的地域性文化集群及其刊物的湧現，就是有著這樣的背景。地域意識，實際上已經成爲民國初造的政治文化和革命思想的體現。

地域文學研究浪潮的洶湧激蕩，這就是民國初年「鄉土文學」、「地方文學」等概念，大行於世的一個原因。梁啓超在《中國地理大勢論》（1903）中，探討過南北文學不同的趣味和風格：「大而經濟，心性，心理之精，小而金石，刻畫，遊戲之未，凡無一不與地理有密切關係。天然力影響人事者，不亦偉耶，不亦偉耶」。民國之初曾經任成都國學院副院長（1911～1913）的劉師培

（1884～1919），在成都時與謝无量、廖季平、吳虞等共同發起成立「四川國學會」，就有《南北文學不同論》（1905）對地域與文學關係進行過專門論述：「大抵北方之地，土厚水深，民生其間，多尚實際；南方之地，水勢浩洋，民生其間，多尚虛無」，「（北方）民崇實際，故所著之文不外記事析理二端；（南方）民尚虛無，所作之文，或爲抒情言志之體」。周作人提倡對民間歌謠的收集，作爲中國新詩發展的參考，亦注意到「大多有強烈的地方趣味」；20世紀 30 年代的「海派」文學、「京派文學」、「浙東」和「湘西」意象，以及人們對「東北作家群」的認識等，都有著對地域文化特徵的關注，如茅盾就強調《呼蘭河傳》「一幅多彩的風土畫」的特色……。

2002 年，全國第一屆「區域文化與文學學術研討會」（重慶）召開，與會者使用最多的論述概念是「區域」，後來彙編出版爲《區域文化與文學》（靳明全，2003），其編選標準是「遴選的論文大概分爲兩大類：一是區域文化與區域文學之關係。這類論文主要是對重慶文化與中國文學、西部文化與文學的歷史、現狀及特點進行的深入細緻的論述；二是區域文化與文學研究的理論建構。這類論文著重論述了區域文化與文學的概念、價值和意義以及區域文化與文學賴以存在的客觀地域環境和人文環境。」類似的活動成爲近年來中國文學研究的一大熱點，如「全球化語境：區域文化與文學湘軍──2006」、「湖南中青年文藝評論家學術研討會」（永州，2006）、「回首百年、繼往開來、共同開拓區域文學與民族文學研究的新格局──巴蜀作家與 20 世紀中國文學學術研討會」（萬州，2007）、「地域文化與文學學術研討會」（濟南，2007）、「中國文學與地域文化」（合肥，2010）、「中國古代文學與地域文化學術研討會」（漢中，2011）、「首屆中國古代文學與地域文化學術研討會暨首屆中國古代文學與地域文化博士生博士後論壇」（上海，2011）等等。〔註 1〕在全國第二屆「區域文化與文學學術研討會」（重慶，2009）會議中，「區域」仍然是許多學者使用的研究理念。

一種文化的運行流佈，主要是在一個特定的區域內，但我們不能完全地以行政區域爲界限，去劃定這種文化流佈的邊界。我們所說的地域（region）

〔註 1〕 山東師大的博士點方向「齊魯文化與中國古代文學研究」設置、陝西省的「長安學叢書」的出版等，都是近年來地域文化與文學關係研究日益成爲熱點的現象──參見《首屆中國古代文學與地域文化學術研討會》，《上海文化年鑑》2012 年 1 期。

是指文化學意義上的空間範疇，既包括歷時性的文化流佈，也包括共時性的空間蔓延及其與外部異質文化碰撞化合。它的邊界是呈彌漫狀態而非確定的。因爲文化的輻射從中心由強到弱至邊緣（brim），其界線常常不很明顯，特別是伴隨著一個地域性政權在政治、軍事、經濟方面勢力的擴展或收縮，這種地域文化輻射的範圍也常常發生著或大或小的變化，但也可以是很確定的區域（area），如行政（省、自治區、直轄市）區域的劃分，這又具有政治地理學色彩。就文化的運行、流佈而言，我們不使用「地區文化」、「區域文化」這樣的術語，正是爲了強調其常常突破行政邊界的彌漫性特點。〔註2〕

以行政區域爲界定的研究，容易導致簡單化地將中國文學史中某個省籍作家剪裁下來，拼湊黏貼在一起，這是政府工作報告的做法，更是中國大陸各級文聯、作協領導的工作報告以及這些組織的文件的做法。如藏族文化不僅僅局限在藏、青、甘和四川省的甘孜、阿壩兩個自治州，還包括內蒙古和新疆等地，甚至還輻射到四川的雅安、綿陽地區。彝族文化的運行流佈除了四川的涼山州和雲南省、貴州省的許多地區外，也輻射到四川省的樂山、攀枝花、瀘州、宜賓等地。又如曾經處於強勢狀態的巴蜀文化，一度輻射至陝西省的寶雞地區，那裡出土大量具有鮮明巴蜀文化特徵的先秦、秦漢時期的文物，可以證明。揚雄在《方言》中就把巴、蜀、乃至於陝西省的漢中劃爲一個方言文化區。

我們對「地域」的認識，首先是強調自然地理環境，它是先於人類存在原初性（original）的，是在生命史開始之前，就由地球表層地貌以及相應的氣候條件作用於自然景觀變化，而形成的決定著一切的先決條件。它對於生產水平非常低下，經濟極端落後的上古先民們影響最大，甚至在相當程度上制約著其生產勞作的形式、生活方式的取向。在這種前提下，原初時期人類——剛剛開始睜開眼睛看世界的童年人類的意識、思維，在形成之際就被烙上自然客體的深深印痕。這種印痕又導引著人們的物質創造和精神創造的方向，形成人們的創造特點，並且一代代地傳遞、凝聚、固化和積澱下來，成爲一種傳統、一種客觀存在的文化環境和人文氛圍，這就是人們所說的「第二自然」。一個作家的故事自然是要在某個地方展開的，因此地域的意義不僅在於爲作品提供了背景。在優秀的地域文學作品中，鮮明的地域特色其本身就形成一種充滿魅力的形象和畫面。

〔註2〕 參見拙著：《大盆地生命的記憶——巴蜀文化與文學》，第18頁，電子科技大學出版社，2005年。

也就是說，人類開始成為「人」時的意識初萌以及由之積澱而來的「童年記憶」，既是人類物質創造和精神創造的源頭，又在漫長的歷史進程中被不斷地積澱、固化為習慣、習俗、特有的生產模式和生存模式以及內心深處的「集體無意識」，影響制約著人類後來的一切創造活動，直到當下。因此，要避免靜態地、簡單化地研究一種文化文學現象，就應該使用「地域」這一概念，以確立一種動態的發展的研究思路。

二、地域文學研究的核心問題

文學是文化範疇最具有形象性、情感性和想像擴張性的表達形式，任何一部文學作品之所以被人矚目，在於作家以最富於個性的獨特言說方式與獨特的藝術形象營造。這種個性往往源自於作家青少年時期生活所吮吸到的地方人文風習。也就是說，一個作家在人生觀、性格形成的時期，周圍的一切都在制約著他的行為方式、語言習慣、方音特點，以及價值觀念等特徵的形成。馬克思、恩格斯在《德意志意識形態》中，曾對地理環境和人文環境的意義有過思考，他們認為：任何人類歷史的第一個前提無疑是有生命的個人存在。因此第一個需要確定的具體事實就是這些人的肉體關係組織，以及受肉體組織制約的他們與自然界的關係。任何歷史記載都應當從這些自然基礎以及它們在歷史進程中由於人們的活動而發生的變更出發。

那個一心要把太行山、王屋山搬走，為當地人行路方便的河南老者，其精神可嘉、可敬也可歎，卻太不理智、不自量力，雖然他可以命令子子孫孫世世代代「挖山不止」，他們的生活來源又靠什麼？這種地域文化精神薰染出來的那個唐代「拾遺」小官，充滿著「竊比稷與契」強烈自信，一心想通過自己「窮年憂黎元」的文字，挖掉「朱門酒肉臭，路有凍死骨」的社會毒瘤，實現「致君堯舜上，再使風俗淳」改天換地的宏偉政治抱負，其實那只是一種不可能達到的奢望。他太老實地相信「文章經國之大業」和儒家的仁政理想，郭沫若晚年在《李白與杜甫》一書中，說到杜甫的虛偽，並非完全沒有道理。

黃土高坡的乾燥氣候與水資源匱乏，導致人們一切活動都具有「質實」的特徵。《毛詩·序》解釋為：「此晉也，而謂之唐，本其風俗憂深思遠，儉而用禮」。「三家分晉」與晉文公稱霸、法家學說的萌發與盛行、《詩經》收錄表現當地社會尖銳矛盾的作品，都是物質貧乏導致的「儉」。黃土地貧瘠的物

產狀況，形成當地「憂深思遠」的文化特色，《詩經・唐風》中《鴇羽》對繁重徭役的怨恨、《葛生》對晉獻公好攻戰「則國人多喪矣」的批評、《無衣》對人生艱辛的述說等，一直對後世產生著深遠的影響。這種地域文化薰染，是從民國時期的趙樹理到20世紀末張平等「文學晉軍」執著於「社會問題」揭示的根本原因。

情感決定作家的價值取向和道德判斷標準，制約著對題材的選擇和作品中人生畫面的構思。對美的評價，不同地域的作家有不同的準則。唐人魏徵的《隋書・文學傳序》云：「江左宮商發越，貴於清綺，河朔詞義貞剛，重乎氣質。氣質則理勝其詞，清綺則文過其意，理深者便於實用，文華者宜於詠歌。此其南北詞人得失之大較也」。梁啓超在《中國地理大勢論》中說得明白：「長城飲馬，河梁攜手，北人之氣概也；江南草長，洞庭始波，南人之情懷也。散文之長江大河一瀉千里者，北人爲優；駢文之鏤雲刻月，善移我情者，南人爲優。蓋文章根於性靈，其受四面社會影響特甚焉。」前人早已對此有著清醒的認識。

「一切景語皆情語」，文學作品中的畫面，都是基於傳達作者情感的需要而構思設置的。這種情景交融的畫面就是「意象」。作家在創作的形象思維過程中，其青少年時期的生活記憶，制約著藝術形象的組合重疊方式，而這種記憶，又必然地受到家鄉的民俗風習、價值判斷標準的影響。一個地區運行流佈的地域文化，積存著這塊土地上世代繁衍不息的族群的原始記憶。這就是「存在決定意識」。大漠孤煙、長河落日、關塞平莽、風塵凝霜的蒼茫、渾雄之景，孕育出的是粗獷、豪俠的燕趙義士和慷慨多氣的漢唐風骨，而千岩競秀、草木蔥蘢、清流飛湍、雲興霞蔚的清麗、秀美之景，可以孕育出浪漫柔美的江南兒女和飄逸超曠的「晉宋風韻」。例如位處遠離中原的「西僻之國」，又因「天府之國」豐裕物產優勢而成爲「戎狄之長」的巴蜀大盆地，自然會哺育出個性張揚、藝術特色鮮明的著名文人。有了這樣的研究視野，我們就能較爲準確地揭示一個作家的風格呈現的諸多原因。

三、地域文學研究的其他問題

地域文學研究正逐漸成爲當今「顯學」，其背後的關鍵原因，還在於「思想解放運動」與社會民主化浪潮的推波助瀾。全球化語境下自我族群身份的確認和張揚需要，以及主體意識、個人權益價值觀、作家和研究者的「個人

話語權」述求等，就在「自我中心」意識的催動下，各顯神通。消解中心、消解權威、倡導多元文化，以「邊緣性」意識形態屬性的文化批評，消解原有「欽定」文學史的定論，彰顯文學發展歷程中的繽紛多姿本貌，從而體現出更廣闊的文化視域和研究策略。

地域文學創作現象的出現導致學理研究的興起，而思想解放運動，則帶來研究視野的拓展。20 世紀中國文學的學科建設，於此獲得了一個良好的發展機遇。臺港澳、淪陷區、馬華等地文學被增補進入文學史，繼後，「華文文學」也納入視野，這種「查缺補漏」追求出新和「全面、完整」撰寫文學史的背後真正動因，還是對既有「欽定」文學史的不滿。這首先是基於「板塊狀的文學組合」現象，追求文學的「全」史，學術界曾先後使用過「區域文學」、「地緣詩學」等概念，這背後，實質上也是對以前文學史政治標準的一種反撥，是以邊緣對抗中心的叛逆產物。

1986 年金克木在《讀書》發表《文藝的地域學研究設想》只有以謙稱「只當閒談」而小心翼翼地展開話題；呂嘉健的《地理學文學略論》（1992）則開始較為直接地談論文學的地域文化色彩問題；最為系統和影響最大的，還是嚴家炎先生主編的「二十世紀中國文學與區域文化叢書」（1995），該叢書著眼於「歷史形成的人文環境的種種因素」、「抓取典型的具有區域特徵的重要文學現象」，成為中國文學研究界最系統地思考地域文學的標誌；爾後楊義先生提出的「重繪中國文學地圖」，探索一種多維度的文學史結構，打破中國文學史傳統的時間維度結構方式，凸顯文學運行的地理維度和地域精神維度，再次拓展了文學研究的空間。有文章對此統計說：〔註3〕

> 自 1990 年代以來，在『重寫文學史』口號的推動下，區域文學的研究蓬勃發展起來，區域文學史也得以提上議事日程。各地先後出版的有陳伯海主編的《上海近代文學史》、王文英主編的《上海現代文學史》、陳慶元的《福建文學發展史》、崔洪勳與傅如一主編的《山西文學史》、王嘉良主編的《浙江 20 世紀文學史》、王齊洲與王澤龍著的《湖北文學史》、陳書良主編的《湖南文學史》、馬清福的《東北文學史》、高松年的《吳越文學史》、鄧經武的《20 世紀巴蜀文學》、喬力與李少君主編的《山東文學通史》、吳海與曾子魯主編

〔註 3〕李偉、魏巍：《文學史寫作的空間維度——兼談區域文學史寫作的合法性》，《當代文壇》，2010 年 4 期。

的《江西文學史》、李建平等人的《廣西文學五十年》等。

近年來一些學者提出，地域文化文學的研究目標，應該是要使地域文化中的經典作家上昇到主流文化層面，將地域文化上昇到全國文化的總體板塊，這種說法是不恰當的。「青蓮」李白、「少陵」杜甫、「昌黎」韓愈、「眉山」蘇軾的文學創造價值，絕非他們所屬的省區文學所能包容。漢帝國文化的輝煌，正在於對多姿多彩的各方國文化的融匯與選擇。任何一種地域文學都是國家文學的組成部分，以吳越文化的視角研究魯迅，從巴蜀文化的背景下研究郭沫若，還有對海派文學、京派文學、港臺文學的研究，以及對宋代「江西詩派」的研究等，都是國家文學研究的重要內容。如晚唐時期「西蜀花間詞」，就是中國韻文學在中唐以來逐漸形成的又一個變體，它與稍後出現的江南「南唐詞」，共同構成了宋代韻文創作主流「詞」的先聲，這些都是不用刻意去「上昇」的。

一些研究者借鑒巴爾扎克的創作理念，用「外省」的視角，來研究一些作家在文學創作中出現的地域化審美傾向。這實際上還是沒有擺脫對「中心」與主流文學霸權的「臣屬」潛意識制約。文學創作與政治言說的差別在於，創作最需要個性獨創而非融入「主流」以確立自己的存在價值。任何一部作品要體現創新，都有一個從情感表現到畫面設計的創新問題。題材選擇、畫面營建、敘述語言的個性化、對人生和社會的獨特思考，都要受到「爛熟於心」的地域性生活場景、乃至於方言方音即思維媒介的制約。

例如，當年李清照曾經批評蘇軾詞「不諧音律」，「蘇門四學士」之一的黃庭堅也說「東坡居士曲世所見者數百首，或謂音律小不諧」。晁補之對老師「人謂多不諧音律」的辯解是「居士詞橫放傑出，自是曲中縛不住者」。〔註4〕他們其實都理解錯了，都沒有考慮到蘇軾是以四川眉山方音來對應詞格音韻的。葉嘉瑩先生就說得很清楚：「並非蘇詞不合律，而只是後人標讀的不同」。〔註5〕地域文化是一種民間話語系統，民間的方言、俚語、特定情境下的語意傳遞甚至還有「黑話」，都是特定社會特定構成和特定文化的真實表現，是根植於一個地域族群內心深處「歷史記憶」。在這種「歷史記憶」作用下的地域族群，無論是「他鄉遇故知」，還是「民歌大合唱」，就會自然而然地形成一個文化言說的「言語族群」。

〔註4〕 宋・吳曾：《能改齋漫錄》卷16引晁補之云，上海古籍出版社，1979年。
〔註5〕 葉嘉瑩：《論蘇軾詞》，《中國社會科學》1985年3期。

　　文學是通過語言思維創造，也是通過語言載體呈現出來的藝術形態，無論從其創作活動的內部情形還是從其被接受的外部效應來看，文學的「言語族群」作用力總是比其「政治社團」的作用力更大、更明顯。作家總是要通過某一地域方言、俗語、民間傳說、風俗習慣和地景風貌，極力宣示特定時空中獨具特色的人生場景和社會畫面，流露出顯意識或無意識的故土情結。他們無一例外地都必須找到屬於自己的一方天地，才能寫出經得住時間考驗的有獨創性的文學作品。正像當年安德森在開導福克納時所說的，他家鄉密西西比的那一小塊地方「也是美國」！

　　即使在文藝美學高度統一化和政治化的時期，陝西作家柳青的《創業史》與湖南作家周立波的《山鄉巨變》，基於「現實主義真實性」需要和藝術個性營造的努力，都在畫面設計、人物性格呈現、言說風格上就有很大的不同。秦晉文化注重功利、與荊楚文化的熱情飄逸，南北自然風物的差異以及生產生活方式的區別等，制約著兩部作品的藝術表現特徵。文學研究的地域文化視野，本質上是切實地深入文學創造的根本動因，揭示作家獨特創造的潛在因素，展示中國文學在具體時段的繽紛多姿現象的真正原因。同時，中國文學在「地球村」背景下，既要思考人類普適性的審美價值尺度，繼續推進「全球性」文化的重構，更要努力於對中國傳統美學的認同，立足於自我人生體驗的書寫，張揚自己所屬的地域文化，爲重構「文化中國」做出貢獻，在「全球性文化」語境中彰顯中國文學的新形象。

第一章　民國文化建構中的文學貢獻

第一節　民國文化建構與新文學

一

在中國歷史的進程中，20世紀的開始，無論如何都是值得大書一筆的。「皇帝不坐龍庭了」，沿襲了千百年的封建專制制度轟然崩塌，中華民國的建立，標誌著中國社會開始了一個全新的運行形態。民族、民權、民生「三大主義」與「和平」、「奮鬥」、「救中國」的建國理想，成為整個民國時代的最強音。

民國伊始，朝野各方都自然而然地以「共和民主」規範自己的行為。即如曹錕，也並不借助槍桿子出任總統，而是依照「臨時約法」規定的程序——哪怕是用「賄選」的方式，以求「完全合法」地成為總統，在曹錕主持下頒佈了中國歷史上的第一部正式憲法《中華民國憲法》（1923），這是國會議員們用近十年才完成的一項重大工作成果，以「發揚國光，鞏固國圉，增進社會福利，擁護人道尊嚴」為核心內容；1915年，日本逼袁世凱政府簽署《二十一條》條約，袁世凱不願承擔「賣國」責任，讓政府所有的公務員簽名同意以示「民主」，否則辭職走人（魯迅就是簽名者之一）；因為暗助「女師大風潮」而被撤銷教育部僉事官職的魯迅，借助民國法律，居然打贏了與教育總長兼司法總長章士釗的官司，並迫使章士釗辭職下臺。

以「刀筆」尖銳批判民國政府的魯迅，還是具有生命的生存空間和發表文章及出版著述的社會條件；基本上被中共操控、以推翻政府為宗旨的「左

翼電影」，如共產黨人田漢、夏衍、陽翰笙等的作品，也能夠在各地影院公映；1948年，民國政府中央研究院並不因為郭沫若的「親共」而無視其學術貢獻，仍然將「缺席」的郭沫若推選為院士；即如30年代的左翼文學、40年代的「延安文學」，都可以在整個民國大地公開行世。1938年，蔣介石對摯友張群做四川省主席的安排，也在地方勢力抵制下不得不放棄，只得暫時由自己親自「兼任」；1938年，國民參政員傅斯年兩次上書彈劾行政院長孔祥熙，在國民參政大會上炮轟孔祥熙並最終使其下臺；1947年2月15日，傅斯年在《世紀評論》上發表《這個樣子的宋子文非走不可》，朝野震動，宋子文也只好下臺，一個參政員轟走兩任行政院長，這就是憲政民主的體現，這也是民國的文化生態環境。

社會的急劇轉型，民族危難的警醒，導致了民族的覺醒，激發了觀念的更新，理性的張揚，開創了思想文化領域的百家爭鳴、百花齊放新局面。各種思潮與主義興盛起來，以探討中國向何處去以及中國現代文化發展道路，如改良主義、空想社會主義學說、無政府主義、國家主義、新村主義、達爾文進化論、尼采哲學、杜威實驗主義學說、馬克思主義等等紛紛湧進國門；而文化的創新性建構努力，也成為民國時期極為突出的現象，如白話文運動，問題與主義之爭、新學與舊學之爭，西學與中學之爭、史學革命、文藝大眾化問題、民族主義文學問題、中國作風與中國氣派問題、工農兵文學等，都是民國學術界建構現代文化的努力。

民國文化建構的基地，是高等學校。作為滿清翰林的蔡元培，曾任中華民國首任教育總長、北京大學校長、中央研究院院長等要職。蔡元培主持頒佈了《普通教育暫行辦法》，主持制定《大學令》、《中學令》，並奠定了從幼兒園到小學、初中、高中，乃至大學研究院的中國現代教育體制，為中國教育、文化、科學事業的發展作出富有開創性的貢獻。

他的基本理念是「兼容並包」，對此陳獨秀曾評說道〔註1〕：

> 北京大學教員中，像崔懷慶、辜湯生、劉申叔、黃季剛四位先
> 生，思想雖說是舊一點，但是他們都有專門學問，和那班冒充古文
> 家，劇評家的人不可同日而語。蔡先生對於新舊各派兼收並蓄，很
> 有主義，很有分寸，是尊重講學自由，是尊重新舊一切正當學術討
> 論的自由；並不是毫無分寸，將那不正當的猥褻小說，捧角劇評和

〔註1〕轉引自周天度：《蔡元培傳》，第103頁，人民出版社，1984年。

荒唐鬼怪的扶乩劍俠，毫無常識的丹田術數，都包含在內……他是
對於各種學說，無論新舊都有討論的自由，不妨礙他們個性的發達；
至於融合與否，乃聽從客觀的自然，並不是在主觀上強求他們的融
合。我想蔡先生的兼收並蓄的主義，大概總是如此。

胡適用「勤謹和緩」談論治學的態度與方法，提出「容忍比自由還更重要」、
「有幾分證據，說幾分話；有七分證據，不能說八分話」現代學術規範，尤
其是「大膽的假設，小心的求證」的治學主張，成爲民國學人乃至於 21 世紀
中國學者奉行的基本準則；陳寅恪的一生，無論是治學還是爲人，都堅守著
「獨立之精神，自由之思想」……長時期擔任清華大學校長的梅貽琦說過，「大
學者，非大樓之謂也，乃大師之謂也」。他對清華大學校長的選擇標準是「一、
無黨派色彩。二、學識淵博。三、人格高尚。四、確能發展清華。五、聲望
素著」，這些都值得我們深思。民國時期一大批大師級學者輩出，得益於民國
良好的文化生態環境。

「平民思想」、人本主義思潮，也體現在基礎教育領域。被譽爲「鄉村教
育的聖人」的陶行知先生，創辦曉莊師範、育才學校等一系列實驗學校，其
辦學理念是「人民貧，非教育莫與富之；人民愚，非教育莫與智之；黨見，
非教育不除；精忠，非教育不出」、「教育良，則僞領袖不期消而消，眞領袖
不期出而出。而多數之橫暴，亦消於無形。況自由平等，恃民胞而立，恃正
名而明」；平民教育家晏陽初先生提倡深入農村做實事，要有一種公共精神；
有「中國最後一位儒家」之稱的梁漱溟先生，終生奉守「願終身爲華夏民族
社會盡力，並願使自己成爲社會所永久信賴的一個人」人生理念，在山東、
四川進行著切實的鄉村教育實驗。這些，都爲國民整體素質的提升，貢獻了
特有的努力。

民國時期大學的獨立性，可以通過一個案例來看。1939 年，國民政府教
育部三度訓令西南聯大必須遵守教育部核定的應設課程，全國統一教材，舉
行統一考試等等。聯大教務會議決定致函抗辯，並公推文學院長馮友蘭執筆，
其對教育部的訓令抗駁斥有四：「夫大學爲最高學府，包羅萬象，要當同歸而
殊途，一致而百慮，豈可刻板文章，勒令從同」；「大學爲最高教育學術機構」，
「如何研究教學，則宜予大學以迴旋之自由」，豈可隨意指令；「教育部爲政
府機關，當局時有進退；大學百年樹人政策設施宜常不宜變。若大學內部甚
至一課程之興廢亦須聽命教部，則必將受部中當局進退之影響，朝令夕改，

其何以策研究之進行，肅學生之視聽，而堅其心智」；「今教授所授之課程，必經教部指定，其課程之內容亦須經教部之核准，使教授在學生心目中為教育部一科員之不若」。最後強調「蓋本校承北大、清華、南開三校之舊」的良好傳統，「似不必輕易更張」，結果就是不予理會這個「訓令」。

　　曾經擔任北京清華大學校長、中華人民共和國教育部、高教部部長的蔣南翔說：「假使說辛亥革命以後我國真有什麼值得稱道的建樹的話，那麼我國大學教育中學術自由的深厚傳統，應該是其中之一。這是我國教育事業上最可寶貴的精神遺產，直到今天，還值得我們加以尊重。」〔註2〕這段話，可以讓我們更好地理解民國文化異常繁榮的社會生態原因。

二

　　民國文化的的建構，首先是從文學領域開始的。梁啓超的小說界革命、詩界革命主張，尤其是「文學是新國、新民的利器」等理論，影響著整個民國的文化人。其《論小說與群治關係》宏論，將中國傳統文化「經世致用」思想，轉化為現代文化的啓蒙功效，把小說提高到改變中國未來發展的高度，即：「今日欲改良群治，必自小說界革命始，欲新民，必自新小說始」；陳獨秀的「文學革命」的根本宗旨，還是通過文化重構達到政治變革的目的，周作人對此說得很清楚：「文學革命上，文字改革是第一步，思想改革是第二步，卻比第一步更為重要」。〔註3〕魯迅回顧自己開始寫作的動因就是「而善於改變精神的是，我那時以為當然要推文藝，於是想提倡文藝運動了。」冰心就曾表示：「我做小說的目的，是想要感化社會，所以極力描寫那舊社會舊家庭的不良現狀，好叫人看了有所警覺，方能想去改良，若不說得沉痛悲慘，就難以引起閱者的注意，就難激動他們去改良。」〔註4〕沈從文小說中展示的田園牧歌，也是「再造中國」的努力。

　　陳獨秀的「敬告青年」、李大釗的「青春中國」的讚頌，郭沫若高歌著民族的「鳳凰涅槃」，都是以文學的方式，為一種新型的現代文化建構所做的努力。站在政治革命的立場上，民國元老廖仲愷高度評價了胡適們的白話文運

〔註 2〕　參見徐百柯：《鉤沈：蔣南翔為書桌振臂高呼兩種傳統間的較量》，《中國青年報》2005 年 9 月 21 日。
〔註 3〕　周作人：《思想革命》，《每周評論》1919 年 11 期。
〔註 4〕　冰心：《我做小說，何曾悲觀呢？》，《晨報》1919 年 11 月 11 日。

動。他說：「我輩對於先生鼓吹白話文學，於文章界興一革命，使思想能借文字之媒介，傳於各級社會，以為所造福德較孔孟大且十倍」。〔註5〕胡適為自己的學生們創辦《新潮》的英文譯名確定為「文藝復興」（Renaissance），藉此展示民國文化現代性建構的重大意義，並以《逼上梁山》為題，闡釋必須建構新文學的時代要求：「文學的生命全靠能用一個時代的活的工具來表現一個時代的情感與思想。工具僵化了，必須另換新的、活的，這就是『文學革命』」。用胡適自己的話來說，就是「打定20年不談政治的決心，要想在思想文藝上替中國政治建築一個革新的基礎」，其從文學革命開始、進而作用於中國政治的意圖，於此說得再清楚不過了。這就是「五四新文化運動」獲得社會普遍認同的原因。「學衡派」對此有著清楚的論評：「新文學之所以能奔騰澎湃而一時成功者，蓋多在勢而不在理也」。〔註6〕

　　民國文化，是在近代兩個「傳統」的影響下運行的：首先是梁啓超把文學當作「新國」「新民」社會變革首選利器，其次是王國維運用西方美學思想解讀中國文學，這些都直接制約著「五四新文化運動」的價值判斷與運行方式，並貫穿著整個民國時代。「思想自由，兼容並包」主張成為整個民國時代思想文化的最強音。「重新估定一切價值」與「打倒一切成見，為中國學術謀解放」的思想解放浪潮，裏挾了眾多文化人加入到「打倒孔家店」的文化重構隊列中，踹倒中國歷史的「陳年流水簿子」以及「全盤西化」成為最時髦聲音。

　　民國文化肇始，基本確立了白話文作為國語文學主要話語符號的地位，平民意識被認定為國家文學的核心價值，這就是「人的文學」、「平民文學」的時代主張，以及「平等、自由的道德原則」。民國政治鬥爭的劇烈，體現於文化建構的迫切，文學則成為最合適的宣傳品和「傳聲筒」。從具體的實現路徑探討，卻形成了激進主義、自由主義和保守主義三種不同趨向的文化重構主張。

　　共產黨人瞿秋白對新文化和新文學是徹底否定的：「五四新文學的平民主義理想是極其虛偽的」，「五四式的新文言（所謂白話）的文學，——只是替

〔註5〕　廖仲愷1919年7月19日致胡適信，載《胡適來往書信選》，上冊，第64頁，
　　　　北京中華書局1979年。
〔註6〕　參見孫尚揚、郭蘭芳編：《國故新知論——學衡派文化論著輯要》第180頁，
　　　　中國廣播電視出版社1995年。

歐化的紳士換了胃口的魚翅酒席，勞動人民是沒有福氣吃的」，「只要這種作品是用紳士的言語寫的，那就和平民群眾沒有關係」，「普羅革命文學運動是工農貧民無產階級大眾的文學運動，應當竭力的使其和大眾連結起來，竭力的使大眾參加到裏面來，我們的運動應當是大眾本位的，這是問題的根本點」，因此應該立足於「為著解放勞動者的廣大群眾而鬥爭」，「能夠表現革命戰鬥的英雄」。〔註7〕40年代毛澤東的《在延安文藝座談會上的講話》，更是系統地開始中國的紅色文化建構，「大眾文學」已經濃縮到「工農兵文學」。在這個歷程中，瞿秋白的《餓鄉紀程》、《赤都心史》、蔣光赤的《新夢》尤其是「革命的羅曼蒂克」小說、「華漢三部曲」等、以及如馮鏗《紅的日記》的「胸前和肩膀上纏著眩著人眼的紅色標幟」人物塑造等，都是紅色蘇聯「拉普文學」的中國版，呈現為現代文化建構的一種「紅色」元素。

20世紀30年代，中共黨在共產國際指令下的提出「武裝保衛蘇聯」口號，割據江西的中共政權明確地使用「蘇維埃」作為國名等現象，再加上不久前發生的「第三國際共產黨員」李大釗在蘇聯大使館被捕以及發現大量蘇聯政府和共產國際對中國黨的聯繫證據和指令等事件，都引發許多人的警惕，這就是「民族主義文學」興起的背景。關於這個問題，我們還可以從一個親歷者的回憶中得到證實。親身經歷其事的黃藥眠在《動蕩──我所經歷的半個世紀》中，曾經回顧過30年代的中共領導人對黨員們的鼓動：「假如說我們的力量小，會受到國民黨強大武力壓迫，我們頂不住，那時就請蘇聯紅軍開進來幫助我們革命」等等；而另一方面，中共「黨中央有很多中央文件以至中央政治局討論的記錄，都已錄像方法秘密送到莫斯科」進行彙報請示。〔註8〕國民黨文化人潘公展就把左翼文學指斥為投靠蘇聯的「賣國滅族文學」，認為「這種蘇聯留聲機式的普羅文學，在中國目前來鼓吹階級鬥爭……如果一任這些普羅文學普羅藝術逐漸地猖狂，把中國人的民族意識消沉下去……而充其極可以亡國，可以滅族」。〔註9〕

由國民黨直接扶持的《前鋒》月刊發表《民族主義文藝宣言》（1930），認為「文學底最高的使命，是發揮它所屬的民族精神和意識。換句話說，藝

〔註7〕 瞿秋白：《瞿秋白文集》第三卷，第31、13、48頁，人民文學出版社1998年。

〔註8〕 黃藥眠：《動蕩──我所經歷的半個世紀》，第94、190頁，上海文藝出版社，1987年。

〔註9〕 潘公展：《從三民主主立場觀察民族主義的文藝運動》，《民族文藝論文集》，第77～78頁，杭州正中書局，1934年。

術的最高意義，就是民族主義」，「民族文藝的充分發展必須有待於政治上民族國家的建立」，「民族文學底發展必伴隨以民族國家底產生」，客觀上也體現著救亡圖存和民族強盛的時代期盼。〔註10〕潘公展認爲：「新文藝運動必以這種民族主義爲中心思想，然後憑藉了文藝的作品，一方面可以發揚中國國內各民族的優良特性因而陶融同化造成整個的中國民族，激發中國人的民族感情因而使他們都有堅確明瞭的民族意識，再進一步而中國民族所將以獨立生存的民族自信力就會完全養成，另一方面可以提倡中國民族向來富有的王道精神，忠孝仁愛信義和平的道德，普遍宣傳，發揚光大，使這個霸道橫行的世界爲之改觀」。〔註11〕

1930 年興起的民族主義文藝運動雖然提出了反對帝國主義侵略和要求民族復興的主張，但它一方面以民族意識反對「普羅文學」的階級思維，同時以強化民眾民族責任感的方式來加強了當時政權對民眾的控制。今天有學者對這場運動的評價爲「既有與左翼對立的一面，也有適應社會發展形勢的一面，況且，民族主義文學並非只有『運動』一種，左翼與非左翼作家，包括通俗作家，在這方面均有貢獻。」〔註12〕

有學者認爲，以陳銓爲首的「戰國策派」所做的一切，「中心命題仍然是如何摒除傳統文化的積弊，著眼點卻在於從世界文化競存的角度進行文化重構，企圖以此喚發民族生機與強力」，「其理論個性正突出體現於對五四以降各種新文化構想的超越，中外文化比較的視野使他們具有較完備的思想系統，而戰時所集中暴露的文化積弊又促使他們增強了理論的鋒利批判力」。〔註13〕他們用「文化形態學」來解釋中國歷史文化和世界格局，批評中國柔性主義文化傳統和國民劣根性，大力倡導尚力精神和英雄崇拜，主張恢復戰國時期文武並重的文化，以適應激烈的民族競爭，其文化重建思想和對世界局勢的判斷具有思想史價值。

共產黨方面對陳銓的《野玫瑰》並非一開始就反對的。從昆明蔓延到重

〔註10〕 參見《民族主義文藝運動宣言》，北京大學等校編：《文學運動史料選》第三冊，第 79 頁、第 81 頁，上海教育出版社 1979 年。

〔註11〕 潘公展：《從三民主主立場觀察民族主義的文藝運動》，《民族文藝論文集》，第 84 頁，杭州正中書局，1934 年。

〔註12〕 秦弓：《中國現代文學史的「生態系統」》，《中國社會科學院院報》2008 年 1 月 29 日。

〔註13〕 溫儒敏、丁曉萍：《「戰國策派」的文化反思與重建構想（代前言）》，《時代之波：戰國策派文化論著輯要》，中國廣播電視出版社，1995 年。

慶的該劇演出，《野玫瑰》得到各劇團的熱切關注和爭相演出。1942 年 3 月 6 日到 9 日重慶《新華日報》打出的演出廣告詞這樣寫道：「故事——曲折生動；布景——富麗堂皇」，7 日到 9 日的廣告詞則是「客滿，場場客滿；訂座，迅速訂座」。中共中央南方局領導周恩來夫婦觀看過該劇的演出，具有中共背景的秦怡擔任過該劇的主演。但在國民黨宣傳部長朱家驊宴請陳銓和西南聯大的蔣夢麟、梅貽琦兩位校長、尤其是 1942 年 4 月 17 日，國民黨教育部對之頒發年度學術（三等）獎後，《新華日報》、《群眾周刊》等中共媒體出現大量批判陳銓的文字，並迫使國民政府取消對《野玫瑰》的授獎。在某種程度上說，陳銓的《野玫瑰》實際上成了當時國民黨和共產黨意識形態爭奪的一個犧牲品。

三

1919 年 12 月《新青年》第 7 卷 1 號發表了一個「全體社員的公共意見」：「我們理想的新時代新社會，是誠實的、進化的、積極的、自由的、平等的、創造的……我們雖不迷信政治萬能，但承認政治是一種重要的公共生活。而且相信真的民主政治，必會把政權分配到人民全體……我們相信尊重自然科學實驗哲學，破除迷信妄想，是我們現在社會進化的必要條件」。爾後，李大釗、陳獨秀、瞿秋白等人的大力宣傳馬克思主義；胡適、丁文江等人大力鼓吹實用主義、馬赫主義、新實在論，杜威、羅素等人的訪華講學，推動之成為一時顯學；各種社會主義、無政府主義思想亦紛紛湧入，而另一方面，守舊復古的旗幟亦飄揚不息。

胡適的「整理國故」、文研會對古代文化的研究、郭沫若的歷史學新建構努力、魯迅的《漢文學史綱要》和《中國小說史略》和茅盾對中國神話的研究等，都是源有所自，流有所變，既是舊時代的承續，更是新世紀的創制。即使是文化保守主義要固守的傳統，本身也是變革中的事物。

孔子作為中國傳統文化的標誌，在民國初期的新文化先驅者眼中，也曾經得到過恰當的評說。即如「洋場惡少」郭沫若，在《中國文化之傳統精神》中把孔子和老子的思想作為中國傳統文化的兩種代表進行對比，推崇孔子是「圓滿的人格，永遠有生命的巨人」「兼有康德與歌德那樣的偉大的天才」；「只手打到孔家店的老英雄」吳虞，也表示過對孔子的敬意即「不佞常謂孔子自是當時之偉人」。魯迅逝世前一年的《在現代中國的孔夫子》一文中說：「從

二十世紀以來，孔夫子的運氣是很壞的，但到袁世凱時代，卻又被從新記得，不但恢復了祭奠，還新作了古怪的祭服，使奉祀的人們穿起來。」〔註14〕袁世凱 1914 年 2 月頒佈的「祭孔令」，歸教育部社會教育司具體執行。《魯迅日記》記載從 1913 年到 1924 年這 12 年間，他幾乎年年有參與「祭孔」和「赴孔廟演禮」（排演「祭孔」典禮）活動，共達 20 多次。1915 年春節，魯迅是在崇聖祠「正位執事」的十人之一；1923 年參與春季「祭孔」典禮：3 月 25 日黎明往孔廟執事，歸途墜車碰掉牙齒兩顆……。

　　被後人稱爲「早期新儒家」群體，在民國初期開始形成。新儒家是參照西方知識範型，通過論證傳統的知識合法性而論證傳統的價值合法性。民初梁漱溟「替孔家說個明白」與胡適等的論爭、到北大就職時「此來除替釋迦牟尼、孔子發揮外，更不作旁的事」的鮮明態度等，顯示出「打到孔家店」並非「五四」時期唯一的聲音。1921 年，梁漱溟出版《東西文化及其哲學》一書，認爲中西文化之爭絕非古今之爭，而是作爲文化產生之根源的「意欲」的根本不同之故，並以此爲理論基礎，展開了對東西文化的全方位比較研究。梁漱溟在中國農村搞了長達十幾年的「鄉村建設運動」，實際上就是有意識地進行「儒學現代化運動的實踐」。鄉村建設運動著力點是「鄉村自治」，試圖建構一種「政」（政權）、「教」（教育）、「富」（經濟）、「衛」（自治）合一，以村學鄉學代替基層政權的社會新結構，「鄉學村學，一方面是鄉村自治機關，一方面是鄉村教育機關」。他的《鄉村建設旨趣》（1934）對自己所做的全部努力，概括爲「中國問題的內涵，雖包有政治問題經濟問題，而實則是一個文化問題」。

　　張君勱等「科學與玄學」爭論，採用的都是「洋」武器，他是 1923 年「人生觀論戰」的挑起者和後來《文化宣言》的發起人，與丁文江、陳獨秀和胡適打過筆墨官司，並先後有《人生觀》、《民族復興之學術基礎》、《中華民國民主憲法十講》、《社會主義思想運動概論》、《中國專制君主制之評議》、《主國之道》、《明日之中國文化》、《新儒家思想史》等論著發表和出版。張君勱提出「新宋學之復活」的綱領，借助德國哲學來理解、深化儒家思想。於是，現代新儒家的基本思想構件——宋明儒學，德國哲學，民主政治，經張君勱之手而完形。牟宗三、徐復觀等的思想學說都是由此發展而來。

　　馮友蘭從 1939 年起，先後出版《新理學》、《新事論》（1940）、《新世訓》

〔註14〕曾用日文發表於 1935 年 6 月號日本《改造》，收入《且介亭雜文二集》。

（1940）、《新原人》（1943）、《新原道》（1944）、《新知言》（1946）六部書，構成了一個完整的「新理學」哲學思想體系，馮自稱爲「貞元六書」，把新實在主義同程朱理學結合起來。以「六經注我」的精神，運用西方新實在論哲學重新詮釋、闡發儒家思想，以作爲復興中華民族之理論基礎。

30年代又出現「本位文化派」，由陶希聖、何炳松等十教授發表《中國本位文化建設宣言》，其宗旨「以儒家之根本精神，爲解決今世人生問題之要義」。抗日戰爭時期興起新儒學，主要有熊十力、馮友蘭、賀麟等著名哲學家擔綱。如馮友蘭提出「社會制度是可變的，而基本道德則是不可變的」，賀麟主張「以西洋之哲學發揮儒家之理學」等等。

「古史辨」學派創始人顧頡剛，提出了「層累地造成的中國古史」學說，是我國歷史地理學和民俗學的開創者。他提倡懷疑精神，鼓勵獨立思考，反對盲信盲從古代聖賢，宣傳科學的研究方法，促進了現代史學觀念和方法的廣泛傳播。顧頡剛運用「歷史演進的方法」對古史傳說經歷的考察和研究，使中國的古史研究走出了以「記述」爲主要特徵的傳統史學範式，爲正在建立的以「解釋」歷史爲特點的現代史學範式起到了重要的奠基作用。

「層累地造成的中國古史」是顧頡剛運用進化史觀考察記載中的中國古史得出的現代史學結論，「層累觀」所包含的歷史認識論的意義表現在兩個方面：一是區別了記載的歷史與客觀的歷史，使他敢於對古書記載的古史進行質疑。他認識到文獻記載的古史受時代和人爲的影響和限制，很容易摻雜記載者本人的感情、習俗文化和道德評判標準等主觀因素。所以，他指出：「從古書上直接整理出古史迹來」不是「穩妥的辦法」；「相信經書是信史，拿經書上的話做標準，合的爲眞，否則爲僞」，更不足取。這類認識在今天已成常識，在當時卻難能可貴；二是在此基礎上把研究的重心從探討客觀的古史究竟如何轉到研究文獻記載中古史的傳說、演變的經歷之上，即進一步去考察客觀的古史在不同時代、不同人的觀念中是如何演進變化的。顧頡剛還率先運用跨學科、多學科的研究方法，拓寬古史研究的思路。這充分體現了現代史學利用多種學科輔助歷史研究的特點。他把民俗學、地理學、地質學，以及傳說、故事、戲劇等研究引入古史研究，從而得到許多新的見解和認識。

民國文學的重構，需要克服的困難不僅僅是語言符號，更重要的還是國人意識深處的審美習慣傳統。1920年，北洋政府確認白話文爲教科書通用語言，這常常被人認爲是新文化運動取得決定性勝利的標誌。但另一方面，文

言作品尤其是舊體詩詞，仍然大行其道。「新派作家」如魯迅、吳虞、郭沫若、郁達夫、周作人、俞平伯、朱自清、聞一多、瞿秋白、葉聖陶、王統照、施蟄存、沈從文、臧克家、馮雪峰等，都創作了大量精彩的舊體詩詞；學術界的王國維、馬一浮、陳寅恪、趙樸初、吳宓、王力、沈尹默、夏承燾、翦伯贊、季羨林等，把舊體詩詞作為自己主要的文學表現方式；陳去病、高旭、柳亞子、馬君武、周實、寧調元等南社詩群，是一個全面堅持舊體詩詞寫作的詩歌社團，自 1910 年開始出版《南社》，分文錄、詩錄和詞錄三部分，到1923 年，共出版二十二集，1917 年，又出版《南社小說集》一冊，影響大的有柳亞子的《磨劍室詩詞集》等。如柳亞子「反袁」之作《孤憤》：

> 孤憤真防決地維，忍攜醒眼看群屍？
>
> 美新已見揚雄頌，勸進還傳阮籍詞。
>
> 豈有沐猴能作帝，居然腐鼠亦乘時。
>
> 宵來忽作亡秦夢，北伐聲中起誓師。

北京方面，1912 年始，陳衍、趙熙、樊增祥、易順鼎、陳寶琛、鄭孝胥等彙聚而成的被後人稱為「同光體」詩人群，堅守著中國傳統詩詞的傳統；其他如王國維的《觀堂長短句》、黃節的《蒹葭樓詩》、沈鈞儒的《寥寥集》、于右任的《右任詩存》等民國聞人的舊體詩詞集，都是在民國時期影響極大的作品。

舊體詩的復興，大多以極具「現代性」的大學學報為陣地，如《國師季刊》（湖南藍田國立師範學院）、《光華》半月刊（上海光華大學）、《清華周刊》（清華大學）等，這些學報、學刊的編者、作者、讀者主要是傳播與接受新文化的大學師生，可見舊體詩詞在中國文化界有著深厚的基礎。又如重慶《新華日報》的辦報全過程（1938.1～1947.2）共計刊發舊體詩詞 300 餘首，毛澤東 40 年代在重慶發表的《沁園春·雪》更是引發一場舊體詩詞創作的新潮。「三湘才子」易君左，在 1945 年 12 月 4 日的《和平日報·和平副刊》發表和詞。作者在序中說：「鄉居寂寞，近始得讀《大公報》轉載毛澤東、柳亞子二詞。毛詞粗獷而氣雄，柳詞幽怨而心苦。因次成一韻，表全民心聲，非一人私見；望天下詞家，聞我興起！」其一：

> 國脈如絲，葉落花飛，梗斷蓬飄。痛紛紛萬象，徒呼負負；茫茫百感，對此滔滔。殺吏黃巢，坑兵白起，幾見降魔道愈高？明神胄，忍支離破碎，葬送妖嬈。
>
> 黃金堆貯阿嬌，任冶態妖容學細腰。看大漠孤煙，生擒頡利；

> 美人香草，死剩離騷。一念參差，千秋功罪，青史無私細細雕。才
> 天亮，又漫漫長夜，更待明朝。

當時許多知識分子經歷過推翻帝制、締造共和的革命過程，對於得到過民主與科學洗禮的知識分子來說，對於皇權的敏感和封建的警惕，也體現了那一代人的時代風貌。

其二：

> 異說紛壇，民命仍懸，國本仍飄。痛青春不再，人生落落；黃
> 河已決，天下滔滔。邀及鄰翁，重聯杯酒，鬥角鉤心意氣高。剛停
> 戰，任開誠布信，難制妖嬈。

> 朱門繡戶藏嬌，令瘦影婆娑弄舞腰。欲乍長羽毛，便思撲蹶；
> 久貪廩粟，猶肆牢騷。放下屠刀，歸還完璧，朽木何曾不可雕。吾
> 老矣，祝諸君「前進」，一品當朝！

易君左在 1940 年 12 月號的《旅行雜誌》發表《新都一勺》：

> 天回鎮上看塵揚，彩筆輕描畫粉香，店冷難逢幺姑蔡，冢荒誰
> 弔貴妃楊。山川接壤通秦隴，烽火連天望湘鄂，結伴本爲探桂去，
> 未妨掩淚學輕狂。

最有趣的例子，是具有濃鬱西洋文化素養的「南國詩人」梁宗岱，因爲對象徵主義和歌德、里爾克、莎士比亞等的譯介而爲人熟知，他時常穿英國式西裝短褲和長及膝頭的白襪，瀟灑地慢步走向教室，卻出版了愛情詞集《蘆笛風》（1943），形式爲手寫體石印本的舊體，如：

> 世情我亦深嘗慣，笑俗人吠聲射影，頻翻白眼。榮辱等閒事，
> 但得心魂相伴。

胡風也有舊體詩創作發表，如《廢曆元宵看首都歡樂氣象有感》：[註15]

> 幾人歡笑幾人悲，莽莽河山半劫灰，酒醋值錢高價買，文章招
> 罵臭名垂。侏儒眼媚姍姍舞，市儈油多得得肥，知否叢峰平野上，
> 月華如海血花飛。

老舍亦有舊體詩發表，如《留侯祠》：[註16]

> 寂寂祠堂夏似秋，清泉赤柏伴留侯，千峰環翠青天小，遮斷斜
> 陽無限愁。林密蜂肥綠接天，翩翩蝶鳥亦飛仙，半生辛苦憑誰說，

〔註15〕胡風：《廢曆元宵看首都歡樂氣象有感》，《新蜀報·蜀道》1940 年 3 月 21 日。
〔註16〕老舍：《留侯祠》，《新蜀報·蜀道》1940 年 3 月 21 日。

默數松花落暮煙，卻病留侯曾鬪戟，丈夫原不爭神仙，赤松黃石傳
佳話，多爲英雄太可憐。

民國時期舊體詩詞創作，影響較大的有四川威遠縣人周岸登（1872～1942）。
周岸登 16 歲以童生及第秀才，光緒十八年（1892）19 歲時中舉人，歷任廣西
陽朔、蒼梧兩縣知縣，全州知州。辛亥革命後，先後任四川省會理、蓬溪，
江西省寧都、清江、吉安等縣知事，江西省廬陵道尹。1927 年辭別官場，到
廈門大學任教，曾著有《唐五代詞》及《北宋慢詞》講稿。1931 年秋，他任
安徽大學文學院院長，1932 年秋，任重慶大學中文系主任，1935 年，重慶大
學文學院併入川大，遂由渝赴蓉，仍主講文學系所設詞曲課，1942 年病逝於
成都。其門人整理出版的詞集《蜀雅》（中華書局，1931）12 卷，收詞 370 首，
以及《蜀雅別集》2 卷，收詞 213 首；其詞作數量爲民國時代詞人中罕有，另
著有《曲學講稿》、《楚辭訓纂》、《南征日記》、《韓民血淚史》等。如描寫成
都的《望海潮》：

江山天塹，提封天府，華陽黑水梁州。霞簇錦官，雲橫玉壘，
芙蓉城郭清秋。通道自金牛。問蠶叢杜宇，今古悠悠。邪界金堤，
縈回巴字，帶雙流。雄都勝迹經遊，記仙人藥市，太守遨頭。詩說
草堂，玄談卜肆，枇杷門巷尋幽。崇麗望江樓，借薛濤箋色，烘染
芳洲。聽取歌渝舞，神筆定邊籌。

民國文學大量存在的舊體詩詞創作現象，基本上被「現代文學史」和「新文
學史」理念所遮蔽，這是需要我們反思的。錢穆先生在《漫談新舊文學》中，
曾經對這樣的現象有過評說：〔註17〕

民初新文化運動之主要一項，乃爲新文學運動。大意謂文學須
是人生的。舊文學已死去，新文學方誕生，當用通俗白話文寫出，
不該再用文言文。但我認爲中國舊文學亦是人生的。如《詩經》「一
日不見如三秋兮」，《楚辭》「樂莫樂兮新相知，悲莫悲兮生別離」，
何嘗不是人生。即當前一小學生，初中學生，對此辭句，亦何嘗難
讀。而元明以下，白話說部如《水滸》、《紅樓夢》諸書，其中難識
之字，難懂之語句，亦並不少。專以文言白話來作新舊文學之分辨，
此層似尚未臻論定，還値研討……國家觀念即建立於鄉土觀念上。
沒有鄉土觀，很易沒有國家觀與民族觀。

〔註17〕錢穆：《中國文學論叢》，第 202～206 頁，北京，三聯書店，2002 年。

第二節　全球化語境中的中國文學問題

一

　　注重各地域文化的發掘，尋找各種族文化中的優秀因子，以此展現中國文學獨有的審美觀照方式，亦是張揚民族本土化文學的一條可行之路。同時，中國文學既要思索全球化文學可能的共有審美價值尺度，如對人類的終極關懷，繼續從事未完成的「全球性」文化啟蒙和在這種語境中對中國獨有傳統的創造性認同，這要求既師法西方經驗，更要在西方面前重塑「中國」，以便在「全球性」語境中確立中國文化的新形象。

　　全球性（globality）是指文化領域出現的各國之間相互參照、衝突、激勵或共生等狀況，主要涉及多種彼此不同的民族之間在宇宙觀、道德、心理、社會、語言、審美和藝術等領域的全球性依存狀況，以及生活方式、價值體系、語言形態、審美趣味等文化維度，這裡就有一個標準和趨同的價值尺度問題，而價值觀判斷，實際上是在意識形態領域體現的文化問題。跨國公司、環境生態問題、恐怖主義、SARS 等，都以全球性的形式表現著，使得我們思考任何問題都不得不處於這樣的語境中。

　　當全球經濟在尋求一體化、向某一方面趨同、接軌之際，全球文化卻在各國各民族力保自我個性的努力下而走向多元化。我們關注文化的全球性，可以突現全球範圍內各種不同文化之間的相互依賴和參照狀況，信息時代的高科技消解了地理的空間感，亦在消解著異質文化之間的差異，在相互參照與對立、影響與抵制、同化與反抗、世界性與地區性等的衝突狀況中，這使我們聯想到塞繆爾・亨廷頓的《文明的衝突》。確實，意識形態的「冷戰」對抗結束之後，更為深刻的文明間的爭鬥已經浮出水面。西方文明、中華文明、伊斯蘭文明、日本文明、印度文明等主要文明間的衝突，逐漸成為世界衝突的主要表現方式。什麼是最先進的，什麼是最完美的，什麼是最符合人性的？這一切，本來沒有一個特定答案，但發達國家憑藉自己的科技強勢和經濟優勢，使我們聽到、看到的這些「最」，往往就是世界第一強國的一切！人們的生活方式、意識形態、價值判斷趨向等，都指向於一個：美國。它似乎要給我們展示一個「為人類共同享有的普世文明」的神話。

　　就地域文學而言，20 世紀初的美國，作為一個承前啟後的作家，舍伍德・安德森是「美國新現實主義」的創始人之一和現代美國文學的先驅之一，對

美國許多作家產生了很積極的影響。福克納、海明威等著名作家都不諱言曾經受到安德森作品的啓發。他留下了許多傑作，舍伍德·安德森在他的小說《小城畸人》（1919）中展現的正是小城鎮這個美國社會生活的重要方面。作者通過對小城——俄亥俄的溫斯堡中一群被視爲「畸人」的描述，表達了他厭惡現代工業社會的冷漠，重視人與人之間的本質，通過切實的小鎮人生和民風習俗，強調生活中的美和神秘。

與此同時，民國文壇上，一個個地域文學群體開始悄然形成，他們以自己深刻的生命體驗，專注於對故土鄉民的生活環境和生存狀態的描摹，以各自不同的選材特色和表現方式觀照著自己最熟悉的領域，完成著現代鄉土小說的地域指認。就巴蜀作家群而言，李劼人筆下雄偉、凝重的成都，沙汀筆下陰鬱、沉重的川西北山區，周文筆下殘酷、淒厲的川康一隅，羅淑筆下初民色彩的沱江上游，都使人眞切地感受到巴蜀盆地的閉塞和宗法制下自成一體的社會底層的不同風俗。其中既頌揚著巴蜀鄉民鮮活的生命意識，也批判著他們的爲所欲爲、無法無天，同時展示著由於自然環境的艱險、偏僻，傳統意識的落後、愚昧和好爭鬥、重享樂等民習共同作用而形成的原始、殘酷的中世紀式的黑暗。魯迅、茅盾在編選《中國新文學大系·小說集》時，都不約而同地在《導言》中對川籍作家的地域色彩專門做過論述。四川鄉土小說中出現頻率最高的是那些軍閥、袍哥、地方官僚等強勢人物，他們爲了各自的利益所在進行的力量的比拼、心智的較量和過度的享樂和放縱，顯示的是對生命的揮霍和張揚，已經成爲民國小說中社會閱讀界耳熟能詳的藝術形象和社會畫面。

民國文學的建構，是在借鑒西方文學的前提下，以與傳統文學形成徹底斷裂拉開了序幕，如魯迅關於「少讀或不讀中國書，多讀外國書」的憤激，這就是胡風早說過的：「中國新文學是世界進步文學一支新拓的支流」。中國文學不再是一個孤立封閉的系統或者流程，中國文學的特點、意義和價值都必須從世界性格局中去重新思考認識。與傳統的斷裂，需要引進一種全新的異質文化，四川學者對西方文化的翻譯介紹，貢獻是巨大的。四川威遠縣人羅念生（1904～1990）自 1933 年開始對亞里士多德的《詩學》、《修辭學》、古希臘三大悲劇家 13 種悲劇、阿里斯托芬喜劇 6 種、荷馬史詩《伊利亞特》等的翻譯，爲中國人打開了一扇認識瞭解西方文化主要源頭的窗口；在中山大學任教期間郭沫若的《文藝學概論》講義，對馬克思《政治經濟學批判》

和《藝術的真實》的翻譯介紹，陳銓的專著《中德文學研究》以及在《戰國策》（1940～1941）上發表介紹歌德、尼采、叔本華、席勒的思想與德國文學的 13 篇文章，都是中國比較文學學科的開山作之一。樂黛雲教授主持的「跨文化溝通個案研究叢書」中就有季進、曾一果的《陳銓，異邦的借鏡》專題研究。現代哲學家、翻譯家，現代新儒家的早期代表人物之一賀麟對黑格爾哲學研究的貢獻，「因物質文明發達而去尋求創造物質文明、駕馭物質文明的心」，「追溯構成科學知識的基本條件——具有先天範疇的心」，「不能不懸一理想於前，以作自由之標準」。1941 年發表的《儒家思想的新開展》一文，被學界譽為「新儒家」的開山之作。30 年代之作《文化與人生》。

巴金對赫爾岑《往事與隨想》，屠格涅夫《父與子》《木木》等的翻譯。李劼人擔任國立成都大學教授時曾編過《中國文學史概要》、《文學概論》，以西方文學理論審視中國文學現象。馬宗融在推介伊斯蘭文化，翻譯介紹法蘭西文學，陳敬容對西方「意象派文學」的譯介和創作實踐；1923 年受聘東南大學西洋文學系法文及法國文學教授的成都人李思純（1893～1960），在《學衡》第 22 期發表《論文化》（1923 年 10 月）：「正確吾國人估定文化價值之態度，」提出「故國人之正確態度，當對舊文化不為極端保守，亦不為極端鄙棄；對於歐化不為極端迷信，亦不為極端排斥。所貴準於去取適中之義以衡量一切，則庶幾其估定文化改正舊物之態度，成為新生主義之實現，而不成為番達主義（即摧毀主義）之實現。」1935 年出版的吳宓詩集《空軒詩話》第 50 頁說：「哲生為榮縣趙堯生熙先生之詩弟子。留法肄業於巴黎大學。治文學史學。其史學專著（一、譯色諾波及郎格羅氏之史學原論、商務印書館發行。二、著有元史學、中華書局發行。）茲不敘列。哲生嘗譯法國古今著名之詩凡七十篇（三百七十六首）為一集，曰仙河集。全集刊載於《學衡》雜誌第四十七期。）譯筆精確而能傳神，即論其篇幅數量之多，又代表法國文學史上各個時代、前後完整成一統系。亦吾國翻譯介紹西洋文學者所未見也。」〔註18〕

二

　21 世紀是一個思想的淺度化、平面化和櫥窗化的時代，是一個缺乏思考

〔註18〕參見趙毅衡編選：《「新批評」文集》，天津：百花文藝出版社，2001 年。

的時代。商品經濟對既有價值體系的消解，快節奏的社會運行，全球多元文化的紛亂迷離以及社會現象的新奇性、短暫性、多變性，使一切都以「快餐」的方式實施著。智力性的再創造式的文學閱讀，不得不讓位於更爲直觀形象並且具有強力傳播功能的電子媒介——電影和電視。影視憑藉電子媒介在信息生產、加工、流通和接受方面的強大優勢，成了文學的最大競爭對手。

影視媒介對於公眾的極大誘惑處在於：第一，從傳播方式看，影視分別通過銀幕和熒屏向公眾直接展現攝像機攝取的物質形象，這比之文學通過語言描寫而讓讀者在頭腦中間接呈現物質畫面來說，顯然更具逼眞性、具體性，從而更能迎合這個時代中國公眾的強烈的物欲滿足心理；第二，從中國文化與全球各國文化相交往並尋求西方主流認可的角度看，影像具有超文本、超種族文化、超語言的功能，而文學所用的「漢語」卻必然會在以英語爲第一語言的全球文化舞臺遭遇巨大的語言障礙。影視憑藉其對物欲的直觀描繪和影像圖形語言的溝通優勢，必然會得天獨厚，占盡先機，從而一舉登上藝術家族的霸主寶座。

西方文化強權的打壓，影視藝術的衝擊以及多種娛樂方式的擠壓，使文學語言媒介形態的閱讀物也在尋求變革以適應。刊物的跨體努力代表了來自文學體制和現代大眾傳媒機制這一文化工業層次的變革要求，剛剛進入 21世紀的中國文學期刊紛紛找尋新途，《作家》雜誌試圖在小說、詩歌、散文和報告文學這四體分類傳統之外開闢新欄目「泛文學」，表明了跨越現成文體分類而嘗試多體融匯的決心；《青年文學》主張打破文體界限，倡導把小說敘事、散文閒說、詩歌抒情及報告文學紀實等因素匯爲一體的「模糊文體」；《山花》和《莽原》不約而同地爲「新文體」實驗開闢窗口；《大家》則更爲激進地召喚一種突破任何現成文學文體規範的「新的文學精靈」和「凹凸文體」。〔註 19〕文學在尋求變革以適應新時代的發展，文字文本仍然又其不可取代的特點和價值，審美方式的自由性、閱讀的再創造性，想像的巨大空間，是文學仍然被一部分人喜愛著，因此我們就有了今天的話題。當下中國文學的進程是由雅向俗、雅俗分流、觸電而生。也是「非思考時代」的審美方式變異的必然物欲滿足、文化認同及影視合圍等多種因素給予文學以深刻影響，迫使文學走上觸電而生、由雅向俗、雅俗分賞和跨體雜交文學的突圍之路。

〔註 19〕鄧凱：《1999：文學期刊何去何從》，《中華讀書報》1998 年 10 月 21 日。

本土文化獨特個性的當下建構迫切性，帶來中國文學創新的焦灼。「自言自語」可以說是文學的起點，但極端的個人化「獨語」也不可能真正實現，以種族「母語」寫作的追求，也只得以喪失大眾的接受為沉重代價。以民族主義對抗西方文化霸權，或者索性關起門來回到偉大的古代去。這在「茅盾文學獎」獲獎作品《戰爭和人》中體現得極為典型。作為全球化語境中對西方話語強權回應的個例，小說呈現著對本土文學自我確認的焦灼，小說在民族化文學營造的同時，也出現偏離現代中國文化言說方式而皈依傳統文言的失誤。對這部作品，筆者曾經使用了「全球化語境、話語強權、本土文學、自我確認、焦灼」等關鍵詞作過論述。〔註20〕隨著中國的開放國門走向世界，伴隨著西方先進科技、雄厚資本進入中國的，是西方文化的大量湧入，由於西方發達國家傳媒技術的高度科技水平，西方文化的世界霸權似乎在中國也逐漸確立，全球化、地球村的格局已經被建造在西方文化霸權中心的基礎上。

中國文學要走向世界，但世界文學之中應該有中國文學的一席之地，這就成為中國當代作家們不無焦慮的思考。一些作家不再將西方視為中國必須趕超的「他者」（如對「諾貝爾文學獎」的不屑一顧），而是悉心關切民族——種族文化特性和獨特文明的延展和轉化，形成超越焦灼的一種新策略。我們應在借鑒以全球優秀文化為價值水準的普遍性視野的過程中，始終專注於自身的獨特文化個性的創造和張揚。換言之，在輸入全球普遍性（或世界性）視野的同時，竭力從事本土性（或地域性）建構。中國文學既要思索「全球文學」可能共有的審美價值尺度，更應著力發掘和創造處於「全球文學」視野中的「中國文學」自身的獨特的審美與文化個性。中國要發展，要進步，不得已地被「裹挾」進全球一體化大潮之中，因此更多地是危機感，我們在「與狼共舞」時當然要警惕失掉自我和民族文化被消解，但在全球一體化語境中對民族文化的自我確認，不能變成「義和團運動」！

三

在全球一體化的「地球村」時代，高度發達的信息技術和多種傳媒工具的發展，為世界各國各民族文化提供了交流對話的物質前提，而文學的交流與對話，首先需要有作家對自己親歷人生形態的獨特剪裁，對自己所屬特定

〔註20〕參見拙文:《全球一體化語境中本土文學自我確認的焦灼：戰爭和人得失談》，《西南民族學院學報》2002 年 12 期。

民族的歷史文化的深切體味與感悟，同時還要放眼於全球人類命運的終極關懷，這就是一個作家或一個民族文學群體應該有的追求。

19世紀末到20世紀初，美國的許多作品都在探索美國社會生活中一個共同的主題，那就是致力於表現「昔日那種質樸自然的田園生活的溘然消失，鄉村生活的平凡乏味，人們為了尋找更加美好的生活而逃離鄉村、移居城市的遷徙潮流，游子返鄉時那種懷舊之情、負罪心緒和優越感交織在一起的複雜感情。」〔註21〕而在東方，民國初年以魯迅為首，形成了蹇先艾、裴文中、葉紹鈞、許傑、魯彥、許欽文、徐玉諾、王思玷、李開先等鄉土文學作家群，「鄉土文學」從理論到創作實踐，都獲得巨大的發展。

當人類文明在機器的轟鳴聲中越來越響亮地遮掩寧靜鄉野的時候，中美都有許多作家不約而同回眸自己生長的故土。薇拉‧凱瑟將小說安置在自己的家鄉內布拉斯加大草原，邊疆的雄渾盡顯筆端；沈從文則把筆觸伸向他出生的湖南鳳凰，為中國農村繪製了一張秀麗山水畫；他們皆以理想化的方式創造了草原和山村的景象和社會場面，分別在各自的文學中創造了農耕神話的不朽篇章。而同樣生長於城市的德萊賽和老舍都以都市為背景，忠實記錄社會現實。兩位作家都以新聞記者式的精確描述與經濟學家式的洞察力，在小說中展現「人類與資本主義經濟的種種力量所進行的戰鬥。」

特定自然的存在決定著人們的生存方式，產生著各種不同的生產勞動方式和生活形態，並且，面對這不同的自然景觀和生存環境，尤其是在特定的生存環境和生存方式中，必然地形成了各各不同的看取、解釋大自然的思想體系、思維方式。這些就是信仰、宗教、道德倫理、社會及政治理論、文學藝術等文化內容。這就是格羅塞所強調的：「生產方式是最基本的文化現象，和它比較起來，一切其他的文化現象都只是派生的、次要的」。〔註22〕並且，由於千百年來經濟，科技和交通信息的落後而形成的封閉，在各特定區域內已經形成的地域文化，通過不斷地重複演化、積澱繁衍，已經成為該區域居民的生活習俗、道德倫理意識和行為價值標準，成為制約他們生活方式及行為表現的「集體無意識」。這就是我們的文學得以產生、發展並形成特色、以至於在當今得以維持的根本前提。

〔註21〕Ronald Weber. The Midwestern Ascendancy in American Writing. Bloomington：Indiana University Press，1992.2.
〔註22〕格羅塞：《藝術的起源》第29頁，商務印書館，1984年。

　　地域文化包括某個地區從自然風物、山川地形環境制約的人文風俗環境，從民間習俗的流傳到精英思想的影響，是一種綜合的文化，無論對本地域的子民還是對生長於斯或者曾經生長於斯的作家，都有著深刻而長久的影響。地域文化是積澱了數百年乃至上千年的風俗文化史，構成其主脈的血緣和地緣是形成民族和地域差異的最基本因素，也是地域文學最基本的特徵。一個作家的創作，不可能拋棄生長環境對他的影響，本地經驗、本地體驗與本地事物作為本地文化的有機組成，可以成為作家創造的背景，本地文化也可以成為寫作中處理的對象。而這種地域寫作潛在的意義是力求生活在此地，寫作在此地，從而深化著個人化寫作，活化文學的內容。

　　因此，注重各地域文化的發掘，尋找各種族文化中的優秀因子，以此展現中國文學獨有的審美觀照方式，亦是張揚民族本土化文學的一條可行之路。同時，中國文學既要思索全球化文學可能的共有審美價值尺度，如對人類的終極關懷，用高行健在諾貝爾文學獎頒獎儀式上的發言來說，就是「文學就其根本乃是人對自身價值的確認」，「文學是對人的生存困境的普遍關照」，繼續從事未完成的「全球性」文化啟蒙和在這種語境中對中國獨有傳統的創造性認同，這要求既師法西方經驗更要在西方面前重塑「中國」，以便在「全球性」文化語境中確立中國文化的新形象。物欲滿足和文化認同，成了當今中國的「全球性」境遇的兩個相互交融的主導方向。最後，我們用高行健《文學的理由》發言中的一段話作結：「文化又總同語言密切相關，從而形成感知、思維和表述的某種較為穩定的特殊方式。但作家的創造性恰恰在這種語言說過了的地方方才開始，在這種語言尚未充分表述之處加以訴說。作為語言藝術的創造者沒有必要給自己貼上個現成的一眼可辨認的民族標籤」。

第三節　民國初年中西文學的一次換位

一

　　中國現代文藝美學思想的形成，是在民國初全盤接受西方社會科學思想和歐洲近現代文藝理論的背景下導源的。正是西方進化論思想激蕩，使王國維提出「一個時代有一個時代的文學」的觀點，中國文學的各代輝煌，於此才有了正確的定位。唐詩、宋詞、元曲、明清小說等各代文學的孰優孰劣之

爭，在這裡才開始平息。可以說，尼采、柏格森的哲學思想和生命創造學說的涵蘊，使王國維的《紅樓夢研究》煥發出科學的智慧輝光。文藝與社會生活的關係，文藝的社會功能，文藝自身的特徵和本質，尤其是文學諸體裁的形制及其規範，都在西方近現代社會哲學思潮和文藝美學思想的映照下被全面地重新認識，並獲得了現代科學性質的建構，古老的中華文化此時出現了徹底地「斷裂」。如果說，思維的外殼是語言，對中國人的思維方式進行重新規範，以求適應 20 世紀人類思維方式的溝通需要，其最直接的例子，莫過於中國現代漢語語法的第一次建構，就是按照英語語法體系對漢語進行重新編碼的《馬氏文通》。

　　古老帝國被西方列強的現代科學技術轟開了千年緊閉的國門，亡國亡種的危機感引發了一批先驅者的「啓蒙」吶喊，對落後柔弱民族現狀的憤激和矯枉過正的戰鬥需要，新文化運動先驅者以「全盤西化」拉開了中國現代思想文化運動的帷幕。「五四」新文化運動是「東方睡獅」覺醒的標誌，「強國強種」民族意識的自覺，一批先驅者從西方文藝復興運動和啓蒙主義浪潮中，看到了文學對喚醒民眾的價值。這也是洋務運動「西學爲用」最終失敗帶給國人的沉痛教訓。正是出於思想啓蒙的需要，他們要求徹底拋棄中國傳統文學的思維和技巧手法，希望用淺顯暢達的口語白話作爲載體，去傳達西方近現代進步文化思想，喚起民眾的現代意識。周作人的《人的文學》、《平民文學》立論的基點，是歐洲文藝復興以來的西方人道主義學說。魯迅論述中國問題的基本視角，就是進化論。郭沫若三呼「萬歲」的對象，更多地還是西方近現代進步的文化思想家。

　　當時的《新青年》、《小說月報》、《創造》等新文學刊物，推出期數極多的「※國文學專號」，刊載大量的外國文學譯介文章、作品，形成了一股「全盤西化」的時代思潮。20 世紀中國文學全新姿態的肇始信號，是胡適的《文學改良芻議》。斯洛伐克漢學家 M·高利克認爲：「胡適的『八不主義』，使人想起埃·龐德的美國意象主義宣言，至於美國的意象派詩人與胡適的關係，那可以認爲是外國系統結構整體的影響與中國對此的反應問題。就像意象派詩人那樣，胡適爲之奮鬥和加以塑造的中國新文學，是要以體現藝術性與形式特徵爲主導的系統結構觀念，並在此基礎上反映現實」。〔註23〕M·高利克

〔註23〕M·高利克：《中國現代文學批評發生史》第 9 頁，社會科學文獻出版社，1997年。

的這種簡單地附會，實際上正是 20 世紀初中國新文化運動「全盤西化」帶來的一種「誤讀」。例如，德國 18 世紀「狂飆突進」文學運動，參加者多為青年作家，他們反對專制暴政、追求個性解放。創作上崇尚感情，反對古典主義，歌頌自然，反對宮廷文化，強調「天才」，表現了狂飆式的叛逆精神。中國五四新文學運動的表現，也與之極為相似。當然，20 世紀初期的中國新文學的發軔，更多地是體現著 19 世紀西方文學的特點，「系統」和「結構」成為民國新文學建構的主要內容。

作為民國新文學創作實績最早的突出體現，是魯迅的小說。魯迅作品「思想的深切和格式的特別，頗使一部分青年激動」，其根本原因則如魯迅自謂：「全得力於原先所讀過的一百來篇外國小說」。當然，他的文藝思想和創作特色，同時還源自於對尼采、勃蘭兌斯、弗洛伊德等學說的借鑒和張揚。郭沫若作為「五四」時代思潮最典型的代表，他的詩歌被公認為是時代精神的最強音，其《女神》的創作，就有著體現泰戈爾、惠特曼、歌德影響的「三個階段」等特徵。當然，唯美主義、象徵主義、表現主義以及意識流小說等諸種西方現代派文學，都被他逐一試驗過。郭沫若對現代詩歌體式話語狂歡的「狂飆突進」，還帶有德國反封建文學席勒、歌德等作品的濃重印痕，其「毀滅一切、創造一切」的「鳳凰更生」，就有著德國近代哲學「超人」意識的激蕩。緊隨時代步伐而不斷調整自我的大膽創新，康德的「天才說」、柏格森的「生命創造說」等成為郭沫若一生不斷進取、大膽創造的重要背景。

可以說，沒有法蘭西大革命的自由、平等、博愛思想的蕩激，就沒有巴金的小說（巴金曾說過：「我們都是法國大革命的產兒！」）；老舍文學創作的開始，正是英國十九世紀批判現實主義作家，尤其是狄更斯的人道主義激發所至；曹禺的戲劇是中國現代戲劇成熟的標誌，這恰好源自於古希臘命運悲劇、文藝復興時期性格悲劇乃至於 19 世紀的勞資衝突戲劇等的影響；沒有對巴爾扎克、左拉文藝思想及其創作的借鑒，就沒有茅盾的創作特色和成就；被認為是體現著中國現代詩歌民族化特色的艾青，卻是從「彩色的歐羅巴／帶回來一支蘆笛」起步的；站在西南聯大講臺上的西方現代派詩論家 W・H・奧登和詩人 W・燕卜蓀，直接催生著「九葉詩人」穆旦等的「詩歌戲劇化」探索。正因為這樣，人們才普遍認同這種說法：「中國現代文學是世界進步文學的一支新拓的支流」（胡風語），更有人認為：「現代中國的新文學就是外國式的文學」。〔註24〕

〔註24〕梁實秋：《現代中國文學之浪漫主義趨勢》，《晨報副刊》1926 年 3 月 25 日。

　　但是，全盤西化、矯枉過正的努力，最根本的還是立足於「啓蒙」戰鬥的需要，全新的外來文學體式和技巧手法，還是爲了揭示中國社會人生和表現作家自我的社會思考，對中國現代社會人生狀況的「寫實」，更是爲了揭示中國社會的病根，引起療救的注意。因此，西方近代文學的技巧手法（如典型人物的塑造、人物命運的描寫、社會矛盾關係和衝突的構架，以及細節、心理等描寫手法），就成爲中國作家刻意借鑒的內容，這種「系統」和「結構」的追求和實驗，就是人們常常詬病的「歐化」。有趣的是，中國現代文學對西方文學的學習，更多的是在形式技巧方面，「買櫝還珠」，古希臘文化對人性全面自由的推崇、文藝復興以來西方文化對個性人格的張揚等傳統，並未成爲民國新文學內容表達的主流話語——「救亡圖存」的吶喊，在骨子深處仍然蘊含著「天下興亡，匹夫有責」的群體主義古老傳統。

　　20 世紀中國文學的本土化、民族化特徵的顯現，根子亦在此。

二

　　就在中國「全盤西化」的同時，西方文學也在爲文學的創新而別尋他途，掀起了一個現代主義文學運動，反叛自從亞里士多德以來「鏡子」式的「反映說」，追求文學的形象化和寓意特質，尋求全新的「創造」的「表現」，提倡以「神似」取代原有的「形似」傳統。出於對藝術形式變革的探索和試驗，拋棄理性、邏輯化程式，追求混沌與多元表現，西方作家開始關注於東方文學，其信號是 20 世紀初導源於美國的英美意象派詩歌運動。

　　「美國現代詩有個很明確的起點，即 1912 年 11 月哈麗特·蒙羅在芝加哥創辦《詩刊》之時。自此起，到 1922 年 10 月 T.S.艾略特的《荒原》出現止，這 10 年中，整整一代新的詩人進入詩壇，開創了延續至今的現代詩傳統」，「這樣清晰的——劃代，在世界文學史上是罕見的」。〔註25〕而這個劃代，是從龐德開始的，即：「Hehad a profound influence on the generation of British and Americanwriters who launched modern literature after the First World War」。〔註26〕西方文化注重理性，既有著基督教文化的深遠思想背景，更有著文藝復興、啓蒙主義和工業革命帶來的科學思維模式。

〔註25〕趙毅衡：《美國現代詩選·序》，外國文學出版社，1985 年。

〔註26〕Elisabeth B booz：《A Brief introduction To Modern American literature》，第 9 頁，上海外語教育出版社 1982 年。

　　因此，理性主義地關照外部世界，體現著西方文化那人與自然對立及人
對自然的控制等精神，這就導致西方文藝家在審美中，時刻不忘以科學的態
度對客體進行理性分析。西方從亞里士多德開始，就崇尚「摹仿的藝術」，追
求以「清醒的理智」去「再現」客觀世界。西方詩歌也寫大自然，但大海、
狂風、峻嶺，多是詩人自我人格的外化和物化。從古希臘一直到近代，西方
文學中自然界的鷹唳鳥鳴、風聲雨聲，都只能在抒情主人公的宣敘詠歎中才
有存在價值。關於西方文化藝術審美中人與自然的關係，歌德認為：「人是自
然界的主宰」，藝術家對責任的態度就是「使這種人世間的材料服從他的較高
的意旨，並且為這較高的旨意服務」，「按照他的更高的目的來處理自然」。〔註
27〕浮士德形象，就是一個以征服大自然為最大人生滿足的西方人文精神的化
身。

　　這種文學思維方式，在英國「桂冠詩人」丁尼生（A‧Ten-nyson）那裡，
表現得及為典型。面對開放在牆壁上的一朵小花，他是這樣進行理性觀照的：

Flower in the crannied wall

Ipluck you out the crannied

Hold you here，root and all，in myhand

Little flower，but if I could understand

What you are，rootand all，and all in all

I should knowwhat God and man is

　　（牆上的花／我把你從裂縫中拔下；／握在手中，拿到此處，連根帶花
／小小的花，如果我能瞭解你是什麼／一切的一切，連根帶花／我就能夠知
道神是什麼／人是什麼）；又如 W‧惠特曼的《THE LEAVES OF GRASS》，
大自然郁郁勃勃的「草葉」，象徵一切平凡普通的東西和平凡普通的人，對草
葉的歌頌，實際是歌頌民主、自由，反對奴隸制度和種族壓迫。概而言之，
西方詩歌即使是描寫大自然，也呈現著抒情主人公的鮮明身影，而絕無中國
傳統詩歌凝神靜觀的藝術含蓄。如被譽為「美國最早獲得國際聲譽的詩人」W‧
C‧布萊恩特（William Cullen Bryant）的名作《TO AWATERFOWL》（《致水
鳥》），以及拜倫、雪萊、普西金等皆如此。

　　我們再轉回到龐德。1915 年，E‧龐德出版了其《Cathay》（《神州集》），
成為運用中國傳統詩歌技巧以重構西方文學的典範。西方學術界承認這樣一

〔註27〕參見《歌德談話錄》，人民文學出版社，1978 年。

個事實：美國現代詩歌的歷史，是從龐德開始的，而英美現代詩歌的發展運行是一直與龐德聯繫在一起的。「1912 年在倫敦，以他為中心的幾個英美青年詩人發起的『意象主義運動』，成為美國現代詩歌的發軔」，「從對整個現代美國詩的影響來看，也是最重要的一個派別」〔註 28〕，其動機即如他在自傳體長詩《休・賽爾溫・莫伯利──艾・龐德的關於選擇自己的墳地之歌》開篇所稱：「為時三年，同自己的時代不合拍，／他力圖恢復已死的詩歌藝術，／想保持舊意義上的『崇高』。」

正是出於對西方文學既定模式的不滿，龐德努力探索著一種全新的詩歌表現方式，他要尋找「一個方程式」──一個概念疊加在一個概念之上的詩歌意象疊加形式。龐德認為，中國漢字作為一種象形表意文字，本身就富於形象性和動作性，因此他在其詩歌中常常借助於漢字的「象形」特點，作為「客觀對應物」的意象去傳達某種感受，如直接用漢字「旦」來表達旭日東昇的早晨圖景，更注意中國古代詩歌的「空白」技巧，省略詩句之間的連接詞，用意象與意象的疊加來增加內蘊，這種試驗最典型的莫過於其《地鐵車站》：「人群中這些面孔的幻影，／黑色枝頭濕漉漉的花瓣」。這在他摹仿李白《玉階怨》和《長干行》的兩首詩作中，尤其是在其《論中國書面文字》（《Essay on Chinese Written Characters》1920）中，表現甚為顯著。

也就是說，西方意象派詩人在別尋它途的詩歌探索中，開始有意識地運用「漢語思維」來再造西方詩歌。作為一個「激進主義」者，龐德的口號是中國《論語》的「日日新」（Make it new！），在其長篇《詩章》中，他大量引用中國典故並談論儒家文化，其中第 53 至 61 首詩，幾乎把中國歷史從頭至尾演說了一番。龐德詩歌的這種創新試驗，被 T.S.艾略特譽為「為當代發明了中國詩的人」。他改寫的費洛羅薩《論作為詩歌工具的中國文字》一文，被後繼者譽為英美現代文學的「舊約聖經」。

當然，E・龐德的「漢語思維」還是帶著西方文化的心理圖式，去「誤讀」中國傳統文化意象，如其《仿屈原》：「我要走入林中／戴紫藤花冠的眾神漫步的林中／在銀粼粼的藍色河水旁，／其它的神馭著象牙製成的車輛。／那裡，許多少女走了出來，／為我的朋友豹採摘葡萄。／這些豹可是拉車的豹。／我要步入林間的空地，／我要從新的灌木叢中出來，／招呼這一隊少女」。還有《劉徹》（落葉哀蟬曲）：「絲綢的瑟瑟響停了，／塵埃飄落在院子裏，／

─────────

〔註28〕趙毅衡：《美國現代詩選・序》，外國文學出版社，1985 年。

足音再不可聞，落葉，／匆匆地堆成了堆，一動不動，／落葉下是她；心的歡樂者。／一片貼在門檻上的濕葉子」。（原作爲：羅袂兮無聲，玉墀兮生塵。虛房冷而寂寞，落葉依於重扃。望彼美女兮安得，感餘心之未寧。）

　　繼 E・龐德之後的意象派女詩人 A・洛威爾（Amy Lowell），翻譯了許多中國古典詩詞，輯錄爲《松花箋》（Fire-Flower Tablets）出版（1922），並且在詩集的封面直接使用「松花箋」三個漢字，共收錄 160 多首詩作。推崇中國文學新穎的意象、簡練含蓄的形式與迷人的韻味，自稱在其中發現了一個「新的偉大的文學」，並摹仿這種模式創作了大量作品，收錄爲《浮世繪》（1918），其中《漢風集》組詩尤其產生著巨大的聲響。如《飄雪》：「雪在我耳邊低語，／我的木屐／在我身後留下印痕。／誰也不打這路上來，／追尋我的足迹，／當寺鐘又敲響，這腳印／就會蓋沒，就會消失」。又如《霜》：「清晨灰雲漠漠／我聽見蒼鷺飛去；／當我走近花園，／我的絲袍／在落葉上拖曳，／手一觸葉子就卷縮，／我見過多少清秋／蒼鷺長唳，像一縷煙／橫天而過。」還有《風和銀》：「秋月當空，／灑下一片月光。／銀光照在魚池上，／魚池搖動背脊，／它的龍鱗閃閃發亮」。艾米對中國傳統詩歌意象和含蓄、凝練技巧手法的迷戀，運用中國古典詩歌的思維去進行創作試驗而感受到創新的喜悅，這就是她在《松花箋・序》中講到的發掘中國古典詩歌「潛在意義」推崇其因暗示而帶來的情趣。這就再次激發了西方現代派文學「漢語思維」的追求，成爲繼龐德之後英美意象派詩歌浪潮的旗幟，以至於龐德將這種現象戲稱爲「艾米派」（Amy-gist，恰與「意象派」Imagism 讀音近似）。

　　意象派詩人後繼者 T.S.艾略特的名作《荒原》在藝術思維方式和技巧表現上，也帶著「首先引起讀者注目的是前一行與後一行之間的相互脫節」，以及「全篇不乏反語、暗示、比喻、典故、引證、以及加以改字換句的摘錄」。〔註29〕阿瑟・韋利（Arthur waley）對白居易詩歌的翻譯，正是立足於簡樸、恬淡、靜默的中國古典詩歌美學的視角，他翻譯的《中國詩歌 170 首》在西方影響極爲深遠。E.L.馬斯特斯詩集《荔枝》（1930），用美國唐人街華人的視角去思考人生，更通過其筆下華人對祖國的嚮往，表現著他對中華文化的熱情。如：「我已經失去了生命的天國，／我就像被褫位的望帝，／死去，變成一隻杜鵑，／命定要永遠啼叫著：／——哦歸去，歸去」（《在炮臺上》）。詩人把中國視爲「聖地」：「孔子保存了中國的心」（《聖地》）。與此類似的還有 H.D.（希

〔註29〕毛敏諸：《荒原淺析》，《外國文學研究》1983 年 3 期。

爾達·杜立特爾）的《熱》、《晚》等，都是運用「客觀對應物」去進行「詩歌戲劇化」表現的名作。

德國學者 W·Grube（1855～1908）於 1902 年出版了《中國文學史》以及同時出版的法國人 Judith·Gautier 的《中國文學史》，英國學者 H.A. Giles（1845～1935）在 1911 年出版《中國文學史》，以及 1901 年哥倫比亞大學開設了「丁龍中文講座」，並開始收藏中文資料等，這些都是西方文學界系統研究中國文學的可喜開始，並且直接對西方文學的東方熱產生著影響。也就是說，20 世紀初的西方現代主義文學的發軔，是從「東方化」開始的。

三

詩歌是文學中的文學，語言藝術中的藝術，注意此點，我們就能夠理解為什麼 20 世紀之初，中西方文學的全新創造都是從「詩歌革命」開始。有趣的是，大洋兩邊的「文學革命」都出於徹底反叛既定文藝美學傳統和全新創造的需要，而轉向異域文化尋求借鑒，從而導致了中西方文學的一次「換位」。

美國現代詩歌運動，首先是以滿足民族獨立意識的要求，去反叛英國詩歌的傳統，其次是為民族詩歌的獨立發展和創新，必須從異質文化去尋求借鑒。也就是說，20 世紀初以意象派詩歌為標誌的英美新詩運動，對中國古典詩歌技巧（「中國魔術」）的學習借鑒，雖曾遭守舊派的頑強阻擊（艾肯驚呼為：「東方精神的入侵！」），卻成為影響至今的西方現代詩歌新傳統。以至於有人說：「到如今，不考慮中國詩的影響，美國詩無法想像，這種影響已經成為美國詩傳統的一部分」。〔註30〕

西方現代文學的另一個源頭是法國象徵主義，波德萊爾似乎也從法蘭西啟蒙主義（還有雨果）的「中國熱」中找到文學創新的方法，他主張：「物我的界限應該消失，『我』應不斷在物中得到印證」，他是這樣追求著與東方道家思想的「契合」：「自然是一廟堂，圓柱皆有靈性，／從中發出隱隱約約說話的聲響。／人漫步行經這片象徵之林。／它們凝視人，流露熱炙的目光」（《契合》）。象徵主義詩人認為，外界事物與人的內心息息相通，詩人要對自然有敏銳的感受，通過尋找「客觀對應物」去暗示詩人微妙的內心世界。這些就與中國傳統文論觀點相符合。例如陸機《文賦》提出的：「遵四時以歎逝，瞻

〔註30〕N.S.默溫語，參見趙毅衡：《關於中國古典詩歌對美國新詩運動影響的幾點芻議》，《文藝理論研究》1983 年 4 期。

萬物而思紛，悲落葉于勁秋，喜桑條於芳春」。當然，波德萊爾（包括蘭波、馬拉美等）的象徵主義詩歌美學還是基於對西方現代文明的絕望，出於對西方近代科技文明對人「異化」的憤激，他們的詩美創新正是爲了表現西方現代人的精神困窘：「自我成爲片段的碎片，不再是與外界區別的獨立主體，而是游蕩於物我之間的幽靈。客觀世界被自我感覺分解，失去了完整性和具體性。卻又愈向單純的感覺知覺具象化發展」。他們主張創作中的非理性主義，力圖用直覺、本能、朦朧、象徵、意識流等來表現眞正的「自我」，從世界具體物象中尋找「象形文字的字典」，使文學表現「退到幼稚的象形階段」。以至於人們說「中國詩歌的自由詩譯文是對後期象徵主義趨勢的矯正劑」。

象徵主義詩歌的中國傳人李金髮，正是站在這種詩歌美學立場上對受西方近代文學影響的中國現代新詩表示著不滿：「余每怪異何以數年來關於中國古代詩人之作品，既無人過問，一味向外採輯，一唱百和。以爲文學革命後，他們是荒唐極了，但無人著實批評過」。〔註31〕他認爲，中國新詩運動最大的失誤，就是對中國古典詩歌藝術思維的拒絕。西方象徵主義詩歌對中國古典文學藝術思維方式的價值取向，我們可以從李金髮的這段話去認識。當然，最得法國象徵主義詩學精髓的還是何其芳，將波德萊爾「美的定義」與唐詩宋詞表現技巧完美結合，是他的早期詩歌及散文詩《畫夢錄》取得巨大成功的原因。

在小說、戲劇的現代化發展歷程上，兩位德語文學作家起著至關重要的作用。卡夫卡的小說，不僅直接選取中國題材（如《中國長城建造時》、《詔書》等），並且一直對老莊哲學保持著強烈興趣；而被稱爲「20世紀馬克思主義理論家」、「科學時代新詩學的創立者」的布萊希特，爲終結西方文學的傳統，尋找「非亞里士多德化」思想武器，直接地從梅蘭芳的京劇表演中體味到東方藝術的神韻，其「史詩劇」理論體系的構築、尤其是「間離」──「陌生化效果」的提出，就是從中國京劇藝術中得到的啓示──布萊希特在其《論中國戲曲的間離法技巧》中，對此已經解說分明。

當然，由於英語在世界的話語霸權地位，尤其是英美文學借助於其政治、經濟和科技強勢而佔據著20世紀世界話語的中心地位，因此我們仍然將英美意象派運動作爲西方文學「中國熱」的代表。這也正如當時的英美意象派詩

〔註31〕轉引自馮光廉：《中國近百年文學體式流變史》（上），人民文學出版社，1999年。

人也注意過日本俳句，卻終覺得那不過是中國古典詩歌的「變體」，而仍將其「東方熱」聚焦在中國，是同樣道理。

1922 年，《日晷》雜誌發表了 S・加恩譯介的《滄浪詩話》和羅素論中國道家的文章，《詩刊》發表了賓納關於王維詩歌的評論和譯作，韋利的專著《禪與藝術的關係》出版……這種「中國熱」不僅在於對「有意味的形式」的學習借鑒，也有著對東方藝術形式中的「意味」迷戀。其原因，I・白德壁認為，歐洲文學之所以走向東方，是因為西方人對「純工業純功利生活觀，對機械力和物質舒適崇拜」的反叛需要，是對西方近代科學理性精神桎梏人性自由的絕望。

美國詩人對古老而最符合人性的中國文化的熱情，我們可以從伐切爾・林賽（Vachel Lindsay）的《中國夜鶯》來認識，他借用筆下的中國人誇耀著自己悠久歷史，表現一個西方文化人對中國文化的崇敬：「當全世界的人還在茹毛飲血，／用人用牛的頭骨當作水杯，／當全世界還在用石棍石刀，／我們卻在香料樹下品嘗茶味，靜聽著海灣中浪濤的低吟」。這些，又是詩人對「舊金山沉睡著，好像死去，／死於縱慾、遊樂、淫冶、放蕩」的深刻批判，詩中的中國洗衣工艱辛勞作卻內心充實，對歷史悠久、燦爛輝煌的中國文化的回憶，在詩人心目中屬於「最華麗最歡樂的節日」。通過這個中國人形象的塑造，詩人對遙遠東方那「偉大的時代」，「孔子後來說那是盛世」的中國上古文明讚歎不已（1915）。詩人 C・艾肯的後期成就，也在於傾聽和體味著遙遠東方的《李白來信》（1955）；黑人詩歌運動的代表 L・休斯更是大聲疾呼：「怒吼吧，中國！」（1937）。

而當時的中國，需要的是超越農業經濟的貧困，需要的是儘快邁入工業文明，急需用工業文明來改變落後挨打的局面，西方近代科學理性精神就成為新文化先驅者們喚醒國民開通民智的利器。雖然，魯迅也清醒地看到西方文化的「偏至」，也有著對西方工業文明種種弊端的警覺而提出「掊物質」主張，但立足於中國當時現實需要，魯迅孜孜不倦尋求的，還是西方那「人之歷史」的進化和社會發展的「科學史」。他「別求新聲於異邦」的重點，還在於「舉其身心時力，日探自然之大法」的「爭天拒俗」、「剛健不撓」、「抱誠守真」的鬥士以及「立意在反抗，指歸在動作」的「摩羅詩人」；郭沫若聲嘶力竭地禮讚著西方物質文明的「科學之花」，正體現著 20 世紀中國文化思想界對「賽先生」巨大熱情的時代精神；徐志摩魂牽夢繞、反覆吟唱的，是對

西方文化依依不捨地迷戀（如《再別康橋》），李金髮、穆木天等刻意營造著西方象徵主義詩歌氛圍，艾青對法蘭西文明的熱烈嚮往（《巴黎》）和追尋「歐羅巴的蘆笛」的詩歌形式，這些幾乎就是中國現代文化發展歷程很長時期的一個核心內容。這就是茅盾所說的：「（西方）近代文學的各種——ism，都在我們的文壇上起過或大或小的泡沫」。〔註32〕

這種「換位」還延續到 20 世紀 30 年代，中國現代文學「聖人」魯迅為「青年必讀書」所開出的書目是：少讀或甚至不讀中國書，多讀外國書！幾乎在同時，西方現代派文學鼻祖龐德也為英美青年詩人開設了《閱讀入門》（ABC of Reading，1934），其必修課程的重點就是：李太白、孔夫子！龐德對李白詩歌的推崇，應該是在於「太白詩言在口頭，想出天外」藝術思維方式和「海上三山，方以為近，忽又是遠」等技巧手法。〔註33〕這背後的真正動因，詩人 W.H. 奧登說的很明白：每一種新的詩歌風格的開始，都是一種「心的變換」即文學思維的轉換！因此，有西方學者指出：龐德的詩歌創新試驗「給英語文學帶來了一種拋棄線性時間概念的現代方法。與線性時間的消失同時出現的，是順序性的詩律和持久性的文雅的風格之土崩瓦解」，「所有的時間都是同時期的，因此就有現在時間和過去的幾個紀元的突然變換」。〔註34〕

在世界文學已經到來的時代，人類一切優秀的文化遺產都已經成為世界所有民族文學發展創新的共享物，從 20 世紀初中西方文學的「換位」，尤其是西方現代主義詩歌運動的成功經驗，我們可以站在新的角度來思考中國 21 世紀文學的發展問題。黑格爾在其《美學》中早就強調過：藝術表現的關鍵在於象徵，「主要起源於東方」的藝術象徵手法，它可以「更多地使人想起一種本來外在於它的內容意義」和「它所暗示的普遍性意義」。一個世紀以來中國文學實踐經驗教訓，都使我們更清醒地認識到：我們應該重視傳統文學的精華，中國文學的「漢語思維」，應該是我們建構新型民族文學的方向，同時也是我們為全球化文學建構呈遞的獨特貢品！

〔註32〕茅盾：《中國新文學運動史》，《茅盾文藝雜論集》，上海文藝出版社 1981 年。
〔註33〕劉熙載：《藝概》。
〔註34〕D‧霍夫曼：《美國當代文學》（下）第 644，中國文聯公司，1984 年。

第四節　民國巴蜀文學與西方文化

一

　　一個疆域遼闊、自然地理地貌繁複多樣的大國而言，其文化構成必然地是由多種元素整合而成的，某個地域文化一定是在一個大規模的邏輯結構和系統性語境當中運行並顯示出自己的價值。民國社會和文化運行的特點，在巴蜀大盆地呈現得極為典型，並且，20 世紀巴蜀作家的創作，都在其所處歷史階段產生巨大影響和具有代表性。選擇巴蜀文化文學作為個例，可以從中看到民國文學在中西文化交匯中發生發展的一些突出特徵。

　　民國文學「是世界文學在中國新拓的一個支流」（胡風語），也就是說，「五四」新文學是在徹底背離中國傳統文學，從全盤移植西方文學的基礎上發生發展的，這就使民國文學必然地帶有濃鬱的西方文化色彩。魯迅對此說得很清楚，他的小說所表現的「思想的深刻和格式的特別，全依賴於原先所看過百多篇外國小說」。這種特點在所有作家的創作表現中都不例外，可以這樣說：民國時期每個有成就的中國作家背後，都浮現著一個或幾個外國作家的身影！

　　民國之初，真正體現「五四」時代精神的，是郭沫若。徹底地反叛一切傳統、強烈的個性意識和自由創造精神以及文體的大膽實驗建構，正是郭沫若確立自我藝術個性和奠立自己文壇地位的根本原因。巴蜀地域人文性格大膽驕狂的精神傳統，就被歌德及德國「狂飆突進」文學所激活，在惠特曼那民主革命思想的影響下，在泰戈爾民主自由理想的浸潤下，郭沫若以詩歌、小說、戲劇、散文和大量學術著作，為中國新文化、新文學的建設，起到奠基作用。鑄造郭沫若文化品格的，正是西方文化那民主、自由、人格尊嚴，以及浪漫主義、表現主義等西方現代派文學手法技巧。他的《中國文化之傳統精神》、《中德文化論》等對中外文化的比較，他在歷史、考古、金石甲骨文等方面的新建樹，無一不是運用西方文化的思路和方法，並因此而獲得巨大成功。他對德國、英國、俄國、日本以及其他國家民族文學的翻譯介紹，對唯美主義、藝術至上美學理論以及對馬克思主義文藝理論的引進和弘揚，這些都極大地作用著現代中國文學的運行特徵。

　　民國新文學建構的序幕是話劇的移植，巴蜀人曾孝谷、唐濂江作為「春柳戲劇」運動的骨幹，以巴蜀地域精神的大膽驕狂，從戲劇觀和戲劇表演方

式等角度，徹底刷新中國戲劇思維。曾孝谷的《黑奴籲天錄》是人們公認的「中國話劇第一個創作的話劇劇本」，並且在表演形式上「是純粹的話劇的形式」。戲劇家歐陽予倩正是從中看到「原來戲劇還有這樣一個辦法」而投身於新文學運動並成為一代大家的。〔註35〕可以說，20世紀中國文學反帝反封建兩大主題，就在《黑奴籲天錄》和移植演出的《茶花女》中具備，而曾孝谷創作的《黑奴籲天錄》作為中國現代戲劇創作的源頭和表演模式建構的範本，具有里程碑的意義。此外，蒲伯英首創中國現代戲劇教育體制，首倡「職業化戲劇」和在戲劇文學創作上的努力，無不對中國現代戲劇的健康發展起著積極作用。郭沫若、陽翰笙、章泯等的戲劇創作，都有著一種現代戲劇的模式建構意義。

中國資產階級革命派以文學為武器進行鬥爭的典型，是蜀中鄒容創作的洋洋萬言《革命軍》，魯迅說得直接：就中國現代文學而言，「倘說影響，則別的千言萬語，大概都抵不過淺近直接的『革命軍馬前卒』鄒容所做的《革命軍》」〔註36〕，因此被思想史研究家頌揚為「以彗星般的耀眼光焰突地照亮了一個黑暗的世紀」。〔註37〕在「五四」新文化運動中，對中國宗法制社會和封建道德倫理揭露最力的是魯迅和蜀中「打倒孔家店的老英雄」吳虞。吳虞從西方近現代文化思想中看到，中國社會停滯不前的根本原因在於宗法家族制度，「封建家族制為專制主義之根據」。日本學者青木正兒指出：「次於中華民國底政治上底革命，有文化上底革命；最有意思的，就是道德思想的改革。那是要破壞那幾千年立了深遠的儒教道德和要從歐洲文化上輸入可以代替這個的新道德，那首先來立在這個破壞矢面上去振舞的是吳虞和陳獨秀。」〔註38〕吳虞的思想不僅直接影響著他的學生巴金，也作用著路翎《財主的兒女們》。中國文學反封建的基本主題交響於整個20世紀，其中有著吳虞的貢獻。

「紅色30年代」文學浪潮中，奔騰突進的後期創造社成員，如陽翰笙、李一氓、李初梨、沈起予等都是蜀人，蘇聯、日本的無產階級革命文學理論的引進和對左翼革命文學的推動，都有著他們的貢獻。陽翰笙的《地泉三部曲》甚至成為「革命浪漫蒂克」文學的典型而代表著那個特定時代文學的一

〔註35〕歐陽予倩：《回憶春柳》，《中國話劇運動50年史料集》第一輯，1958年。
〔註36〕魯迅：《墳‧雜憶》。
〔註37〕李澤厚：《中國近代思想史論》第301頁，人民出版社，1979年。
〔註38〕青木正兒：《吳虞的儒教破壞論》，見《吳虞集‧附錄》，四川人民出版社，1985年。

個方面。而另一方面，30 年代中國文學已經開始逐漸地擺脫「歐化」模式，向著本土化、民族化方向努力。巴金從《滅亡》、《新生》一類「憤激、幻滅」小說創作轉向對中國社會人生的深入思考，「激流三部曲」的問世及其對古老中國存在形態和宗法制道德倫理的揭示，正是其作品至今爲人喜歡的魅力所在。

　　艾蕪以《南行記》、沙汀以《獸道》、《丁跛公》爲代表看取巴蜀鄉鎮普通人生的創作自覺，周文、羅淑、陳銓分別以對巴蜀大盆地社會人生的展示，爲 30 年代中國文學本土化表現提供了繽紛多姿的畫面。何其芳則在西方現代派藝術與晚唐西蜀花間派詞的鎔鑄中「畫夢」，在詩歌和散文創作上確立了自己的藝術地位。與老舍對古老北平人生的繪寫、沈從文對湘西原始民俗風情的歌頌相呼應，留法歸來的李劼人立志要以「小說的華陽國志」和「蜀人重史」的地域文化傳統，在借鑒法國文學「大河小說」構架和學習福樓拜、左拉小說描寫技巧的基礎上，用「辛亥革命三部曲」爲中國文學提供了一種全新的歷史長篇小說創作模式。可以說，巴金的「激流三部曲」、李劼人的「小說華陽國志」、沙汀 40 年代的《在其香居茶館裏》和《淘金記》等作品既是民國巴蜀文學特徵的鮮明體現，又是 20 世紀中國文學日趨民族化的標誌。

　　民國文學由地域化表現，而逐漸走向本土化、民族化的意義，樂黛雲教授在《我在美國所見》一文對此說得很清楚：在美國的知識分子中，「很多人最愛看的是文獻紀錄片，比如中國城的日常生活，各個角落，不同的地方的人是怎樣生活的。由於對歷史的觀念的很大改變，文學就起了很重要的作用，因爲它的確能具體展示社會生活的某些層面」，「所以，現在很多人在研究中國現代文學展示出來的中國現代生活。有些大學開了『從中國現代文學看中國現代社會』等課程就說明這種趨勢」。〔註39〕

　　我們將民國時期巴蜀文學作爲一種突出的文學現象進行檢視，絕非僅著眼於地域籍貫的簡單組合，而更強調巴蜀大盆地人生形態，尤其是巴蜀文化積澱對民國巴蜀文學發生的作用和影響，以及帶著這種地域文化積澱影響去感知、判斷和認同西方文化，以進行全新創造的特點及其體現的意義。同時，20 世紀中國各地域社會經濟和文化發展的不平衡中，總體上卻表現著一些共通性：農耕生產仍然是最基本的社會經濟，對外開放仍然受到地理條件和科技、交通的限制，傳統價值觀念仍然制約著人們的思維方式。其中，巴蜀大

─────────────────

〔註39〕參見樂黛雲：《我在美國所見》，《中國現代文學研究叢刊》，1985 年 1 期。

盆地因為其地理條件和標準農業經濟形態，可以被看成是一個典型。也正因為如此，布萊希特在建構自己理論體系時，要尋找一個古老而神秘的中國標本，就把目光聚焦於巴蜀大盆地，是為劇本《四川好人》。

二

20 世紀中國社會的轉型，是在徹底悖離一切既有傳統、并全面借鑒認同和化取西方文化的背景中進行的。與閩、粵地區如嚴復、林紓、梁啓超等人得風氣之先不同，巴蜀地區放眼看世界的時間稍晚，卻很快蔚為大潮。在 1901 年～1907 年間，巴蜀青年留學日本的多達千人，1918 年～1921 年間，巴蜀赴法國留學者多達 429 人，占全國 1／3，為人數最多的省份。

「五四」中國新文學要徹底悖離傳統，就必須全盤移植西方文學的思想觀念和技巧手法，但是對西方文化的看取，必然受主體既有文化背景、以及主體個人情感傾向的制約。江浙作家群如魯迅、茅盾對 19 世紀俄羅斯文學及北歐受壓迫民族文學的借鑒，胡適、徐志摩等對歐美文學的迷戀，就是基於此。相對於其它地域作家而言，巴蜀作家在看取西方文學時，更多地偏重於對法蘭西文學和俄羅斯文學的借鑒移植。這是因為，法蘭西文學的熱情浪漫和造作誇張，尤其是其對細節場面及民俗風情的注重，俄羅斯文學對普通人生命運的深切同情等，都由於符合巴蜀大盆地文化精神而產生著價值心理同構的認同。

巴金就多次說過：「我們都是法國大革命的產兒！」可以說，他對無政府主義的熱情，其中就蘊含著蜀中袍哥幫會蔑視官府威權、敢於反叛的地域文化精神——這絕非個別現象，以蜀籍成員為主的「少年中國學會」如曾琦、周太玄、李劼人、陳毅、康白情等，還有後來的中共名人吳玉章，都曾熱衷於無政府主義理論；巴金對屠格涅夫、赫爾岑等俄羅斯作家的終生敬仰和創作借鑒，也是基於人道主義這一基本原則；他筆下最成功的藝術形象覺新，也有著俄羅斯文學「多餘的人」性格特點；而《滅亡》、《新生》、「抗戰三部曲」中的時代青年形象，呈現著俄國「民粹派」的性格特徵。在中國現代文學中，巴金是運用三部曲小說體式最多的作家，這正是他在借鑒移植法蘭西長篇小說體式中對本世紀中國文學的突出貢獻。在民國初期開始創作白話小說並有一定藝術積累的李劼人，到法國留學後，在跨文化交流中切實感受到西方異質文化的衝擊，受價值心理同構——「蜀人重史」的地域文化積澱作

用，誘導他認同了巴爾扎克、福樓拜、左拉等作家對人物與環境關係、細節場面和民俗風情對人物性格作用的強調，以及對法蘭西文學「大河小說」體式的實驗，正是基於此，他才被人們稱譽為「中國的左拉」。

在《少年維特之煩惱》「序引」中，郭沫若談到他對歌德思想的共鳴，「主情主義」、「泛神思想」、「對於自然的讚美」、「對於原始生活的景仰」、「對於小兒的尊崇」，這實際上是帶著「巴蜀半道，尤重老子之術」的地域文化精神積澱，去感知和認同歌德。作為 18 世紀歐洲最傑出的浪漫主義作家，歌德的思想和創作以及德國文學「狂飆突進」運動對郭沫若的影響是極為深遠的，這不僅鑄就著他《女神》詩歌的特色，也使他終身崇拜著歌德。而他的《梅花》、《瓶》和小說戲劇中那濃鬱的感傷情調，也體現著 18 世紀德國文學在反封建鬥爭中特有的浪漫和感傷特徵，當然，其中也有著西方世紀末思想的印痕。而就其整個人文精神來看，郭沫若更類似于法蘭西民族那種「英雄氣慨的脈絡，熱情奔放的脈絡」。他的創作甚至鮮明地體現著 19 世紀法蘭西文學「那麼強烈地追求著熱情，以至於抒情詩和戲劇險些墮落成歇斯底里的癡情」等特點。〔註40〕

艾蕪走上文學之路，是受到俄羅斯文學人道主義精神的影響，描寫在社會底層苦苦掙扎「小人物」的不幸，從受欺凌被壓迫的普通群眾內心深處發掘美好人格，這正是陀斯妥耶夫斯基、契訶夫、高爾基等 19 世紀俄國批判現實主義作家創作的基本特色，這種特色決定著艾蕪文學創作的基本內容。但是，其代表作《山峽中》中所塑造的「野貓子」形象，「身處大時代衝擊圈之外」卻執著嚮往幸福人生，恰與法國作家梅里美筆下人物類似，而被稱呼為「中國的吉普賽女郎」；羅淑小說《生人妻》與江浙作家柔石小說《為奴隸的母親》在社會價值判斷、人生層面的選材上等都相同，但羅淑的留法經歷使她對法蘭西民族「不自由，毋寧死」的人文精神感受甚深，這又和她青少年時代所受巴蜀文化的影響融匯一體，因而她的作品人物更具有反叛鬥爭的現代人格特徵。

當然，如潮水一般湧入中國的西方文化思潮是繁複多樣的，不同的作家由於諸種原因，對外來文化的選擇、認同、借鑒、化合的方向和程度是有差別的。聚集在「淺草——沉鐘」社的蜀籍青年作家群，由於巴蜀大盆地政治的黑暗和社會的苦難，以及西方文化「世紀末的苦汁」涵蘊，使這批青年「玄

〔註40〕勃蘭兌斯：《19 世紀文學主流・法國的浪漫派》第 28 頁，人民文學出版社，1982 年。

髮朱顏，低唱著飽經憂患的不欲明言的斷腸之曲」，因此，魯迅從他們的創作中自然地看到「蜀中受難之早，也即此可以想見了」。〔註41〕可以說，我們不瞭解 18 世紀德意志文學、不瞭解當時德國文學反封建鬥爭的「狂飆突進運動」那特有的浪漫感傷，我們就很難真正把握陳銓的《天問》、《彷徨中的冷靜》等小說及其「戰國策派」時期的戲劇創作。他作品中人物那傲然猖狂的個性，卓然獨立的精神和對「力人」的嚮往，都是德意志民族文化精神的影響所致。30 年代在北大哲學系讀書的何其芳，對黑格爾、康德的哲學思想是浸潤甚深的，當然，他更多的還是迷戀於波德萊爾、陀斯妥耶夫斯基和 T.S.艾略特。

以上這一切都說明，民國文學以及巴蜀文學的發生發展，都是受著西方文化直接影響，其整個運行歷程都體現著世界化的基本特徵。我們必須看到，20 世紀中國文學就整體上說，還是一個轉型期。在徹底消解中國傳統文化文學後的新文學重構，無論是語言符號、文體建設、創作技巧手法和美學理論等各方面，都需要向異域文化吸取營養、尋找借鑒參照，這就不得不使 20 世紀中國文學帶有西方文化的特點。但是，這種借鑒參照，又必然地要以中國作家既有的文化觀念和價值判斷為標準，必然地要以中國作家的特有人生體味去感悟和認同化取，他們的文學創造，就必然帶有中國本土化特色，體現著民族化發展趨勢。我們把巴蜀文學作為民國文學發生發展的典型個例，當然是由於民國文學的運行歷程中，巴蜀作家在每個階段上都體現著其發展特徵。

三

相較於 18 世紀西方思想文化界對中國傳統文化的熱情，對比 19 世紀西方意象派詩人對唐詩宋詞的推崇，民國文學在世界文學中的地位是不盡如人意的。也就是說，處於 20 世紀世界文化大交匯中的民國文學是「進口」多於「出口」，借鑒多於獨創。正是從這個角度上，我們才不得不注意到蜀籍作家敬隱漁用法文翻譯魯迅小說《阿 Q 正傳》，向西方社會介紹民國新文學的價值，羅曼・羅蘭等西方作家於此才開始瞭解民國新文學，認識其特色和價值。

美國夏志清的《中國現代小說史》、捷克漢學家普實克的《中國現代文學》，尤其是俄羅斯漢學界對中國現代文學的研究，是西方人系統研究 20 世

〔註41〕魯迅：《新文學大系・小說二集・導言》。

紀中國文學的代表——前者是「美帝國主義」背景下的學術，後二者是「社會主義陣營」的產品。這些研究的基礎都是建立在政治意識形態上的。只是在冷戰結束以後，西方研究界才開始比較全面地認識 20 世紀中國文學，國外對民國時期巴蜀作家的注意，就基於這樣的背景。法國研究家明興禮《巴金的生活與著作》（1950）、奧爾迦·郎的《巴金和他的作品》（1967）及《巴金及其寫作——兩個革命之間的青年》、前蘇聯 A·尼可爾斯卡婭的《巴金創作簡介》、D·ROY 的《郭沫若——少年時代》等成果，就顯得極為可貴。

　　在他們看來，「巴金從克魯泡特金的《告少年》和廖抗夫的《夜未央》一類書中，以及從自己讀者的反應中，獲得了文學力量能改變人們生活的信念。他所謂的範例便是來自西方文學，因為在梁啓超之前還沒有幾個本國作家能如此深刻有力地施加這種影響」，「郭沫若和郁達夫在 20 年代初，借鑒那時德國文學的實例而採取表現主義立場，這也鼓勵作家去發揮革命者的作用。實際上，表現主義是極端個人主義的產物，因此也極不穩定；它包括原始主義以致於唯美主義的各種不同觀點，在政治態度上則對共產主義直到法西斯主義都一概予以肯定。因此，郭沫若本人 1923 年指責用藝術從事宣傳有損藝術家內在的完整性，1926 年又參加北伐戰爭的宣傳工作」。〔註 42〕巴金、郭沫若等人的創作被西方研究者關注，體現著 20 世紀中國文學走向世界的趨勢。

　　隨著世界政治格局的變化，社會主義陣營的分化和西方國家資本、技術的拓展市場，西方社會對中國市場的需求，促使其文化文學研究更加深入地開展。80 年代中國社會的改革開放和經濟的騰飛，也誘引、刺激著西方「中國學」研究的發展，由於巴蜀作家突出的藝術成就和獨特的藝術品格，往往成為西方研究界關注中國文學的重點。因為，巴蜀大盆地具有中國農耕文化及農耕經濟的典型和標本意義，郭沫若創作所呈現的強烈人格個性及其現代中國文化建構思想，巴金對中國封建大家庭人生狀態和結構形態的表現，李劼人表現世紀之交中國社會嬗變過程以及作品的地域文化學特色，沙汀對古老中國鄉鎮人生的真實繪寫所體現的民俗文化意義等，這些都必然地要成為西方研究界關注的重點，尤其是在世界「文化熱」方興未艾的當今時代。瑞典漢學家馬悅然到中國訪問時，就對彝族詩人吉狄馬加將民族意識和人類意識完美結合的表現大加讚賞，德國漢學家、詩人貝恩在其《中國當代詩壇窺

〔註42〕　（美）B.S.麥克杜格爾：《西方文學思潮對中國文學的影響》，《中國現代文學研究叢刊》，1983 年 1 期。

探》中，盛讚巴蜀新生代詩人栗原小荻詩作中融貫的「東方與西方的文化精神」，認爲作者「感性與理性相得益彰，語言與意象高度彌合，顯示出一種不可多得的格調」。〔註43〕藏族作家阿來小說《塵埃落定》被翻譯爲多種文字介紹到國外，亦是其例。

一種外來異質文化的植入，必須經過本土作家的判斷、篩選、認同及融匯化合，使其「入鄉隨俗」地在本土紮根、開花、結果，這個選擇判斷和融匯又必然地基於本土文化固有的價值體系。由於中國疆域的遼闊和地理的繁複多樣，以及在此基礎上形成的各種區域文化的不同，致使 20 世紀中國文學呈現著繽紛多姿的現象，民國巴蜀文學的運行也因此而具有自己的特點。也就是說，由於地理的阻隔和大盆地的遼闊，巴蜀文化相對自成體系地運行繁衍，孵育著一代代巴蜀作家，制約著他們的價值觀念，決定著他們接受西方文化及進行新文化創造的特點。

在中西文化劇烈碰撞的 20 世紀，中國社會劇烈變革的時代思潮影響，西方文化和文學的模式借鑒，使巴蜀作家在看取自己爛熟於心的地域人生時，在時代意識和地域文化「集體無意識」作用下進行審美觀照時，就能在具體的人生形態中展現中國社會運行的特徵，表現對當今人類生存狀態的關懷。於此，我們不難看到這樣的事實：成功的作家都應該掌握雙重語彙，他既要精細入微地體會本土人生和民俗風情的特有含義（這更多地是受地域文化的影響），又能恰當地將之放入世界性文化結構之中，一個作家的藝術生命力就由此而具，由此生發，一個民族的文學的勃興繁榮也由此而來。

通過對民國巴蜀文學與西方文化關係的檢視，我們不僅可以看到一個世紀中國文學的發生發展歷程的特點，更可以於中得出一些規律性的東西。21世紀將是世界一體化的時代，任何封閉和自大都將是不可能的。但是我們也要看到，全球文化熱的根本原因，是各國各民族爲避免其民族文化消亡而努力「尋根」，大力弘揚自己的民族文化。中國在走向世界，隨著中國經濟的飛躍發展和國家地位的逐漸提高，以及中國大市場對世界的吸引力日益增強，「中國學」將成爲未來世界的顯學之一，世界也將繼續「走向中國」。文學因其基本功能又將在其中發揮重要作用，而各地域文學更將在新世紀中國文學文化建構中各呈異彩。因此，我們既要更大地對外開放，又要弘揚自己的民

〔註43〕 參見《華埠文學》（英國），1993 年 4 期。

族文化，以更多更好的民族化文學作品爲新的世界一體化文化作出自己的貢獻，這樣才能在世界民族之林中保持自己的地位和特色。

第五節　蜀中現代詩家趙熙

一

　　身處「改朝換代」的社會動盪之中，抒寫「亂世」境況和「遺老」情懷者，歷代不乏其人。感念蒼生、歸隱山林、詩書畫齊頭並進等中國傳統士大夫的標準，就由趙熙在民國時代呈現出來。而趙熙與傳統士人的最大差異，還在於在新時代語體白話文的主潮衝擊下，敢於「逆流而進」，以傳統詩文和藝術的方式，爲民國文學的多聲部合唱，貢獻出自己的努力。

　　在近現代之交和新文學漸成大潮的民國詩壇上，有「晚清第一詞人」之稱的四川榮縣人趙熙（1867～1948）的舊體詩詞創作，自 313 首《香宋詞》1918 年出版面世以後，成爲民國文學一個令人矚目的現象。民國著名學者汪辟疆（1887～1966）的《光宣詩壇點將錄》（1925）和《近代詩壇與地域》（1934）等著述中，讚譽之爲「蜀中近代詩家」領袖，稱其「體在唐宋之間，格有綿遠之韻」、「清而能腴，質而近綺」，是清末民初京都「同光詩壇」重要作家與「西蜀派」代表人物。錢基博（1887～1957）的《現代中國文學史》（1933）更立專章論之。稱之爲「學術文章，超越時流」、「詩功湛深，蒼秀密栗，成之極易。見者莫不以爲苦吟而得，其實皆脫口而出，不加錘鍊者也」。

　　著名文化人章士釗在《論近代詩家絕句》中譽之爲：「陳楊都到西川去，善頌西川第一人」，馬一浮盛讚他「樂府風謠收兩宋，詩壇才調比三唐」。〔註44〕世紀之交和民初京師士大夫的詩詞創作，主要彙聚在《國風‧文苑》上。《國風》1910 年 2 月 20 日創刊於上海，至辛亥革命前爆發的 1911 年 7 月停刊，共出 53 期，實際主持人爲梁啓超，設有論旨、論說、時評、調查、記事、法令、文牘、談叢、文苑、答問、附錄等十四門類，創刊號廣告宣稱「以忠告政府，指導國民，灌輸世界之常識，造成健全之輿論爲宗旨」，是當年立憲派最主要的輿論陣地。在《國風》文藝副刊《文苑》以及繼後的刊物《庸言》（天津，1914）作家群中，四川榮縣人趙熙，是作爲文壇主將而發生著巨大影響。

〔註44〕轉引自陶道恕：《趙熙》，《成都大學學報》，1988 年 2 期。

據當今的研究者統計：在《國風》文藝副刊《文苑》以及繼後的刊物《庸言》作家群中，「最惹眼的趙熙，發表詩歌多達 147 首，遠遠領先於其他作者」，「趙熙脫穎而出成為《國風‧文苑》的主打詩文家，起作用的自然不是詩意的新舊或詩格的高下，而在於其出處行藏中所展現的政治人格」，「然則《國風‧文苑》所推崇的『同光體』，實在是同光體邊緣的一小圈四川詩人（趙熙、楊增犖）」。〔註45〕陳衍的《石遺室詩話》回憶過當時京城文人的聚集情況是：「庚戌春在都下，與趙堯生、胡瘦唐、江叔海、江逸雲、曾剛甫、羅掞東、胡鐵華諸人創為詩社。」〔註 46〕梁啓超則因為其「藝林厚根底」，「名節樹藩籬」而拜之門下，並有如此充滿敬意的詩句：〔註47〕

……感激別有託，詎獨在文字。天步正艱難，民生日憔悴。銜

石念海枯，入淵援日墜。吾徒乘願來，為此一大事。君其體堅貞，

走也當執鸞。

趙熙的詩詞、書法、繪畫、劇作等均為一時之冠。詩詞創作成就獲「晚清第一詞人」和「詩名滿人間」美譽、以「直聲在天地」的人格魅力吸引世人、書法藝術被人稱為「近百年間罕有與並」。1891 年 24 歲時，他赴京城會試經過重慶，有詩記錄所見：「萬家燈火氣如虹，水勢西回覆折東。重鎮天開巴子國，大城山壓禹王宮。樓臺市氣笙歌外，朝暮江聲鼓角中。自古全川財富地，津亭紅燭醉東風。」實際上已經具有「以舊風格含新意境」時代新潮特徵。1918 年，同鄉好友林山腴將其詞作收錄輯為《香宋詞》三卷，付成都圖書館刊行，一時好評如潮。

胡先驌先生認為《香宋詞》「詞賦傷亂，一如杜陵，可為詩史，初非詞人泛泛之傷亂可比也」、「堯生侍御生於清，仕於清，故忠於清，益忠者實為人類之美德」，「杜陵一生之悲劇，傷亂與順連而已，堯生之所遇，則亂離困苦之外，且有易代之痛，傷哉其言」。〔註48〕

趙熙在民國文學中，是以一個「前朝遺老」的形象顯示給世人的。《香宋詞》第一卷（1916）中，幾乎都是「想舊京，初年光緒，萬方尚無塵」（《傾

〔註45〕陸胤：《清季民初的「政治與文學」〈國風〉、〈庸言〉詩文欄研究》，《中國現代文學研究從刊》，2006 年 6 期。

〔註46〕陳衍：《石遺室詩話》合訂本卷三，見錢仲聯編校《陳衍詩論合集》第 48 頁，福建人民出版社 1999 年排印本。

〔註47〕梁啓超：《飲冰室合集‧文集》45 下，第 54 頁。中華書局 1989 年。

〔註48〕參見王仲鏞等編：《趙熙集》第 1356 頁，巴蜀書社，1989 年。

杯樂》）、「追念故國承平」（《霜葉飛》）、「南朝金粉一片，還記太平十月，翠落曾載」（《綺羅香》）等感念「故國」之作。1911 年的辛亥革命改變了一切，爾後他滿眼彌漫的都是「西風吹老萍州」（《採綠吟》）、「吹老西風，乍開門又是一番天地」（《四犯剪梅花》）、「西風愁卷中華去」（《霜葉飛》）、「心如燕葉風撕盡，破得千頭萬緒」（《買陂塘》）、「留我作孤臣，悲杜宇」（《迷神引》）。他整日生活在「任西風，催老舊朝人」（《宜清》）、「夢裏空花秋後葉」（《壺中天》）失落感傷中，從而展示出一個前清遺老的孤獨和狷介。

　　但趙熙絕非是一個頑固堅守封建帝制的文人，他反對袁世凱稱帝、批判張勳復辟帝制，並且以詩詞創作表現了自己的政治態度，呈現出一個放眼世界和面對現實的現代文化人形象。在辛亥革命導火線的四川保路運動中，他專門上奏摺，以「鐵路國有激生民變案」，彈劾盛宣懷違法侵權，又敦請清廷殺掉四川總督趙爾豐，「請雪死者之冤，平生者之憤！」他拒絕過袁世凱的拉攏，對其稱帝野心高度警惕。1915 年袁世凱死，作《臺城路》諷刺之：

　　　　添足求工，殘鱗換世，身價今輕於紙。焚灰化水，怎醫遍體今瘡，蟲沙萬隊，蛇子蛇孫祖龍新穢史」，

又在《甘州·寺夜》中記敘道〔註49〕：

　　　　任西風，吹老舊朝人，黃花十分秋。自江程換了，斜陽瘦馬，古縣龍遊。歸夢今無半月，蔬菜滿荒丘。一笠青山影，留我僧樓。次第重陽近也，記去年此際，海水西流。問長星醉否？中酒看吳鉤。度今宵，雁聲微雨，賴碧雲紅葉識鄉愁。清鐘動，有無窮事，來日神州。

二

　　1897 年，趙熙任重慶川東書院山長三年，有自撰聯云：「合古今中外為師，曲觀其通，兩派春潮歸大海；任綱常倫理之重，先立其大，萬峰晴雪照崑崙」，可見他已經開始站在全球的高度，立足於世界的格局去看問題。在辦學時招收日本學生，並讓其教同學英語，自己也參加旁聽，可見其對新事物的態度；1901 年到瀘州籌建川南經緯學堂，在他的主持下，該校設有經史、算學、體

〔註49〕龍遊，即隋朝的樂山地名；海水西流，指 1915 年的袁世凱復辟帝制；來日神州，預指「次年」即 1917 年的四川軍閥混戰。

操、地理、英語等課程，還聘請了日藉教師，這在當時是頗有維新風氣的；1903 年，應四川總督岑春萱邀請，爲新創辦的成都武備學堂撰寫兩幅對聯，頗具時代新潮特色：

是在禮家，內心外心有學；以覘國力，東海西海爲師。

寸地尺天紀律；重洋大陸精神。

庚子事變後，深感時政衰敗，欲以教育救國，其致好友尹仲錫信說：「嘗論今日教養之道，甚不宜拘舊習，如爲吾民思所以自立於久遠者，所治如有賢良，擬當徐思講學興農之策，外人書宜急於選擇也」。〔註 50〕1904 年北上，時京漢鐵路開通，黃河鐵橋建成，以詩表達對形勢的看法：「大勢中州變，論功舉國勞。憑欄知鐵用，今古事滔滔。」

對革命者和在中國歷史進步中起過推動作用的仁人志士，趙熙更是滿懷熱情，如上奏章請爲戊戌變法六君子劉光第、楊銳等昭雪，並且撰寫《劉光第傳》，爲之寫下眾多悼念詩作，如《不寐》：「不寐令人老，今宵奈月何，堂虛受清露，山遠接明河。鏡具（即劉光第）慚心負，風簷勵望多，漢陰徒渾濁，江介自風波」；《灩預石懷劉裴村先生》（己亥 11 月入京過此）：「片石蒼茫太古前，每懷神禹泣當年，長江不盡風波惡，誰杜西南半壁天」；《謹題感裴（村）之作仍用原韻》（庚子 10 月，時敵據京城）：「蒼蒼碧海剩揚塵，老去黃桑氣不春，滿地交期泉路隔，幾人清夢泣斯人；萬古文章（即《甲午條陳》）付太虛，上清淪讁定何如，人間亦歡高生老，黃葉空山早著書。」與此可見，在國家民族進步等大是大非問題面前，趙熙不畏強暴，揮毫作詩，痛悼劉光第等志士，以表對「維新者」之崇敬。

對近鄰鄉賢宋育仁充滿敬意的詩作如《宋玉宅感懷富順》：「楚國蒼山外，風流望我師。溓醪翻在遠，憔悴竟同時。積雨冥冥晦，招魂湛湛悲。爰然瓊佩蔽，西海定爲期。」其學生孫炳文 1923 年奔赴德國留學時，趙熙贈詩曰：「開門故人至，翻懷久無書。游俠終何益，長安不易居。歸循黃埔未，健喜白頭餘。一劍仇人血，衰年氣未除。」1927 年國共分手，孫就義於上海，趙熙有詩憑弔之：「春從愁裏過，桐葉小於圭。野陌風花老，山村杜宇啼。世情應早悟，古事有餘凄。三尺無情鐵，頭顱下魏齊。」1920 年朱德任護國軍旅長駐成都，時好學喜詩，投書趙熙稱弟子，並贈照片。趙熙贈之詩曰：「只有

〔註 50〕 參見曾進：《文學家趙熙水平簡介》，《四川文史資料選輯》，第 29 輯。

人心能救世，西南半壁賴扶持。讀書已過五千卷，一劍能當百萬師。」對朱德的期許之情，溢於言表，〔註51〕表達了對社會變革的期望。

他還曾經為汪兆銘（精衛）、黃復生刺殺清朝攝政王一案辯護，大聲疾呼「國勢衰微不宜殺有志之士」；辛亥革命中，鄉人革命家王天傑殉難，趙熙親往其家為之題寫神位。也就是說，隨著時代的發展，趙熙已經不再堅持「前清遺老」的政治立場。抗戰中，馮玉祥遍歷大後方各處募捐抗戰，趙熙積極響應，書寫多幅屏聯交之義賣，並且贈之詩曰：「立德立言不朽，壽人壽世無疆」，盛讚其救國壯舉。

1932 年偽「滿洲國」成立，趙熙的昔日同僚至交、詩友鄭孝胥出任偽政權重臣，趙熙信函致陳石遺，堅決與之斷絕關係；他先後拒絕北洋軍閥段琪瑞、四川實力派劉湘諸人的禮聘及饋遺；1941 年蔣介石欲委以高級顧問之職，又親自設宴請教國事，趙熙答以老眼昏花，不能閱讀書報，時事無得知，唯望對四川人民生命財產多加留心云云，表現了一個正義的知識分子的高風亮節和對專制政治的不合作態度。

三

趙熙的詩詞，主要表現民國社會現實的狀況，這就是「感念蒼生」贏得社會敬重的原因。因為對四川社會的現實摹寫，曾被時人陳石遺曾經推之為「當世岑參」，並呈現出「蒼秀入骨」的藝術風格。如 1916 年滇軍與川軍矛盾，他預感蜀亂將起而有《贈玉津閣》詩「此生見否誰能說，忍淚花前去住身。別後寄聲嚴節度，杜陵憔悴老詩人」表示憂慮。這些詩詞都表達了對社會動亂的深切關注和自己無能為力的苦悶。又有贈成都商會會長樊孔周詩：「市廛紛紛有是非，人情自古好相幾。公言果驗西川福，我亦花潭占釣磯。」時摯友楊昀谷離京入蜀，趙熙為之寫下《下里詞》30 首介紹巴蜀勝景和風土名物，如：「青羊一帶野人家，稚女茅簷學煮茶。籠竹綠於諸葛廟，海棠紅豔放翁花」。其他如《舟行》、《榮縣道中》、《烏尤題壁》、遊峨眉題詠集《秋山詩略》等詩作，以及為成都杜甫草堂、峨眉山、樂山烏龍諸寺撰寫的碑文等巴蜀題材，至今仍然是人們喜愛的藝術品。例如為峨眉山報國寺撰寫的對聯：

我奉雪山為贈品，君收雲海作詩聲

〔註51〕參見曾進：《文學家趙熙生平簡介》，《榮縣詩詞》網；又《趙熙年譜》，《自貢日報》，2009 年 2 月 17 日。

描繪自貢井鹽生產場面的如《自流井》：

> 人音百里異，唐宋屬榮州。大利淮商抒，遠疆火井稠。
>
> 蛛絲蟠覓路，馬磨轉山樓。萬口仇官運，弘羊自古羞。

詠歎家鄉的如《古城》：

> 光宗藩第此山頭，未到千年土一丘。
>
> 昔得佛地南宋印，考知官署古榮洲。
>
> 毗連病院翻西式，雜還荒祠賽武侯。
>
> 清富登臨一杯酒，白雲紅葉不勝秋。

又如《青陽洞》，有「自注：南郊浮匡岩後，傳為螺祖之子青陽封地」：

> 榮州古國號青陽，帝子當年治此鄉。
>
> 每向洞天談軼事，便從石史悟洪荒。
>
> 冥冥鮮意秋光合，滴滴泉聲海氣涼。
>
> 晚醉故人尋道帔，野風川上藕花香。

趙熙的散文創作如《橫溪閣記》：

> 餘鄰是溪，世所遊釣，渚清沙白，平疇遠風，一綠稻畦，色如鸚鵡。古塔若笋，遠瞰於林闉；翠筆為峰，上蟠乎霄漢。竊以謂，晴天水落，沙路生焉，倘憑兩崖，臥虹成堰，則樵蘇遠戰，秀絕中皋，空明一陂，泛秋尤勝。其王氏人士，如莊叔、教源者，旁刺它書，刊之樂石，庶希風前秀，文獻有徵。嗟乎！處士聲消，靖康已禍，高人宅老，陸游生哀，時變則悠悠無窮，石瀨則泠泠傳響。斯閣也，其將並嘉州蘇子之樓，而不入咸淳臨安之志也乎！

為當時川南鹽務稽核所經理林蔚文所作《川鹽紀要》所寫的介紹文字，表現對官府與民爭利的批判，即《川鹽紀要‧敘》云：

> 嘗讀晚清鹽法之書矣，其法非為鹽也，直取錢之法耳。鹽於食，猶米也，而成之費，不如米春耕秋獲之立待也。售之勞，不如米彼疆爾界之無譏也。恒有集百千萬之資，殫數十年之久，而迄不盡成者，人無問焉，一成而法出矣。恒有破數十家之力，冒千里數千里之險，而猶不遽售者，人無問焉，一售而法出矣。是法者，行禍於人者也。鹽法者，禍本也。朝令而夕改，條分而縷析，申申焉彌苛彌虐，鷹乎犬乎？獺祭魚，豺祭獸而已。
>
> 趙熙曰：《周禮》太宰以九賦斂財賄。鄭注：其一口率出泉。自

是漢有口錢，唐有庸錢，宋以後有丁稅，清雍正間，丁隨地起，是
生一人稅一人矣。鹽者必需之食，富不能多食，貧不能少食，此而
稅之，世人所謂「人頭稅」者，名不同而鹽稅當之。丁既稅矣，鹽
又稅焉，稅外加稅，不平謂何！然國家方患貧，以鹽稅抵外債，舍
是無有著之款，無法之法，仁者恫之，智者固宜究焉。

　　林君蔚文，仁智人也，紀川鹽大要示余，博矣，詳矣。余尤敬
之者，知成之也費，則思以豐其產；知售之也勞，則思以暢其消。
心乎福民者也。產與銷既盈，其稅寧處於絀？利國孰大於是？《詩》
曰：「瞻言百里。」林君之言，視剽之言鹽法者，乃不啻千里萬里矣。
敘之以商讀林君書者。

趙熙詩作存世 2000 餘首，錢基博所著《現代中國文學史》稱其「學術文章，
超越時流」。其戲曲畫品，亦頗不俗，為世人稱道。1902 年趙熙觀木偶戲《活
捉王魁》，不滿於原作潑辣和猙獰，改為川劇《情探》（1902），從焦桂英的善
良「癡情」著眼，步步試探，不惜委屈求全，力圖喚醒對方的人性舊情。王
魁也曾猶豫，但榮華富貴使他終於「橫下心腸」。劇中人物性格豐富複雜，矛
盾衝突玻瀾曲折，唱詞典雅音韻和諧，該劇已經成為川劇精品。如唱詞：

　　梨花落，杏花開，夢繞長安十二街。夜深和露立蒼苔，到晚來
輾轉書齋外。紙兒筆兒墨兒硯兒呵，件件般般都是郎君在。淚灑空
階，只落得望穿秋水不見一書來。

　　紅鸞星照玉臺，連理枝頭花正開，怕只怕綠珠紅粉沈光彩。醒
時欹枕費疑猜，莫不是魔夢生災怪。豈有海濤神，管我風流債。

根據趙熙原著川劇《情探》改編的評彈《情探》，是 20 世紀 50 年代初由秋翁
（平襟亞）、劉天韻完成的，已經成為江浙地區常演不衰的藝術品種；趙熙晚
年返鄉後又作《誓別》、《聽休》、《冥判》三則，合為《焚香記》全本，另有
《漁父辭劍》、《除三害》（周處故事）等。郭沫若在《少年時代》中對趙熙的
川劇創新盛讚推崇，《中國大百科全書·中國文學》認為：「這一時期，以詞
為專業而影響較大的作家有……趙熙、王國維、吳梅等。」〔註 52〕在晚清與
民國初年的中國文學史上，趙熙的詩、詞、文、戲劇等創作，都以鮮明的特
色和精美的藝術風格，以及充滿時代特徵的情感書寫，卓然而立，具有大家

〔註52〕參見《中國大百科全書·中國文學卷》，中國大百科全書出版社，1986 年。

風範。作品多彙錄於《香宋詞集》（1918）、《香宋詩前集》（1956）等。

趙熙書法，字體秀逸挺拔，融諸家爲一體，時人稱「榮縣趙字」，世人皆以家有「趙字」收藏爲榮。趙熙書法，愈益成爲書畫市場品牌響亮的藝術品。

在清末民初京城文壇上，以趙熙爲代表的「西蜀派」文學群體，有學部左丞喬茂宣（字樹楠，四川華陽人）、劉裴村（光弟，四川富順縣人，「戊戌變法」六君子之一）、楊銳（字叔嶠，四川綿陽人，戊戌六君子之一）、吳筱村（字季清，四川達縣人。庚子年死於西安縣任上）、顧印愚（字印伯，成都人。曾任武昌通判。後在張之洞幕府，卒於武昌）、內閣中書林山腴（字山腴，四川華陽人）等人。同鄉京官往還唱和，留下大量詩文，見載於各自的作品集中。

民國時期彙聚成都的「五老七賢」，有趙熙、顏楷、駱成驤、方旭、宋育仁、徐子休、林山腴、邵從恩、劉咸榮、曾鑒、吳之英、文龍等。他們中有前清狀元、進士、舉人、知府、翰林、御史，也有「一生不做官，桃李滿全川」的教育家。他們都曾在社會上風光一時，後來因爲各種各樣的原因遠離政治中心，成爲在野的閒人。因此自民國肇始，從尹昌衡、胡景伊任四川都督起，一直到後來的督軍、省長們都曾聘請「五老七賢」做顧問；他們的文化創造，已經成爲民國文化的重要積澱。如宋育仁的《問鼇閣叢書》、徐炯的《霽園叢書》、劉咸榮的《靜娛樓詩文存》、衷冀保的《日本國史》、趙熙的《香宋詩詞集》和《榮縣志》（總纂），曾鑒和林思進的《華陽縣志》（總纂）等。

趙熙的門生遍佈各地，民國文化界名人如郭沫若、李劼人、龐石帚、蒙文通、周太玄、吳玉章、黃復生、向楚等，以及民國軍政界要人戴季陶、謝持、熊克武、朱德等。時人有「家有趙翁書，斯人才不俗」之謂，成名後郭沫若，還時常自稱是趙熙的關門弟子，50 年代初，郭沫若出資出版趙熙的作品，在上海印刷《香宋詩前集》上下冊。

作品收錄較爲完備的，是巴蜀書社 1996 年出版的王仲鏞主編的《趙熙集》。

第六節 「四川好人」對布萊希特的影響

一

20 世紀「西方馬克思主義文論」代表者布萊希特，把自己的代表作定名爲《四川好人》，是一種刻意安排。布萊希特的《四川好人》，是布萊希特戲

劇創新實驗的代表作之一，作爲其美學理論創新的實踐載體，以之全面實踐
他的「史詩劇」演劇方法。一個追求刷新西方既有戲劇美學模式的思考者，
把體現自己美學創新的戲劇創作，最終改名爲《四川好人》，其背後有著深沉
的文化背景。因爲，在《四川好人》藍本《救風塵》中有汴梁（開封）、鄭州
等河南地名，本劇中出現的有北京、甘肅省、貴州省、廣（東）省、四川省
等地名，但是作者卻把故事發生的背景，放在四川，這絕非偶然。

　　早在 17 世紀，德國已經出版了許多以四川故事爲主的作品。埃伯哈特·
哈佩爾（1647～1690）創作的長篇小說《亞洲的俄諾幹布》，描寫明清換代戰
爭，突出了在四川抓住「強盜」李自成並押解回京受審等關鍵性事件。〔註53〕
在中國傳教 10 餘年的意大利傳教士衛匡國（1614～1661），直接經歷了明清
換代戰爭，他的《韃靼戰記》（德文版，科隆，1654）主要內容，是開始於 1644
年的滿清、晚明、農民軍之間的戰爭。我們可以看到這樣一些有關「四川」
的描寫：

　　　　「在援救皇帝的將領中間，有一個英勇的婦女，我們可以叫她
　　　『中國的亞馬遜』。她從遙遠的四川帶來了三千人馬。她不僅有男子
　　　的智慧和風度，連稱號都像男子。這個高貴豪爽的婦女在抗擊韃靼
　　　以及後來平息反叛的戰爭中表現出罕見的勇氣。她是代替兒子來打
　　　仗的。她的兒子還是個孩子，不能盡這份光榮的義務，就留在自己
　　　的王國裏。在四川山區中有個王國，他不是中國皇帝的臣屬而是獨
　　　立的王公，從中國皇帝那裡接受國王的封號」；「最初游民在遙遠的
　　　四川省聚集起來搶劫了好幾個城鎮。他們在搶劫成功之後變得更大
　　　膽了，又冒險去圍攻四川的主要城市成都，如果不是我提到過的那
　　　位果敢的『亞馬遜』帶兵去援救，這個城市無疑會被他們佔領」；「李
　　　自成佔據著陝西與河南，張獻忠殘暴地統制著四川與湖廣」；「就這
　　　樣，他把人口眾多的四川變成了一大片荒地……後來，四川已經沒
　　　入可殺了，他把暴怒和仇恨轉移到城鎮、房屋和宮殿上面。他在成
　　　都建造了雄偉壯麗的宮殿，把它連同這個繁華的城市的大部分付之
　　　一炬」（P61）；「四川的可憐居民就像迎接救星一樣迎接韃靼人」；「在
　　　這些省份正在動亂的時候，四川省傳來稍息說，臭名昭著的大盜張

<hr>

〔註53〕夏瑞春編選、陳政愛譯：《德國思想家論中國》第 263 頁，江蘇人民出版社 1995
　　　年。

　　獻忠又出現了。他以殘酷暴虐著稱，帶來了暴風般的戰禍，把全省踏成了荒地。雖然人們認爲他在一次大戰中已經徹底被消滅，但他又出現了，在全國散佈新的災難和戰爭」。〔註54〕

克里斯蒂安‧哈格多的長篇小說《埃關，又名偉大的蒙古人》，同樣是以明清換代戰爭爲題材，其中引人注目的是對「四川女王」彭塔利塞亞的塑造；一部 1689 年出版的小說《寬宏的統帥阿梅紐斯》，描寫哥特人（古代日爾曼人一支）加入匈奴人的軍隊，參加了對中國的戰爭。其中，哥特公主敘瑪尼斯一直打到了四川，她在殺死漢人國王後被立爲四川的女王。這些作品描寫的「四川女王」的生活原型，就是明末率家鄉子弟「白杆兵」進京「勤王」的四川石柱縣（今屬重慶市）土家族女土司秦良玉（1574～1648）。德國學術研究推崇縝密細緻、關注各類史實考辨的傳統，也體現在中學時代就開始癡迷中國文化的布萊希特身上。這些盛行於德國閱讀界的中國故事，必然對他產生相當的影響。綜上所述，可以說，布萊希特筆下「四川最好的好人」沈黛的原型，就出自這些文獻材料。

　　要從異域文化中汲取新元素以刷新西方戲劇既有模式，布萊希特對中國戲劇進行了深入而持久的研究，四川戲劇有著悠久歷史和獨特的運作方式，在中國戲劇史上常常有里程牌價值，這應該是布萊希特研究的重要內容。漢代有「巴渝戲」，唐代有「蜀戲冠天下」之盛譽，宋有「川雜劇」——如陸游《初夏閒居》詩就有「夜行山步鼓冬冬，小市優場炬火紅」、「高城薄暮聞吹角，小市豐年有戲場」等四川戲劇演出盛況的描述。宋人莊季裕《雞肋編》卷上，對四川成都戲劇演出活動就有細節化描述：「自旦至暮，唯雜戲一色，坐於閱武場，環庭皆府官宅看棚，棚外始作高凳，庶民男左女右，立於其上如山」。明代正德年間，金陵「樂王」陳鐸，在南京觀看了以靳廣兒、韓五兒爲首的「川戲」演出，寫了散曲《朝天子‧川戲》、《北耍孩兒‧嘲川戲》進行評說，有「一落腔強扭」、「攘動了妝南戲」、「一句蠻了一聲呔，一句高了一句低」、「是個不南不北喬雜劇。一聲唱聒的耳掙，重敷演一句話，纏的頭紅不捅移」等語句，指明川派戲劇的特色。

　　1930 年，德國戲劇家特雷雅科夫在柏林導演了政治劇《怒吼吧，中國！》，該劇所描寫的就是 1926 年發生在四川萬縣「九五」抗英運動。無論是政治變

〔註54〕 戴寅譯：《韃靼戰記》，收錄於杜文凱主編《清代西人見聞錄》，中國人民大學出版社 1985 年。

革熱情還是對中國問題的關注需要，布萊希特都沒有理由對這部戲劇視而不見。1934 年，他在《詩人的流亡》一詩中戲稱自己如李白、杜甫一樣背井離鄉，「逃到了丹麥的草堂」。〔註 55〕這個「草堂」使用的就是「四川意象」。喜歡大量閱讀並迷戀中國文化的布萊希特，曾經翻譯過中國詩歌，尤其喜歡白居易，那麼，白居易的四川「忠州刺史」（今重慶忠縣）流放經歷，唐宋時期中國一流文化人在四川的步履，以及「二戰」時他多次與駐四川的德國記者通信，這些都是布萊希特的認知「四川」的必然途徑。

概言之，德國已有的中國文化典籍和描寫中國明清之交歷史的文獻，會有大量文字涉及「四川」。布萊希特最喜歡閱讀的德文本《李太白詩選》以及杜甫、白居易的傳記和詩歌，這些讀物必然會向他展示大量的「四川元素」。他既然能夠寫出《老子西出關著道德經的傳說》（1938），必然會知道老子「西出函谷」時所留話「子行道千日後，於成都青羊肆尋吾」這一「四川故事」。他曾經把蘇軾的《洗兒》詩翻譯成德文《他的兒子降生時》，送給一個剛生了孩子的家庭，這說明他對「四川好人」蘇軾的熟悉和喜愛。在德國彌漫的中國文化濃鬱氛圍中，喜歡閱讀的布萊希特對「四川」的關注和認知，就是一種自然而然的結果。

二

眾所周知，布萊希特「推到第四堵牆」理論創新的契機，是 1935 年在莫斯科大劇院觀看梅蘭芳的京劇表演及所聆聽梅蘭芳的講座。該年他完成了第一篇系統談論中國戲劇的文章《關於中國表演藝術的見解》，次年，又發表《中國的第四堵牆：論中國戲劇中的陌生化效果》，開始提出「陌生化」的全新概念。他的劇本在謀篇佈局上普遍吸納中國戲曲諸如連綴式結構、自報家門、題目正名、楔子、歌唱等元素……這方面已經有許多研究成果，此不贅述。

現有研究成果常常忽略了一個關鍵性問題：布萊希特對梅蘭芳表演藝術的研究，必然地會追溯到京劇定型過程中「男旦」這一角色扮演形式，這是布萊希特「陌生化」於中國戲曲的初次、也是最深刻的印象，有人甚至認為：「梅蘭芳的舞臺藝術形態從根本而言是男旦藝術最高成就的形象化符碼」。〔註

〔註 55〕轉引自譚淵：《德國文學中的「四川女英雄」》，《四川外語學院學報》2008 年
　　　　2 期。
〔註 56〕徐蔚：《男旦藝術文化心理管窺》，《福建師大學報》2003 年 6 期。

56）況且，布萊希特很清楚知道「中國戲劇舞臺的習慣，舞臺人物一定的動作和姿勢通過許多代演員保存下來」〔註57〕，那麼，他對梅蘭芳表演藝術的研究，就必然地要追溯這種「習慣」如何「通過許多代演員保存下來」的歷史。

這就要回溯清代乾嘉時期的一位「四川」戲劇大師的貢獻。眾所周知，京劇初步成型是在這個時期，在京劇定型過程中，「蜀伶」魏長生所代表的川劇「亂彈」（琴腔）曾經對之做出過巨大貢獻。當時的情形，小鐵笛道人在《日下看花記序》中說得很清楚：「往者六大班旗鼓相當，名優雲集，一時稱盛。嗣自川派擅場，踩蹻競勝，墜髻爭妍，如火如荼，目不暇給，風氣一新」；天漢浮槎散人的《花間笑語》記載說：「自乾隆己亥魏婉卿來京，大開蜀伶之風，歌樓一盛」；楊懋建《夢華瑣簿》也說：「歌樓梳水頭，踹高蹻二事，皆魏三作俑，前此無之」。〔註58〕這就是眾多戲劇史學家所說的，乾隆年間中國戲劇的「花、雅之爭」，成爲京劇藝術完型過程的一個里程碑。於此，一個清代中國劇壇的「四川好人」就進入我們研究布萊希特的範圍。

魏長生（1714～1502），四川金堂縣（今成都市青白江區城廂鎮）人。他曾經創造「川崑」與嗩吶、二黃混合使用的高腔，就是後人稱之爲正宗的川劇高腔，爲清末的崑、高、胡、彈、燈五種聲腔同熔於一爐的川劇完型，打下了堅實的基礎。乾隆三十九年（1774），他首次進京演出卻未能獲得成功；乾隆四十五年，乾隆七十大壽各地戲班進京獻藝，魏以獨特的演出技藝轟動京華而成爲劇壇盟主。《燕蘭小譜》卷五記載，魏長生：「以《滾樓》一劇，名動京城，觀者日至千餘，六大班子爲之減色」、「使京腔舊本置之高閣，一時歌樓觀者如堵，而六大班幾無人過問，或至散去。」

後來，魏長生又率班到蘇杭地區演出，仍然大獲成功。焦循在《花部農譚》中說：「自西蜀魏三兒，倡爲淫哇鄙諺之詞，市井中樊八，郝天秀之輩，轉相效法，染及鄉隅。」〔註59〕沈起鳳《諧鐸》也稱：「自西蜀韋三兒來吳，淫聲妖態，闃於歌臺，亂彈部靡然傚之；而崑班子弟，亦有背師而學者，以至漸染骨髓，如康崑崙學琵琶本領既雜，兼帶邪聲，必十年不近樂器，然後

〔註57〕 布萊希特：《論中國人的傳統戲劇》，見《布萊希特論戲劇》第 203 頁，中國戲劇出版社 1990 年。

〔註58〕 小鐵笛道人的《日下看花記序》、天漢浮槎散人的《花間笑語》、楊懋建《夢華瑣簿》、吳太初《燕蘭小譜》等，皆見張次溪：《清代燕都梨園史料》，中國戲劇出版社 1988 年。

〔註59〕 清‧焦循：《花部農譚》，《中國古典戲曲論著集成》，中國戲劇出版社 1959 年。

可教。」〔註60〕這就是《燕蘭小譜・例言》所指出的：「魏長生開近年風氣，序中頗致譏詞，然曲藝之佳，實超時輩。今獨崑腔，聲容眞切，感人欲涕，洵是歌壇老斲輪也，不與噲等爲伍」。21世紀初在揚州的舉辦的一次《百家講壇》上，一位專家還肯定道：「十八世紀後期，平靜的京城舞臺被一個叫魏長生的四川人攪亂了。魏長生採用全新的胡琴伴奏手法，還將青年男女的愛情故事搬上舞臺，深受當地觀眾的歡迎。但在同行的排擠下，魏長生被趕出了京城，就在魏長生走投無路之際，揚州這座城市收留了他，讓他在揚州演戲，並很快重新火了起來受他影響最大的就是揚州的徽班藝人」。〔註61〕可以說，魏長生的戲劇創新與演出技藝，導致了中國戲曲一個全新時代的到來。

對布萊希特造成震驚的梅蘭芳，對魏長生的戲劇創新與開拓性貢獻，有著清晰的認識：「在一百八十年前，傑出的前輩藝人魏長生，就以同州梆子轟動九城，使北京的六大班爲之減色。他的化妝梳水頭，給予旦行很大影響，而他的藝術風格一直貫串到今天的老藝人於連泉（小翠花）先生身上」，「當年魏長生到了北京，唱的秦腔，又名琴腔，是用呼呼、月琴伴奏的」，並對魏長生發明「踩蹻」展現女性妖嬈美、「梳水頭」化妝等技藝稱讚不已。〔註62〕梅家到此已經是京劇的第三代旦角，梅蘭芳對自己的師承關係，是很清楚的。

概言之，魏長生的戲劇創新貢獻在於兩個方面：「男旦」角色的精湛扮演，焦循在《哀魏三》中有「善效婦女妝，名滿於京師」等句，講的就是魏長生男旦扮演的精湛技藝；此外就是「踩蹻」、「梳水頭」等技藝性創新。戲劇史研究專家周貽白認爲：「這一方法的創行，事實上是當時旦色化裝的一種革命」。〔註63〕日本漢學家青木正兒認爲，「魏爲旦角界闢一新紀元之天才，得寫實之妙者……可謂伶中之英雄矣」，其《中國近世戲曲史》設有「蜀伶之活躍」進行專節論述。

布萊希特對中國戲曲藝術研究的深入程度如何，筆者目前還難以準確展示，要研究中國戲曲，中國京劇完型過程中如此醒目的大事件，尤其是「蜀伶新出琴腔」的標誌性轉折情況，以及直接影響梅蘭芳表演藝術特徵的清代

〔註60〕清・沈起鳳：《諧鐸・南部》卷十二，嶽麓書社1986年。

〔註61〕烷榕等：《國粹京劇汲取大量揚州元素》，《揚州日報》2008年7月6日。

〔註62〕梅蘭芳：《看同州梆子》，《人民日報》1961年6月24日；又見梅蘭芳：《舞臺生活四十年》第一集第86頁，人民文學出版社1957年，該書第31～32頁對「蹻工」等演藝技術，有專門的解說。

〔註63〕周貽白：《中國戲劇史長編》，第462頁，人民文學出版社，1960年。

「四川好人」魏長生，應該引起布萊希特的特別注意。至少，我們可以看到這樣的直接影響關係：魏長生→梅蘭芳→布萊希特。

三

眾多的「四川好人」以各種方式，不斷地吸引布萊希特的目光，他應該注意到自己身邊的最新「四川元素」。1920 年去德國留學的四川溫江縣人王光祈（1891～1936），1927 年入柏林大學專攻音樂學，1932 年起任波恩大學中文講師。他以爛熟於心的川劇藝術爲核心，於 1934 年以《論中國古典歌劇》獲得了德國波恩大學的音樂學博士學位，還有以德文寫成的 19 種介紹中國音樂的論述，以及《德國人的音樂生活》、《德國音樂教育》、《德國國民學校與唱歌》、《西洋音樂與戲劇》等在德國發表。至少，王光祈爲 1929 年版的《不列顛百科全書》和《意大利百科全書》撰寫的《中國音樂》專稿，會引起迷戀中國文化的布萊希特注意——戲劇是一門「綜合藝術」，其中音樂元素又是極爲重要的部分。

四川富順縣人陳銓，1930 年由美國轉赴德國留學，在基爾與柏林學習德語文學、英語文學和哲學，1933 年，以 10 餘萬字論文《中德文學研究》在德國克爾大學獲博士學位，文章探討了中國文學在德國的翻譯和傳播。陳銓的長篇論文有《從叔本華到尼采》（1936），40 年代的《浮士德的精神》、《狂飆時代的德國文學》、《狂飆時代的席勒》等，50 年代還有諸如《德國文學概論》、《科利奧蘭納斯的改編問題——從普魯塔克、莎士比亞到布萊希特》等著述。〔註 64〕幾乎可以說，中國學術界最早較爲系統研究布萊希特的，是這個中德比較文學研究的開創者「四川好人」陳銓。

但更早向國人介紹布萊希特的，是四川宜賓人趙景深，發表於 1929 年《北新》第 3 卷第 13 號，文章署名欄爲「趙景深譯」的《最近德國的劇壇》（後來將之作爲專章「現代德國戲劇」收入《現代世界文學鳥瞰》，上海現代書局，1930 年），介紹了新起的幾位德國劇作家，其中便有布萊希特（譯作「白禮齊特」）。文章圍繞著作家 1922 年發表的《夜間鼓聲》一劇，扼要地評述了布萊希特的劇作風格：「第一、二幕頗有劇情和性格描寫」、「其餘的幾幕與表現主義者是一樣的結構鬆散，只是在結末彷彿是眞實的」，並說「表現主義者不能

〔註64〕葉儁：《江山詩人情——作爲日耳曼學者的陳銓》，《中華讀書報》2008 年 1月 2 日。

把悲苦化爲悲劇，熱情不能控制，又重見於此劇的第二幕以後」，文章對這位新生代的劇作家寄予厚望：「白禮齊特有詩的天才和創造力，他的將來是很有希望的」。〔註65〕

中國現代戲劇（話劇）的肇始，是1907年日本東京的一批中國留學生掀起的「春柳戲劇」運動，四川成都「好人」曾孝谷創作並登臺主演的《茶花女》、《黑奴籲天錄》等。這是一個標誌性事件，一直關注中國戲劇發展的布萊希特，也許會對此有所注意。20世紀40年代，當布萊希特完成《四川好人》寫作之際，四川峨眉縣「好人」、著名的話劇導演章泯（謝興）正在大力踐行、無意識地應和著「推到第四堵牆」的戲劇實驗，以《放下你的鞭子》等街頭劇創造了一種演員和觀眾相互呼應的演出形式，創下了中國和世界短劇史上的演出場次最多、演出範圍最廣、觀眾人數最多的紀錄。20世紀末的四川「巴山鬼才」魏明倫，回應著布萊希特的《四川好人》，創作了現代川劇《好女人·壞女人》和《潘金蓮》〔註66〕，從而形成這樣一個循環影響模式：魏長生→梅蘭芳→布萊希特→魏明倫！「四川元素」就這樣在東西方戲劇中不斷地互動和顯現著。

總之，追求刷新西方既有戲劇模式的布萊希特，轉向東方尋求異質文化的支持，梅蘭芳的京劇演出給他造成的「陌生化」震驚，只是一個直接的引發。德國文化界長達兩個世紀的中國文化熱，造就了他對中國文化的迷戀，而其中大量的「四川元素」，尤其是梅蘭芳代表的中國京劇表演藝術中魏長生的影響與貢獻，四川文化界眾多「好人」的藝術創造積澱，都是布萊希特在戲劇藝術創新的可貴資源。在以斯坦尼斯拉夫斯基爲代表的西方傳統戲劇日漸式微之際，布萊希特爲代表的西方現代戲劇以及梅蘭芳爲代表的中國戲劇，在世界劇壇上聲譽漸濃，而這兩大體系的背後，都有著「四川元素」的作用和影響，這是本書要強調的問題。因此，我們認爲《四川好人》的定名，是布萊希特一種刻意的選擇。

〔註65〕俞儀方：《布萊希特研究在中國：1929～1998》，《德國研究》1998年4期。
〔註66〕參見拙作：《「魏明倫現象」揭謎——魏明倫與巴蜀文化》，《西南民族大學學報》1998年4期。

第七節　郭沫若對民國文化的建構

一

　　20 世紀肇始，中國思想界在徹底反叛封建傳統思想的同時，必然地要解決具有新世紀意義的民國文化重構問題，「破」的根本還在於「立」。作為新文化思想的先驅者，陳獨秀、胡適、魯迅等更偏愛於對西方文化的移植和搬運，呈現著一種矯枉過正的偏激態度，「少讀——甚至不讀中國書，多讀外國書」式對中國傳統文化的憤激，幾乎成為世紀初期中國文化思想浪潮中的最強音，以至於「五四」新文化運動似乎成為「打倒孔家店」和「全盤西化」的代名詞。在這種社會背景下，郭沫若以對中國傳統文化的巨大熱情，以對五千年中國文明史和優秀文化遺產為驕傲，運用西方近代文化哲學理論和方法，進行著建構現代民國文化的創新實踐。

　　郭沫若對民國文化的建構，是站在新世紀的高度，用中西文化參照的視角，去重新認識孔子及儒家學說，這在世紀初中國新文化思想界「打倒孔家店」和全盤西化的浪潮中，顯得極為鮮明和獨異。1923 年在《中國文化之傳統精神》一文中，他提出孔子人生哲學是「動的泛神的宇宙觀」，而「日日新」的追求正是孔子健康積極進取精神的體現，並推崇孔子「把一切的存在看作動的實在的表現，把一切的事業由自我的完成出發」和「高唱精神之獨立自主與人格之自律」的偉大精神。

　　在郭沫若眼裏，孔子的「復古」實際上是復活三代之前「一切山川草木都被認為神的化身，人亦被認為與神同體」的自由自然人生形態，他認為，其「克己復禮」正是康德哲學「良心之最高命令」道德自律主張漢語表達方式，並將之概括「仁道」的核心，否則「不以精神的努力生活為根底之一切的人道的行為，若非愚動，便是帶著假面的野獸舞蹈」。他甚至將孔子盡情美化為多才多藝的完人：〔註67〕

　　　　他精通數學，富於博物的知識，遊藝亦稱多能。尤其是他對音樂的俊敏的感受性與理解力，決不是冷如石頭而頑固的道學先生所能想像得到。他聞音樂至於三月不知肉味的那種忘我的 ecstay 的狀態，坐於杏林之中，使門人各修其業，他自己悠然鼓琴的那種寧靜

〔註67〕郭沫若：《郭沫若全集‧歷史編》第 3 卷，第 259 頁，人民出版社 1984 年。

　　的美景，他自己的實際生活更是一篇優美的詩。而且他的體魄決不
　　是神經衰弱的近代詩人所可比擬。他的體魄與精神的圓滿兩兩相處
　　而發達。他有 somson 的大力，他的力能拓國門之關。

因此，郭沫若大膽宣言：「我在這裡告白，我們崇拜孔子。說我們時代錯誤的
人們，那也由他們罷，我們還是崇拜孔子。」但是郭沫若的尊孔，與封建復
古派有天壤之別，他是以「六經注我」的強悍主體意識，「放肆說經」的獨標
己見，「解經以致用爲歸」的現實態度，立足於新世紀中國社會發展的需要去
建構新型文化。他告誡人們「決不可與盲目地賞玩骨董的那種心理狀態同
論」，並指出「僅僅在名義上奉行他的教義的秦以後之學者」的謬誤和陳腐。
在《十批判書》中他更具體地說明：「我所見的孔子是在由奴隸制社會變爲封
建社會的那個上行階段中的先驅者，我是在這樣的意義上『袒護』他的」。這
與蜀中「反孔老英雄」吳虞的觀點完全符合，吳虞在《致陳獨秀》信中承認：
「不佞常謂孔子自是當時之偉人」。著眼於新的時代需要，運用西方文化哲學
的視角去重新認識孔子哲學思想，立足於現代文化哲學的建構需要去「再造」
孔子，郭沫若是成功的，他的學術思想和研究方法，在後來的「現代新儒學」
中得到發揚光大。

二

　　蜀籍哲學家、「現代新儒學」代表賀麟先生的思想特徵，就是將蘇格拉底、
柏拉圖、亞里士多德、康德、黑格爾的哲學，與孔孟、老莊、程朱、陸王的哲
學融貫會通，說明「東聖西聖，心同理同」；蜀籍文化學家唐君毅先生將中國
文化概括爲禮樂文化，他認爲「禮」涵蓋著政治、宗教、道德，「樂」涵蓋著
文化藝術，「禮樂」使人們生命完美、精神充實，而禮樂文化，興盛於三代，
要解決人的異化和重新張揚「人」的旗幟，就應該「返求諸己」、「反本以升新」，
重新復活三代以前的中國禮樂文化；郭沫若及「現代新儒學」的學說意義和研
究動機，我們可以通過當代蜀籍學者王岳川先生的一段話去認識，他認爲：

　　　　整個 20 世紀中國所面臨的問題，是文化的古今、中西之競爭問
　　題。這一問題的表面是物質層和制度層的問題，而深層則是觀念層
　　和價值層面上的生存意義的迷失及價值的失格，是價值關懷遭到虛
　　無主義侵蝕的問題。直面這些問題並著手解決這些問題，成爲當代
　　中國新儒家的時代課題。

他對「現代新儒學」研究方式的概括，我們完全可以移用於郭沫若，他說：「面對強勁的西化思潮和全盤反傳統潮流，經歷了『花果飄零的季節』而薪火相傳，會通西方哲學，以宋明儒的心性之學為本體，找到自己『返本開新』之位，重建儒家道德形上學，以此成為抵制全盤西化，立足傳統融全古今以進入現代化」。〔註68〕根據方克立先生的界定：「現代新儒學」是在現代條件下重新肯定儒家的道德價值系統，並以此為基礎來吸納、融合、會通西學，以謀求中國文化和中國現實出路的思想學說，「以維護中國文化精神為旗幟，以解決傳統和現代化、中西關係為宗旨」。郭沫若努力「喚醒我們固有的文化精神」的思想追求，「吸吮歐西的純粹科學的母乳」的開放態度，正是他成就一家之言，將學術研究與現實需要完美結合的關鍵，他對儒學的重新認識和對民國現代思想哲學和文化的建構，至今仍顯示著強烈的現實意義。

如果說，在漫長的中國文化思想史歷程中，儒學是以顯表形態運行著，那麼，道家思想則是以潛隱方式深刻地作用著中國人生，建構現代中國新文化必然地要研究道家學說。「巴蜀半道，尤重老子之術」的地域文化氛圍，使郭沫若對老莊思想表現出極大的熱情，他滿懷激情地寫道：「革命思想家老子便如太陽一般升出，他把三代的迷信思想全盤破壞，極端咀咒他律的倫理說，把人格神的觀念連根都拔出來，而代之以『道』的觀念」，他甚至認為，由於老子思想的出現，使當時中國出現了一個「解放個性，復歸於三代以前的自由思想的文藝復興運動」。因此，要推翻封建專制和封建思想統治，實現「五四」精神，就「要把我國固有的動的文化精神恢復過來，以謀求積極的人生之圓滿」。他以中西文化參照的方法，看到了「老子與尼采的相同之處，是他們兩個同是反抗有神論的宗教思想，同是反抗蕃籬個性的既成道德，同是以個人為本位而求積極的發展」。郭沫若在四十年代回顧說，莊子思想支配了他「相當長遠的時期」。由於巴蜀大盆地中老莊思想的濃鬱氛圍，由於郭沫若在特定生活環境中形成的自由自然人格個性，使他喜歡莊子的「汪洋恣肆」卻未能從根本上把握莊子思想。

赴日留學，在西方進步思想哲學的文化的激活下，尤其是在斯賓諾莎「泛神論」的影響下，「到這時候，我看透他了。我知道『道』是什麼，『化』是什麼了。我從此更被導引到老子、導引到孔門哲學，導引到印度哲學，導引到近世初期歐洲大陸唯心派諸哲學家，尤其是斯賓諾莎。我就這樣發現了一

〔註68〕王岳川：《思‧言‧道》第 220 頁，四川人民出版社，1997 年。

個八面玲瓏的形而上學的莊嚴世界」。〔註69〕總之，郭沫若以老莊思想學說的思維格局去感知、認同斯賓諾莎和印度《奧義書》的泛神論哲學思想，又在西方泛神論思想的影響下重新審視和重構老莊學說，從而形成了自己的文化哲學思想體系。即在本體論上，他肯定本體是客觀的存在，神就是自然，自我亦是神，萬物皆神，從而也就泯滅了神的輝光，泛神既是無神；在認識論上，主張努力探求，積極進取，同時又反觀自我，深刻體驗去感悟世界。他認為本體是不斷髮展的，並且是向善、向真、向上的。從動的、積極進取和唯真趨善的角度闡釋老莊思想，這就使郭沫若文化建構真正具有了20世紀的時代特徵，並在反帝反封建的民主革命中顯出巨大威力。

三

作為中國現代史學的開拓者，郭沫若以自己的傑出貢獻，復現著「史學在蜀」的地域文化特徵和「致用為歸」的蜀學傳統。他對自己建構中國新史學的動機是這樣解說的：「對於未來社會的待望逼迫我們不能不生出清算過往社會的要求。古人說，前事不忘，後世之師。知清楚過往的來程也正好決定我們未來的方向」。立足於社會發展的需要去研究歷史規律，以它作為推動歷史發展的動力，變純學術研究為解決社會實際問題，這既有著不守章句，講求實用的蜀學模式影響，也體現出馬克思主義哲學和史學方法的基本特徵——他承認，其《中國古代社會研究》、《青銅時代》、《十批判書》等著述，既是運用馬克思主義辯證唯物論去研究歷史的結果，同時也通過對中國歷史的梳理「來考驗辯證唯物論的適應度」。郭沫若的史學新體系，首先是從世界整體格局著眼，從人類生命史的宏觀視角，提出了中華民族歷史運行規律的主要階段特徵的世界性這一大膽論斷。即：「只要是一個人體，他的發展，無論紅黃黑白，大抵相同，由人所組成的社會也正是一樣」。

因此，「中國人所組成的社會也不應該有什麼不同」。據此，他得出中國歷史上曾存在過奴隸制社會的結論。同時，他敏銳地看到馬克思等「外國學者已經替我們把道路開闢了，我們接手過來，正好是事半功倍」的現代科學史學，並成功地運用其研究思路和方法，找到了中國遠古時代曾存在過母權制社會的有力證據。他對「石器時代」、殷周「青銅時代」和奴隸社會、秦漢

〔註69〕郭沫若：《王陽明禮讚》，見《文藝論集》，人民文學出版社，1979年。

「鐵器時代」及封建時代的劃分，春秋戰國時期是「奴隸制至封建制的變革」的論述，都使中國現代史學研究開始有了明晰的線索和歷史階段的科學劃分，從而使中國歷史以清晰的規律和明顯的階段性特徵呈現於世人面前，中國歷史學從此成爲具有現代色彩的一門科學。

其次，郭沫若創造性地把古文字學、文物考古學與古史典籍研究結合起來，以科學理論爲指導，以具體的史實和實證材料爲基礎，「四處樹敵」，「八面來風」，開拓了一條新型的歷史學研究途徑。如其自訴：「秦漢以前的材料，差不多被我徹底剿翻了。考古學上的，文獻學上的，文字學、音韻學、因明學，在我所能涉獵的範圍內我都作了盡我可能的準備和耕耘」。〔註70〕其《甲骨文研究》、《兩周金文辭大系》、《金文叢考》、《卜辭通纂》、《殷契粹編》、《石鼓文研究》等煌煌大論，都可證明此說不虛。有了這種廣博的知識和豐富的、多方面的論證材料，郭沫若對中國歷史、思想文化史的研究，就體現出強烈的科學性，如其對中國母權制社會的發現，關於原始初民生殖崇拜的新見解，以及「古文字器紋形象年代說」的觀點，都是前人之未見而又被公認的科學史學成就。他將10個石鼓進行重新編排，考證出石鼓文的465個字，並使之成爲一篇完整文章的研究成果，至今爲有關專家所推崇。

對郭沫若歷史學、文化思想研究的成就和他開拓的研究新模式，魯迅先生曾經這樣讚許著：「有偉大的發現，路子對了，值得大家師法」，這正代表著許多學者的共同意見。郭沫若對屈原的思想和人格的研究，注重發掘其愛國、仁義的民族傳統美德和「尊重正義，抗拒強暴的優秀精神」，從而爲現代社會的道德倫理重構作出了建設性貢獻。而在20世紀中國文化思想史「顯學」——「魯迅研究」上，郭沫若更是有開拓性貢獻。在魯迅剛逝世，他就在《民族的傑作——紀念魯迅先生》文中指出：「中國的新文學由先生開闢了一個新紀元，中國的近代文藝是以先生爲眞實意義的開山」。他高度讚揚了魯迅晚年「對於前進的文藝乃至一般文化，尤其是語言的大眾化與拉丁化這些工作之寄予促進」的偉大功績，將之視爲與前期小說創作具有同樣重要的價值所在。從而澄清了一些人對魯迅晚年文化思想批判認識不足的迷誤。

郭沫若對魯迅的人格力量和思想價值概括爲「先生的健鬥精神與年俱增，且至死不衰，這尤其是留給我們的一個很好的榜樣和教訓」，「始終是爲解放人類而戰鬥一生的不屈的鬥士，民族的精英」。他對「魯學」作爲一門學

〔註70〕郭沫若：《王陽明禮讚》，見《文藝論集》，人民文學出版社，1979年。

科的體系建構，甚至還具體到史料學、詮釋學領域，40 年代他在《莊子與魯迅》中就指出：「要通曉魯迅作品中的許多新舊故實和若干語彙，恐怕都要有精確的注解才行」，在文中他還示範性地對魯迅作品進行了一些注釋，這些都為「魯迅研究」的深入和拓展，作出巨大的貢獻。

作為蜀人，郭沫若對巴蜀文化一直給予極大的關注，他不僅寫下了關於「吾鄉蘇長公」、李白、楊雄等蜀中先賢的讚美文字，肯定「工部名詩係感受蜀山蜀水的影響」，勸告訪華的泰戈爾去登峨眉、青城、遊覽三峽，吮吸巴蜀山水的靈韻以激發創作的靈感等，都顯示出他對故鄉地域文化的理性自覺。1934 年廣漢三星堆考古發現使郭沫若欣喜若狂，並率先提出「西蜀文化」的地域文化學主張。

他強調說：「探索四川史前文化，包括民族、風俗習慣，以及認清它們與我國其他地區的文化接觸，這是極為重要的問題」。他的卓識遠見在於看到了「有朝一日四川別處會有新的發現，將展現這個文化分佈的廣闊範圍」。後來在巴蜀大盆地各處陸續出土的文物都不斷地確證著郭沫若的這種設想，「巴蜀文化」的範疇，存在形態和地域特徵，於今已是不爭的事實。而他以《中國左拉之待望》為代表的對李劼人、艾蕪等創作的評論文章，其《少年時代》、《反正前後》、《說成都》、《蜀道奇》等著述，也正是對現代巴蜀文化的建構成果。

20 世紀中國新文學的產生，正是在徹底消解古典文學的傳統模式之後，大膽吸取、化取西方文化和西方近代民主自由文學的「甘乳」，甚至以西方文學為模式規範而創造的結果。「文學是什麼？」的問題，就成為世紀初許多人關注思考的焦點。在時代的召喚下，郭沫若以自己在詩歌、小說、散文、戲劇諸種文學體裁的開拓性創造和大膽鮮明的文藝美學主張，建構著一種真正具有 20 世紀「動的精神」，具有現代心理學深度的新型文藝美學，從而成為世紀文學的代表。

四

郭沫若文藝美學的思想核心，是崇尚自我表現，張揚個性，和強調真情自然流露的「直覺」，並將之視為文學與其他意識形態根本區別的本質所在。其《論詩三箚》指出：「詩人與哲學家的共通點是在同時以宇宙全體為對象，以透視萬物的核心為天職；只是詩人的利器是純粹的直觀，哲學家的利器更

多一種精密的推理，詩人是感情的寵兒，哲學家是理智的幹家子。詩人是『美』的化身，哲學家是『眞』的具體」。〔註71〕他的卓識在於將文藝視爲作家浸潤情感的對世界本質的形象化把握方式，強調以美的體味去透視萬物並力求表現自我的主觀情感和自我個性。爲此，他一方面主張「請放開眼界，讀大自然的雄詩」，「大自然便是一位詩人」，從充滿勃勃生機的大自然山水風物中汲取、體味美的靈感。

另一方面，他要求文藝表現「萬物之靈長」人的強悍生命意識，他汲取尼采創造的無目的說和柏格森生命哲學思想，並形成自己對文藝創作的主張，提出文藝創作是作家生命的一種存在方式，創造的關鍵在於作家內心衝動的力度和創造過程本身，在於生命活力的湧蕩程度和對自我本體沉醉、感悟程度。因爲一切生命都「一式的一」，它無終無極，生生不息，永恒律動，而隨本性「向善美行進便是創造」，就是「透視萬物的核心」。可以說，「五四」時代精神的個性解放、社會民主自由的個性尊嚴的社會政治內容，都在這裡被郭沫若完美地表述於文藝美學範疇中，他的這些理論當時激起社會的強烈共鳴，影響著一大批進步青年（甚至包括「文研會」中的青年作家）。無獨有偶，在 20 世紀末的巴蜀大盆地中崛起「非非主義」、「莽漢主義」等「巴蜀新生代詩」，再次高揚起反理性非邏輯、崇尚柏格森生命哲學的旗幟，應和著世紀初郭沫若的非理性直覺呼喚。

這些現象，讓我們想起湖南寧鄉人程千帆教授晚年回憶錄《勞生志略》一段論述：〔註72〕

> 四川這個地方，一方面是外面的人根本不曉得四川的學者有多大能耐，另一方面，四川的學者還很看不起外面這些人。他看不起自有他值得驕傲的地方。拿研究舊學來說，他們在群經諸子這些樸學方面很有實力，像趙少咸、向宗魯、龐石帚這些人讀書博雅，知道得多。有一段時間任鴻雋請劉大杰先生到四川大學當中文系主任，就丟了醜。因爲劉大杰做的那些舊詩，連他們的學生都不如，所以後來沒多久他就走了。那個時候劉大杰是新派人物，那同四川的舊學基礎相比差得很遠。還有一個特殊的情況，四川要麼不出人，

〔註71〕 參見黃淳浩編：《郭沫若信集》P515，中國社會科學出版社；參見侯外廬：《坎坷的歷程》《悼念郭老》三聯版 1979 年；郭沫若的《十批判書·後記》等。

〔註72〕 參見：天涯社區，http://chin.nju.edu.cn/oldversion/lszl.htm。

　　要出一個人就很奇特。比如早年的廖平，後來又出了個吳虞，就是
　　那個宣稱隻手打倒孔家店的。

作為 20 世紀中國的文化巨人，郭沫若出版了近 200 部書，有 40 餘部翻譯著
作，留下 2400 萬字的煌煌大論，在哲學、文化學、史學、考古學、文字學等
諸多方面都取得了令人仰視的巨大成就。在小說創作上，他以心理描寫和潛
意識分析、意識流手法等，開創了中國現代主義小說的先河；在散文創作上
他以《小品六章》為代表自成一家，對中國現代美文文體的確立，功不可沒；
以《女神》為代表的新詩，徹底摧毀了傳統詩詞的統治而樹立起中國現代詩
歌的新範式；他的格律詩詞，也成功地實踐了舊形式與新思想結合的重建要
求；那「失事求似」的歷史劇，為中國現代歷史題材的戲劇創作，樹立了一
種現代模式。即郭沫若一生，既「吸取外來新思想而不傷食」，大膽接受，成
功化取西方進步哲學文化和文學技巧，又緊密地把握現實需要，從中國古代
文化中「重新發現」精華部分「古為今用」，在外來文化與傳統文化，時潮感
應與自我個性表現關係的處理上，在對巴蜀文化與民國文化重構的聯結點
上，他都進行較好的融匯重鑄，這在整個 20 世紀中國文化思想史中，是極為
鮮見的。我們也許可以責難他在某個具體問題，某個具體學術論證上的失誤，
但誰也難以在哪個學科、哪個學術領域和哪種文藝體裁創作中根本否定他。
這，就正是一代偉人的價值。

第八節　梅里美與艾蕪比較論

一

　　艾蕪在民國文學史上有著重要地位，其創作從 30 年代始直至 80 年代歷
經 50 年之久，曾被譽為「最勤奮」的高產作家。但最為人稱道的還是他在民
國時期的創作，其中尤其是對中國西南邊陲地區世態人情的描寫，「南行」系
列中《山峽中》的青年姑娘野貓子，又是艾蕪筆下人物最富於魅力的藝術形
象之一。

　　梅里美不僅在法國文學史上，即使在整個世界文學範疇中，都極富盛名，
他的作品數量不多卻技巧極高，篇篇如珍珠放彩。梅里美擅長塑造叛逆者─
─尤其是女性叛逆者形象，如科隆巴、阿爾賽娜·吉約和《一場賭博》中的

嘉貝莉埃勒等，她們都呈現著潑辣大膽、自由奔放、敢作敢為的人格力量，具有強烈的個性解放要求的性格特徵。其中最為鮮明的獨特的藝術形象，首推「嘉爾曼」（又譯為「卡門」）。

我們不妨從「嘉爾曼」與「野貓子」兩個藝術形象的分析，去認識、比較梅里美和艾蕪。

梅里美的「嘉爾曼」來自一個獨立於文明世界之外的社會集群。在那裡，男子的職業是販賣牲口及從事獸醫、修補鍋爐銅器一類下賤活，同時兼營走私及其他不法之事。女人們則執乞討、行騙、賣假藥和替人算命看手相等賤業，也幹一些順手牽羊的勾當。作為吉普賽人，他們對社會人生有一整套特殊的見解和行為規範。文明世界的法律、外部社會的道德倫理意識，對他們毫無約束力。作為這個特殊社會集群的代表，嘉爾曼的言行舉止無不體現著驚世駭俗的特徵。她對人生總是抱著遊戲的態度，善於利用自己的色相去構築陷井，作弄文明社會中心地骯髒的體面人；她漫不經心地以自己肉體為誘餌去獵取錢財，然後再將那些上當的高貴紳士一個個送進監獄。她對整個文明社會抱以輕蔑嘲弄，甚至連那咋幫助過她的考古學家「我」，也同樣予以欺騙和作弄。她多次宣稱：自己是將人送上絞架的「魔鬼」，是一味加速社會腐爛的催化劑。

但是，在她那貌似無恥淫蕩的背後，在那狠毒殘忍的表象深處，卻跳動著一顆金子般的心。為被壓迫者和本群體的利益，她竭盡全力，奔波於山峽深谷之間，往返於異域他鄉，出沒於關隘港口，臨危履險而無所畏懼。她恩怨必報，視金錢為糞土，對一切現存制度和社會道德法律進行肆意反叛，公然宣稱自己「不屬於這些惡棍的專賣爛橘子的商人國家」。她性格中最突出的是對自由的熱愛和對自我個性獨立的堅貞：「她看自由比什麼都重要」，「寧可把整個城市爛掉而不願坐一天監牢」。面對死亡的威脅，她毫無懼色地表示：「嘉爾曼永遠是自由的，她生來是吉普賽人，死了也是吉普賽人」。嘉爾曼那放蕩輕挑的肉體被埋入地下，但那種「不自由，毋寧死」的決絕態度，那種「永遠是自由的」人格精神，卻一直活躍在歐洲各種藝術形式中，被人們所喜愛、稱譽。

艾蕪的「野貓子」同樣屬於「被世界拋卻的人們」之一。「蒼蠅一樣多」的剝削壓迫，奪地、霸妻、誣陷等統治階級的殘酷暴行，將魏大爺、小黑牛們趕進荒山野嶺，相同的不幸和共同的求生欲望，使他們聚集一起，以偷竊

等特殊方式詳求生存。隨著父親在這個特殊群體中長大的「野貓子」，奔行於「陰鬱、寒冷、怕人」的荒山野嶺，伴隨著古廟寒月的「破敗荒涼」度日，「野蠻的山峰」和「燒著一堆煮飯的野火」養成了她的野性和叛逆精神。地主階級的狠毒和反動統治的暴虐使她明白一個真理：「懦弱的人，一輩子只有被人踏著過日子」。她最為慚愧的是自己「還不曾單獨殺過一個人」，並時時盼望著能有機會向那外部文明社會揮出自己的鋼刀。生存需要的嚴酷現實，使野貓子們視扯謊、行騙、偷竊為正當職業，獲利多寡成為英雄的標準──「野貓子」甚至不惜暴露同夥而得到行竊的機會。她發怒時，「兩條眉峰一豎，眼睛流露出惡毒的光芒，看起來卻是又美麗又可怕的」。

這兩個人物都是生活在一種特殊的社會集群中，她們都以一種異常的求生方式生活並與整個社會形成對抗，其言行舉止都有著驚世駭俗的特點。而且，在他們的身上，都寄託著其塑造者對所處社會的批判和抗議。

二．

不同的社會和時代有著不同的生活內容，出於兩個不同民族且處於不同時代的兩個作者，其筆下的人物性格自然會有差異。民國時期 30 年代中國的社會狀況，既有的民族道德心理積澱和中華民族生活方式的範式，使「野貓子」的反抗方式不可能是嘉爾曼式的。她參與殺人、偷盜和行騙，不過是在那黑暗社會求生存的需要，是「在刀尖上過日子」不得已的防衛手段，因為，「天底下的人誰可憐過」他們？並且，她涉世不深，心地純潔，尚未褪盡孩童的天真和嬌憨；她本質善良，野性中透視著東方女性漫柔嫻淑的氣質。她沒有嘉爾曼對一切的冷漠和看透一切的虛無態度，而是在反抗中蘊含著對生活的熱情─她摯著地嚮往著一個「沒有憂，也沒有愁」的理想樂園。這也是封建社會剛剛解體，在落後的農業生產經濟條件下，中國下層群眾還掙扎於溫飽最起碼的生存困境中的人生形態的反映。

嘉爾曼所生存的時代，是法西蘭資產階級已結束了對封建勢力的鬥爭，確立了大金融資產階級統治，資本主義制度的醜惡骯髒已充分暴露，18 世紀法國啟蒙主義思想家所翹盼的「理想社會」已成為當時現實的「一幅絕妙的諷刺畫」，以清醒的態度對資本主義社會和文明進行揭露批判，正是梅里美等法國進步作家的創作主要內容。因此，嘉爾曼對現存制度持主動進攻態度，她以觸犯文明制度和法律為樂事，為自己驚世駭俗的行為而自得。為自我個

性的尊嚴，爲追求絕對的自由的生活，她不惜捨棄生命。潑辣粗野，放蕩不羈，正是其性格的集中體現：要用忠於自己的死亡，去超越庸碌世俗的法律道德！

梅里美是採用間離手法，把生活推拒到一定距離上審視，以竭力隱藏自己的愛憎情感。作品以一個冷靜悠閒的旁觀者眼光，從不同側面去對人物進行精鏤細刻，又輔以環境場面繪寫和南歐奇異風情的渲染，去表現嘉爾曼的外貌、氣質和精神個性，這一切又是通過一個外國考古學家的見聞，再轉經一個懺悔大盜之口講述出來的。但是，血氣方剛、性情強悍的西班牙大盜爲實現自我意志的暴烈，與天性自由的吉普賽女郎對個性尊嚴的堅貞頑強所構成的矛盾衝突，無不產生著震撼人心的悲劇效應，「梅里美魅力」的奧妙即在於此。

「野貓子」形象，則是通過一個飄泊邊地的貧窮知識青年的直接見聞和感受，通過幾個事件敘述及對人物行動語言的刻劃而完成的。在外出「打食」失利，小黑牛負傷呻吟，眾人鬱悶之際，「野貓子」的出現，驅散了人們心中的陰霾；她那「驟然」「像風一樣驀地卷開了」的敏捷和青春活力，激活了大家對生活的信心；趕集行竊時的聰穎，神殿後試刀的勇武，危險面前的「傲然」不懼，一旦發現「我」不是壞人而傾囊相助的眞誠和深情……這一切都被作者以第一人稱的主觀熱情描述得感人至深。她輾轉於艱辛的求生之路，逃避著追捕和壓迫，沒有嘉爾曼式飽享「物質文明」後的精神空虛，更沒有南歐風情的淫佚放蕩，中國社會的慘烈淒苦，使她對外界一切抱著敵意和戒心，她時時嚮往著「天盡頭」那塊無憂無愁的樂土。相較而言，「野貓子」形象中蘊藏著更切實、更豐富的現世人生內容。

從兩個時代、文化、背景迥異的性格獨特的女性形象身上，我們可以看到其間的一種聯繫：尊重人的價值，要求平等自由的生活及對不合理社會制度的批判和抗議。

三

由於其生活的時代、階級和民族文化傳統的不同，梅里美和艾蕪在藝術審美和直面現實人生的創作取向上，作了不同的選擇。

梅里美生於巴黎一個資產階級知識分子家庭，祖父是律師，父親是頗有才幹的畫家並有畫論專著問世，母親是童話作家波蒙夫人的孫女，也擅長繪

畫。他的父母都是典型的自由型知識分子，而母親對法國啓蒙主義思想的熱
忱更直接地影響著梅里美。這樣的家庭使梅里美具備了較好的藝術素養。大
學期間，他又掌握了好幾種語言並積累了廣博的歷史和文化知識。時代文學
主潮的激蕩，如日中天的法國浪漫主義文學運動──文學上的自由主義給予
他直接的鼓舞。而法蘭西民族熱情浪漫的天性，法國文學傳統那造作誇張的
熱情，司各特小說中富於青春熱情的俠義精神和對輕舉妄動的竭力美化，騎
士文學的尚武精神及對偷情私戀的頌揚，都是梅里美思想和創作個性形成的
文化前提和時代影響。

　　狂放不羈、柴傲不馴，爲了自我尊嚴和個性獨立，敢於與整個法律道德
秩序對抗，直面血淋淋的死亡而對平庸虛僞挑戰的性格塑造，蠻荒、純樸、
剽悍、俠義的古老遺風描寫，固然是梅里美構築異域情調的傳奇色彩，追求
新穎風格的努力，同時也是出於對資產階級現存社會的不滿和失望，以及對
理想人格的企盼之體現。這些都與（查理九世時代的軼事）、《雅克團》、《塔
芒哥》等正面批判資本主義之作有異曲同工之妙。嘉爾曼、科隆巴等那兇猛
的激情，放蕩不羈的性格，正是救治文明世界蒼白軟弱和虛僞平庸的良藥。
野蠻的題材，造作的冷酷，奇異的南歐風情和作品精巧的構架，這種「專心
致志於風格」的唯美追求，使他「忽略了藝術在人間的基礎」。〔註73〕但是就
本質而言，這正是對資產階級文明厭倦的產物，同時也是他「遭遇過多次的
失望，而且時常感到嚴重的幻滅；他被朋友欺騙過，被心愛的女人拋棄過」〔註
74〕的人生體驗的產物。他是以「人性的考古」去回應啓蒙主義思想和復活古
希臘自由人生，來抗議資本主義現代文明對人性的桎梏和扼殺。

　　艾蕪出生於中國西南巴蜀大盆地的偏僻鄉村，祖父和父親都是鄉村知識
分子，社會賦予他的只有下層民眾的不幸生活的體驗。爲逃避家庭的包辦婚
姻，也受「五四」的影響去探求人生的道路，他開始「南行」流浪。爲生計
所迫，他作過僕傭、跑腳趕馬一類賤活，與其筆下描繪的流浪漢們同在生死
線上掙扎著。也就是說，「南行」小說尤其是《山峽中》的生活出自他的一段
人生親歷，而不是像梅里美那樣以一個文物考古官員去措取異域奇異風情。

〔註73〕勃蘭兌斯：《十九世紀文學主潮・法國浪漫派》第 16、277 頁，人民文學出版
　　　　社 1997 年。
〔註74〕勃蘭兌斯：《十九世紀文學主潮・法國浪漫派》第 16、277 頁，人民文學出版
　　　　社 1997 年。

艾蕪其實就是自己筆下的一個，當地提起筆來，就不可能像梅里美那樣悠閒冷靜地旁觀（梅里美因這曾被劃歸自然主義作家），正如他自己所說：「我也不是平平靜靜地著手描寫，而是盡量抒發我的愛和恨，痛苦和悲憤的。因為我和裏面被壓迫的勞動人民一道受過剝削和侮辱」。〔註75〕正是因為深切的生活體驗，使作品中咆哮的江水，淒冷的夜月，刺骨的寒風和猙獰的山峰，都人格化了；深山古廟，沉沉暗夜，無一不是吞噬的巨口，自然界的暴虐與社會的殘酷交匯，使「生活重壓下強烈的求生欲望」更是震撼人心，作者浸潤其中的愛憎情感因而具有強烈的藝術感染力。

艾蕪小說的個性，深受巴蜀地域文化的影響。巴蜀大盆地四周阻隔又相對遼闊，其「西僻之國，戎狄之長」的離心作用，民俗風情的「蠻夷」色彩保留得相當鮮明：「蜀人好亂」的人文精神傳統，「未能篤信道德，反以好文譏刺」的文化批判積澱，「薄於情禮」的價值遺存，近代蜀中幫會袍哥勢力自成道德價值體系，以及「義俠」犯禁抗拒封建統治的現實存在，都對艾蕪的思想和創作產生著影響，並成為他頌揚流浪漢「匪幫」的思想和文化前提。他前期的「南行」題材，後期的《一個女人的悲劇》、《石青嫂子》等之所以被人稱道，正是寫出了特定時代的階級壓迫，塑造出具有驕狂大膽反抗的地域人文性格傳統的藝術形象。他創作的數量甚豐，但只有真實地繪寫體驗最深的生活才獲成功。當他在理性支配下追摹新社會時代節奏和趨向時，卻未能有梅里美式的觀照距離，其作品如《秋收》、《紡車復活的時候》就因生活底蘊和情感體驗不足而令人遺憾。50 年代以後他的「南行記續編」和工業題材小說的失敗，更是有力的證明。

梅里美小說的特色和成就，在於藝術的精緻和風格的獨異，其產量不豐卻篇篇放射異采。其不足在於造作而遠離人世生活，這就使他晚年無從提筆，只能終老於歐也妮皇后的宮廷之中。艾蕪則始終追逐著社會生活的步伐，並在晚年堅持筆耕，勞作不止。通過對兩位作家的創作思想的比較，我們不難看到，一個作家，只有充分發揮自己的民族文化傳統，以對人生的強烈關注態度，寫自己感受最切、體驗最深的生活，並且要正確處理生活與創作的關係，才能獲得藝術的成功。

〔註75〕艾蕪：《南行記‧新版後記》，人民文學出版社，1980 年。

第九節　成都：中國文藝復興的再嘗試

一

在民國文化史上，關於民族文化現代性建構問題的思考，歷時甚久，胡適等的「文學革命」背後，寄予的就是「中國的文藝復興」（The Chinese Renaissance）期望。30 年代民族主義思潮的蕩滌以及文學「民族形式」、文藝大眾化運動的討論等，都是圍繞這個核心問題的思考。「二戰」格局下中國生死存亡的危機，導致民族意識空前高漲，國共兩黨要人以及眾多著名文化人都紛紛參與到「民族文化問題」的大討論中。

20 世紀始，東方古老的中華大帝國崩塌了，沿襲千年之久的封建專制制度被瓦解，西方近現代民主受到一批先覺者的熱烈歡呼，與中國傳統文化徹底決裂乃至於「矯枉過正」的偏激，已經成為民國現代文化建構的主潮流向。「二戰」爆發，世界各國各自為政以求自保，中國文化「全盤西化」運行趨勢得到糾正，中國的民族化問題開始被更多的人關注，強調中國特色，弘揚民族傳統的「中國化」思潮由此應運而生。抗日戰爭的需要，中華民族的政治、文化和心理結構必須重新整合，民族意識需要得到進一步強化，傳統文化復興的欲求成為當時民國思想界的一個普遍共識。1938 年，民國政府（國民黨）提出了明確的文化建設綱領：「而現階段之中心設施，則尤應以民族國家為本位。所謂民族國家本位之文化，有三方面之意義，一為發揚我固有之文化，一為文化工作應為民族國家而努力，一為抵禦不適合同情之文化侵略。」
〔註76〕

在「陝甘寧邊區」首府延安的毛澤東，自《新民主主義論》開始，對中國民族化問題開始作系列地論述，要求建構「新鮮活潑的、為中國老百姓所喜聞樂見的中國作風和中國氣派」，提出了「中國文化應有自己的形式，這就是民族形式。民族的形式，新民主主義的內容——這就是我們今天的新文化」。概而言之，民國的 40 年代關於中國文化的民族化、大眾化討論，頓成大潮。羅家倫先後發表了《中國近代化問題》、《中國與近代化》、《中國的出路——現代化》、《中國的現代化》等多篇講演和文章，從民族與經濟、政治、教育、人口、宗教、法律制度、語言文字、地理環境等方面關係的角度探討

〔註76〕中國第二歷史檔案館編：《中華民國史檔案資料彙編》第五輯，第 1 頁，江蘇古籍出版社，1998 年。

了近代中國民族國家建構問題，形成了較爲系統的民族發展理論。「戰國策派」
首領、川籍著名學者陳銓說：「只有強烈的民族意識，才能產生眞正的民族文
學」，「凡是對民族光榮生存有利益的，就應當保存，有損害的，應當消滅。
我們可以不要個人自由，但是我們一定要民族自由：我們當然希望全世界的
人類平等，但是我們先要求中國人與外國人平等」，「中國文學應該『以民族
爲中心』」。〔註77〕

　　蜀籍著名學者賀麟此時明確提出「新儒家哲學」的概念，先後發表了《新
道德的動向》、《抗戰建國與學術建國》和《法制的類型》等，提出了振奮民
族精神、宏揚學術文化、實行政治革新等主張，試圖借助西方現代唯心主義
的思想方法，以復活陸王心學爲基礎，建立一種新的哲學思想，以推進新儒
學思潮的發展，甚至提出「廣義的新儒家思想的發展或儒家思想的新開展，
就是中國現代思潮的主潮」。在《新華日報》召開的民族形式座談會上，有人
提出「自從民族形式提出，到現在爲止，一直停留在民間形式是不是民族形
式的中心源泉的問題上了，現在應該把這一問題向前推一步，更深入更廣泛
地展開討論」。〔註78〕郭沫若認爲：民族形式「並不是要求本民族在過去時代
所已造出的任何既成形式的復活，它是要求適合於民族今日的新形式的創
造」，因此他強調作家應當「投入大眾的當中，親歷大眾的生活，學習大眾的
言語，體驗大眾的要求，表揚大眾的使命」。〔註79〕

　　此時，成都平原廣漢三星堆、成都市區白馬寺青銅器等兩個遠古文化遺
址的發現和大量奇特的文物出土，頓時引起文化界關注；張大千對中古時期
敦煌藝術的展示，以文物的實證方式，提供了一種民族文化建構的新參照物。
人們似乎看到了中國文藝復興一個最好契機，許多媒體紛紛刊文，「成都，中
國的文藝復興肇始地」成爲當時民國文化思想界最熱衷的話題，以此呼喚一
個中國文化全新建構的時代來臨。這是因爲，一方面是整個世界格局的變化，
「二戰」嚴酷的現實要求中國現代文化的建構必須回到本土文化，另一方面
是三星堆文物的出土、張大千對漢魏六朝藝術的發掘與張揚所提供的建構資
源和參考，這都與歐洲文藝復興運動的肇始有著驚人的相似。但由於戰爭格
局的變化和國內矛盾的惡化，這次浪潮逐漸衰弱直至平息。

〔註77〕陳銓：《民族文學運動》，見溫儒敏、丁曉萍編：《時代之波——戰國策派文化
　　　　論著輯要》，中國廣播電視出版社，1995 年。
〔註78〕以群《民族形式座談筆記》的發言，載重慶《新華日報》，1940 年 7 月 4 日。
〔註79〕郭沫若：《「民族形式」商兌》，載重慶《大公報》，1940 年 6 月 9 日。

二

　　成都作爲中國文化古城，唐詩宋詞已經積澱著大量文化信息。唐代宰相李吉甫主持編撰的《元和郡縣志》稱成都與揚州「號爲天下繁侈」。晚唐人盧求《成都記序》又進一步作了具體對比：「江山之秀，羅錦之麗，管絃歌舞之侈，技巧百工之富，其人勇且讓，其地腴以善熟，較其妙要，揚不足侔其半」。自揚雄、左思的《蜀都賦》始，歷代文人寫下多少膾炙人口的「成都頌」，如：「錦城絲管日紛紛，半入江風半入雲」（杜甫）、「當年走馬錦城西，曾爲梅花醉似泥」（陸游）、「錦繡裏城憶舊遊，昌州香夢接嘉州」（張大千），成都街頭留下太多的文人遺迹。由於「二戰」導致40年代民國的文化格局變化，大後方「文化之都」的成都頓成文化人彙聚之所。

　　20世紀30、40年代，成都平原出現的兩個饒有興味的現象，引起人們對中國文化的再次反省。

　　其一，廣漢縣，一個叫月亮灣三星堆的地方，1929年，農民燕青寶在自己的田裏勞作，一鋤頭挖下去的結果，讓世界震驚；繼後，成都街頭上逐漸出現大量品位極高、形制古樸而怪異的神秘古董，引起全國文物收藏界的強烈關注。1930年，英籍牧師董宜篤（A.H. Donnithone）函約成都華西大學教授戴謙和（D.S. Dye）同往三星堆調查，獲得一批玉器古董。戴氏據此撰寫《四川古代石器》（Some Ancient Circles，Squares，Angles and Curves in Earth and in Stone in Szechwan），備記其事，並對器物用途等略加探討，發表於華西大學華西邊疆研究學會主辦的英文雜誌《華西邊疆研究學會會志》（Journal of the West China Border Research Society）第4卷（1934）。1932年秋，成都金石名家龔熙臺稱從燕氏購得玉器4件，撰《古玉考》一文，發表於《成都東方美術專科學校校刊》創刊號（1935），三星堆文明現象，逐漸大白於天下。1934年3月，華西大學博物館美籍考古學家葛維漢親自率領考古隊，在三星堆遺址開始了第一次正式的科學發掘。從1940年徐中舒撰《古代四川之文化》，到1942年《說文月刊》推出了「巴蜀文化」專號，由文物考古研究引發的地域文化思考漸趨高潮。

　　同時，成都市區白馬寺壇君廟青銅器的發現，引起人們的廣泛注意。這如李學勤先生《青銅器分期研究的十個課題》所指出的：「巴蜀文化的研討，這些年來一直是學術界的熱門課題。早在20世紀40年代，以成都白馬寺出土品爲導線，巴蜀青銅器進入了學者的視野」。〔註80〕

〔註80〕李學勤：《青銅器分期研究的十個課題》，《中國史研究》2005年增刊。

其二，張大千赴敦煌面壁近 3 年時間，臨摹了 200 多張壁畫，引起中國文化界高度重視。1944 年四川美術協會在成渝兩地舉辦了「張大千臨摹敦煌壁畫展」，在整個民國藝術界、思想文化界引起巨大轟動。當時《中央日報》、《新新新聞》、《新中國日報》、《成都快報》等各大媒體紛紛報導其事。當時的四川省教育廳長郭有守以《藝術上一件大事》為題評價道：「以一代畫師臨摹前幾代的傑作，兩皆不朽，凡是來參觀的人，必會感覺愉快與光榮。因為張大千早已不僅是中國的張大千，他是 20 世紀全世界人類的張大千」；〔註81〕著名雕塑家劉開渠由此聯想到歐洲文藝復興的首要原因是「希臘文化的復現與重新被模仿研究」，「每次新潮流之起，其因緣於歷史之成分最多」，他在《喚起中國的文藝復興》文中說：「張大千將敦煌美術之精華移置於四川省會各界之前，我希望中國的文藝復興，將能由此取得影響而為之興起，成都將成為中國文藝復興之斐冷翠城」。《張大千臨摹敦煌壁畫展覽特輯·序》對這一現象評價道：「倘一國民族性不墮落戫敗潰廢而有振新之機能者，因歷史之昭示，同時承受歷史上至遺物更能包舊延新進步發展，意大利之文藝復興如是」，而其意義在於：「今日得此甚高藝術上地位之畫家將具有歷史上崇高價值之敦煌壁畫忠實不貳臨摹以告吾人……則新中國文藝復興，將以此為蒿矢，庶幾乎可，此種文藝復興與權輿，肇於成都」。

當時的四川省主席張群撰文《民族藝術生活之改進與六朝畫》對成都作為中國文藝復興肇始地可能性、張大千畫展的意義進行了闡述：四川「高峰綿延，崇嶺迴互，地理上給於人民以深刻影響，致使歷史的傳統，遺息異常深厚，恒保持其固有文化……而抗戰以來，早成民族復興之根據地……同時在文明上，亦已得到相當之收穫」，「因學術風氣之改進，可以漸次轉移政治與社會之趨向」，「古人所遺留於後代之長者，自應研究吸收，以為吾人生活改進之張本」，張大千的畫展「以為民族復興大業之一助」。著名學者蒙文通更是充滿激情地讚美道：「其氣磅礡，其勢挺縱，所云泱泱大國風者，吾必以張君為巨擘也。」陳寅恪發表了《大千臨摹敦煌壁畫之所感》詩作並撰文指出「大千先生臨摹北朝、唐、五代之壁畫，介紹於世人，使得窺見此國寶之一斑，其成績固已超出以前之研究範圍，何況其天才特具，雖是臨摹之本，兼有創造之功，實能於吾民族藝術上別闢一新境界」；謝无量《題大千臨摹敦

〔註81〕 本部分所引，皆見四川美術協會編：《張大千臨摹敦煌壁畫展覽特輯》，西南印書局，1944 年 5 月。

煌壁畫展覽四絕》曰：「白接離下髮髯古，鳴沙風裏雪皚皚，眞看北地生張八，貌得西天萬佛回」，「方圓規矩寸銖同，攝取天龍一掌中，名畫益州原不悉，草堂人日見禪風」；沈尹默有詩《成都喜晤大千賦贈》謂：「三年面壁信堂堂，萬里歸來髮戴霜，薏苡明珠誰管得，且安筆硯寫敦煌」；葉聖陶也有《大千先生臨摹敦煌壁畫展覽奉題》等詩贊，換句話說，當時的主流媒體紛紛爲這場「中國文藝復興」推波助瀾，民國文化界的眾多名人，都以不同的形式，參加到這場「文化復興」的討論中。

濃鬱的文化氛圍和大後方的區位優勢，使成都在民國文化佈局中的地位愈益彰顯。這個時段在成都舉辦畫展的著名國畫家有黃賓虹、齊白石、吳作人、張書旂、趙少昂、李可染、呂鳳子、陳之佛、關良、宋步雲、關山月等。徐悲鴻 1936 年到四川途中創作了國畫《巴人汲水》、《巴之貧婦》，1943 年 1 月至 3 月間，徐悲鴻在成都少城公園四川美協展示廳及重慶中央圖書館舉辦個展，在成都期間還作油畫《青城山風景》、《廖靜文像》、《銀杏樹》、《讀》等名作。傅抱石在成都兩次（1943 年、1946 年）舉辦個人畫展，開幕式當天張大千親臨少城公園內展場祝賀，留下「八百年一枝奇筆」的溢美之詞。被譽爲「中國的梵高」的畫家陳子莊也開始在成都崛起。劉開渠等提出「將成都布魯塞爾化」並以雕塑《王銘章騎馬銅像》（1943）、《川軍抗日英雄紀念像》、《孫中山先生坐像》（1944）、《李家鈺騎馬銅像》（1945）等藝術作品，強化著成都的文化標示。

國畫大師齊白石、國學大師陳寅恪、吳宓、錢穆、美學家朱光潛、王朝聞、洪毅然等先後寓居成都。朱自清、葉聖陶、蕭軍、許壽裳、呂淑湘、話劇界「四大名旦」張瑞芳、白楊、舒繡文、秦怡等的雲集，使成都頓時成爲當時民國文人的薈萃之地。葉聖陶的《望江南》如此表達著喜愛之情：

> 成都憶，常涉少城園。川路碑懷新史始，海棠花發彩雲般，茶座客聲喧。成都憶，登眺望江樓。對岸低回懷故友，蒼波浩渺記前遊，附舸下嘉州。

《新蜀報》1944 年 11 月 24 日《金鋼鑽》有《懷念成都》的文章這樣爲成都畫像：

> 北方朋友愛成都，說他像北平；北平是古老的文化城，成都也是，重慶人可憎的地方，就在於有洋場氣，一副油猾狡猾的面孔……成都呢？因爲是古文化城，雖然表面上很悠閒，但卻不斷地產生著

基礎，深厚的文學家，藝人，音樂家……悠閒宜於孕育高貴的思想。這就是說，在戰爭時期的民國文化人眼中，成都似乎最有條件承擔起「中國文藝復興肇始地」的重擔。

三

民族危亡的巨大迫力，致使民國文化人的民族文化堅守意識愈益強烈，學術界開始從具體的地域文化著手，思考中國現代文化建構的問題。顧頡剛、譚其驤等創建的禹貢學會及其《禹貢》半月刊，爲民族文化存亡致力於邊疆和民族歷史與現狀的研究。顧頡剛又在 1939 年在成都創辦齊魯大學國學研究所，使該項研究得到具體的開展，他約集衛聚賢等一批史學家，創辦《史學月刊》，通過對古蜀文明的發掘，創造性地開展「邊疆」與中原文明關係的研究，獲得舉世矚目的成就。

顧頡剛早在 1923 年的《與錢玄同先生論古史書》中，就提出「層累地造成的中國古史」之說，曾經轟動學界。把西方實證主義史學與批判精神嫁接到中國史學研究，顧頡剛學說的主旨爲「時代愈後，傳說的古史期愈長」，借助於邊疆民俗證史，此時在廣漢三星堆、成都白馬寺出土文物的實物映照下，顧及其「疑古學派」獲得一個全新的學說發展空間。由此「自從盤古開天地，三皇五帝到如今」的舊古史觀遂轟然崩解，民國文化的「中國古史重建」出現了一個新突破，在成都引發的「邊疆研究」，成爲民國文化一個新拓的學術領域。

1941 年初，《說文月刊》第 3 卷第 4 期「巴蜀文化專號」在上海出版，學術界正式提出了「巴蜀文化」的研究命題。學者衛聚賢《巴蜀文化》的考釋文章，發表在《說文月刊》，顧頡剛的《古代巴蜀與中原的關係說及其批判》，提出「巴蜀文化獨立發展說」理論。這實際上已首次提出了中華文明多元起源的問題和巴蜀文化區的問題。金祖同在該期的《冠詞》中把這種研究的價值，說的很清楚：

> 溯自抗戰軍興，國都西徙，衣冠人物，群集渝蓉，巴蜀一隅，遂成爲復興我國之策源聖地，政治、經濟、人文學圃，蔚爲中心，粲然大盛，日下風流，儼然見漢家舊典，中華嶄然新文化，當亦將於此處孕育胚胎，植其始基，繼吾輩研究巴蜀古文化而發揚滋長……奮起有人，使巴蜀新文化衍而爲中華新文化，其光華燦爛與國運日新不已。

《說文月刊》第 3 卷第 7 期再次推出「巴蜀文化專號」，發表了雲集四川的一些著名學者研究巴蜀文化的論文，如郭沫若、張繼、吳敬恆、王獻唐、商承祚、鄭德坤、林名均、董作賓、朱希祖、繆鳳林、徐中舒、傅振倫等。作爲該期篇首，國民黨元老于右任在《巴蜀文化之研究》一文中寫道：四川古爲巴蜀之國，戰國末年被秦所侵，期人民退居四面深山中，因其歷史未曾傳世，考古者亦多不注意於此。而其古代文化，遂不聞於世。其實古巴蜀自有巴蜀文化也。

　　1943 年的 8 月，成都的刊物《風土什志》宣言：

> 本志的性質爲，研究各地人生社會既往與現實的人文地理及地理知識，收集各方風土人情資料，作詳確廣泛的調查報告，且客觀的描述當時社會環境，闡述其衍變等歷史與地理的因果關係，作現實問題之參考。內容方面，摒除空泛的理淪，力求眞實、趣味，行文盡可能的達到生動化、故事化的原則。既是說我們將以『雅俗共賞』的姿態，貢獻於讀者之前，從而獲得一些宇宙間森羅萬象的知識……。

李劼人的《說成都》就是這種本土文化建構的具體實踐。郭沫若、馬宗融等發起創辦《蜀風》半月刊，亦有張揚地域文化的深層原因。

　　也就是說，歷史文化積澱厚重的成都，由於「抗戰大後方」和類似於北平的「古都」消閒生活狀況，京派文化圈的老舍、吳越文化圈的葉聖陶，都對成都的文化氛圍和閒適生活有過論述。現代文化人黃裳這樣描述說：〔註82〕

> 關於成都，我最初的記憶是從幾位唐朝詩人的詩句裏得來的。「美酒成都堪送老」（李商隱）……四川從古以來就常有戰亂發生的地方，這悲苦的經驗被寫進戲劇裏，音樂裏，如此深刻，如此廣泛地活在每一個蜀人的歌音裏，成爲一種悲哀的調子。這使我聯想起那啼血的子規，和江上的櫓聲，船夫的歌聲，覺得這些似乎是發自同一的源泉，同一的悲哀的源泉。

由於戰時大後方而形成民國文人彙聚的新格局，新的濃鬱文化氛圍，在地下出土文物的新刺激下，人們自然而然地把成都視爲「民族復興之根據地」，「喚起中國的文藝復興」、「新中國文藝復興，將以此爲嚆矢」、「文藝復興權輿，肇於成都」等論斷鵲起，並且明確提出「中國的文藝復興，將

〔註82〕黃裳：《成都散記》，《四川的凸現》，中央編譯出版社，2001 年。

能由此取得影響而爲之興起，成都將成爲中國文藝復興之斐泠翠城」。

在延安地區的周揚以及川籍詩人何其芳等，先後在《新中華報》、《文藝突擊》、《中國文化》等報刊上發表文章，強調「把民族的、民間的舊有藝術形式中的優良成分吸收到新文藝中來，給新文藝以清新剛健的營養，使新文藝更加民族化，大眾化，更爲堅實與豐富」。〔註83〕也就是說，中國文化現代性建構對本土文化資源的重視，已經成爲當時的時代最強音。

巴蜀文化在整個中國文化格局中因爲特色鮮明而令人矚目，成都作爲巴蜀文化的聚焦點和薈萃之所，積澱著豐富而厚重的文化內容，這是民國時期40 年代在成都興起「文藝復興」浪潮的一個重要原因。廣漢三星堆、成都白馬寺地下出土文物與張大千對中世紀藝術的復活，使中國文化的民族化重構努力得到重要的資源支持和理念的啓迪。人類生命發展歷程所顯示的生命軌迹運行基本特徵，就是不斷提升自己生活的幸福值和心靈的自由度，在擺脫了溫飽問題的糾纏後，人類看是更多地尋求著精神審美的創造和消費，也就是說，人類在自己的生命歷程中逐漸脫離動物性，努力讓自己活得更具有人的特點。可以說，一個國家、一個民族、一個地區，社會審美氛圍越是濃鬱，其文明程度就越高，社會的整體就越和諧。

〔註83〕周揚：《對舊形式利用在文學上的一個看法》，《中國文化》創刊號，1940 年 2 月 15 日。

第二章　地域文化與民國文學

第一節　民國文學的地域構成

一

　　地域意識，成為催生民國的一個重要的文化現象。換句話說，從「反滿革命」到「五族共和」，無一不是立足於地域「獨立」與「區域自治」。作為辛亥革命導火線的「四川保路運動」，就是「川人」意識的體現。武昌槍響，引發各省紛紛起義和獨立；首先是湘、贛起義，然後是秦、晉獨立，再後是滬、蘇、浙、皖起義，再次是兩廣、福建、雲、貴、川獨立。不到兩個月，內地 18 個省中即有 14 省和上海一地舉起義旗，脫離滿清王朝而宣佈「獨立」。反清革命運動開闢了民權政治新時代，但共和制的建設在民初出現的反覆，使一些文化人對獨裁專制制度的高度警惕，民初北京大學的丁燮林，王世杰，李四光、李石曾、李麟玉，譚熙鴻等六教授曾建議中國應當暫時實行「邦聯制」，實現中央與地方政府「分權」的制度，以此反撥中國根深蒂固的集權制度。

　　20 世紀中國文學發展的地域概念，從一開始就是政治意識的產物。留日學生中第一份以省名命名的刊物是《湖北學生界》月刊，1903 年 1 月 29 日創刊於東京，是湖北留日學生同鄉會主辦，1903 年 7 月 24 日第 6 期改名《漢聲》，共出 8 期。該刊以「輸入東西之學說，喚起國民之精神」為宗旨，高張「頭可斷，血可流，軀殼可糜爛，此一點愛國心，雖然千尊炮，萬支槍之彈子炸

破粉碎之，終不可以滅」的戰鬥精神，〔註1〕顯現的是「九頭鳥」（湖北民諺：
天上九頭鳥，地下湖北佬）的頑強；1906 年 10 月創刊的《雲南》雜誌，中間
曾幾次被迫停刊，共出二十三期及特刊。是留日學生刊物中歷時最長的一家，
以宣傳民主主義、反對英法帝國主義侵略為主旨。

　　《浙江潮》的發刊詞則是：「我浙江有物焉，其勢力大，其氣魄大，其聲
譽大，且帶有一段極悲憤極奇異之歷史，令人歌，令人泣，令人紀念。至今
日，則上而士夫，下而走卒，莫不知之，莫不見之，莫不紀念之……浙江潮。
挾其萬馬奔騰排山倒海之氣力，以日日激刺於吾國民之腦，以口其雄心，以
養其氣魄。二十世紀之大風潮中，或亦有起陸龍蛇挾其氣魄以奔入於世界者
乎？西望蔥蘢，碧玉萬里，故鄉風景，歷歷心頭。我願我青年之勢力，如浙
江潮。我青年之氣魄，如浙江潮。我青年之聲譽，如浙江潮」，而刊物創辦的
根本宗旨則是「欲爭自由，先言自治，然必於其本土之人情、歷史、地理、
風俗詳悉無遺，而後下手之際，乃遊刃而有餘，先以浙江一隅為言，此非有
所畔域，限於所知也。」〔註2〕民國元年（1912）1 月 3 日，《越鐸日報》（即
《越鐸》）創辦於紹興，魯迅是創辦人之一，《越鐸日報》創刊號的《〈越鐸〉
出世辭》宣告的宗旨是「紓自由之言議，盡個人之天權，促共和之進行，尺
政治之得失，發社會之蒙覆，振勇毅之精神」，並展望「東南大府，亦赫然歸
其主人。越人於是得三大自由」的可喜未來。

　　《豫報・豫報之原因及其宗旨》宣稱自己是「以改良風俗，開通民智，
提倡地方自治，喚起國民思想為唯一目的」，「自今而後，吾河南父老憶過去
之腐敗，當激其恥心，睹現在之危險，當興起其懼」。概而言之，「留學界中
所出各報，如浙江潮、漢聲、直說、晉話雖主義不甚相同，無非以喚醒桑梓
為目的」。〔註3〕《河南》雜誌是在停刊的《豫報》基礎上開辦的，其發刊廣
告說：「激發愛國天良，作酣夢之警鐘，為文明之導線。對本省勵自治自立之
責；對各省盡相助之義」。從 1907 年到 1908 年一年的時間內，魯迅在《河南》
發表了《人間之歷史》（署令飛，刊 1907 年 12 月第一期）、《摩羅詩力說》（署
令飛，刊 1908 年 2 月第二期，1908 年 3 月第三期）、《科學史教篇》（署令飛，

〔註1〕見《留學記錄》，載《湖北學生界》，1903 第 4 期。
〔註2〕載於 1903 年 2 月 17 日《浙江潮》第一期。
〔註3〕河南省新聞史志編輯室編：《河南新聞史志參考資料》第二輯，《清末民初報
　　　刊資料專輯》。

刊 1908 年 6 月第五期）、《文化偏執論》（署迅行，刊 1908 年 8 月第 7 期）《裴
彖飛詩論》、（署令飛，刊 1908 年 8 月第 7 期）、《破惡聲論》（署迅行，刊 1908
年 12 月第 8 期），累計近 10 萬字。

　　《鵑聲》是四川留日學生創辦的白話雜誌，1906 年於東京出版，據《中
國革命運動二十六年組織史》東京鵑聲月刊條載：這是「主張革命排滿最激
烈」的刊物，撰述人有雷鐵崖、董修武、李肇甫等。1907 年下半年，以《鵑
聲》為基礎創辦《四川》雜誌，由同盟會會員吳玉章主持，以雷鐵崖、鄧絜
等為主要編輯和撰稿人。「它對外堅決反對帝國主義，對內堅決反對清朝反動
統治，主張革命。所以它一出世，即受到人們熱烈的歡迎，銷路很廣，每期
出版後不久都又再版發行」，「要算是最進步和最革命的刊物之一」。〔註4〕《四
川》雜誌高張「推愛四川以愛中國之義」旗幟，勇敢承擔「西南半壁警鐘」
的時代使命，如《警告全蜀》指出：「四川即為列強競爭之大戰場」，「英、日
既懷攘奪之心，法人又宣吞滅之策，吾四川非危如朝露者乎」。

　　被阿英稱為「清末文藝雜誌的四大權威」的，是梁啓超創辦的《新小說》
（1902～1906）、李伯元創辦的《繡像小說》（1903～1906）、吳沃堯等主持的
《月月小說》（1906～1909）、黃摩西主編的《小說林》（1907～1907）。這些
雜誌刊發的理論文章如梁啓超的《論小說與群治之關係》和小說《新中國未
來記》、吳沃堯的《痛史》和《二十年目睹之怪現狀》、《九命奇冤》、《電術奇
談》，以及《老殘遊記》、《文明小史》，曾樸的長篇小說《孽海花》影響甚大，
並主要聚集於吳越文化圈的江浙（上海）地區。1908 年出現的《禮拜六》雜
誌引發「鴛鴦蝴蝶派」的小說日益泛濫。1903 年李伯元主編的《繡像小說》
是最早響應「小說界革命」號召，在國內創辦的第一份小說雜誌。繼《新小
說》、《繡像小說》之後，上海又有《新新小說》、《小說世界日報》、《小說世
界》、《新世界小說社報》、《小說七日報》、《競立社小說月報》、《白話小說》、
《十日小說》等小說期刊先後問世，象徵著一個文藝雜誌時代的來臨，也標
誌著中國小說從古代向現代轉型的開始。它開創了一個以機器複製、報刊連
載為主要特徵、與市場的緊密聯繫的文藝雜誌新時代，為中國小說的發表和
傳播尋找到了一條適合時代發展要求的新途徑，並直接促成了二十世紀初期
報刊小說繁盛一時的嶄新局面。這應該就是民國文壇上江浙作家群陣容強大
的一個原因。

〔註 4〕吳玉章：《重印的話》，《四川》影印版第一號，1961 年。

郭沫若在《我的童年》裏回顧說，1903 年，清廷實行廢科舉建學校以後，在成都就讀東文學堂的大哥將許多新學的書籍採集回家，其中「《啓蒙畫報》、《經國美談》、《新小說》、《浙江潮》等書報差不多是源源不絕地寄來，這是我們課外的書籍。」〔註5〕1905 年 2 月 14 日天津的《警鐘日報》還報導了一則四川「禁閱書報」的消息：「省城大吏近又出一示文，禁止購閱新書新報，如《最近支那革命運動》、《中國魂》、《黃帝魂》、《瓜分慘禍》、《飲冰室自由書》、《新民叢報》、《新小說》等類。其已購者，即將其書毀銷，各書坊亦不准出售。如有不遵即行查拿不貸云云」。由此可見，這些「新學」的傳播與影響極其深遠。

二

民國文化濃鬱的地域性，實際上源於晚清時期「反滿自治」的革命意識留存，同時也有著民國初期各地「聯省自治」的政治欲求驅動。國民黨元老戴傳賢在剛剛創刊的《民國雜誌》（1914）第一期發表《中華民國與聯邦組織》文章，認爲「中國文化之發達，由於地方分權，而文化之退步，由於中央集權」，主張「分省自治」。民國初年的許多刊物如《新中國》（1919）、《浙江新潮》（杭州，1919）、《新湖南》（長沙，1919）、《新隴》（北京，1920）、《新湖北》（上海，1920）、《新安徽》（上海，1920）、《新海豐》（1921）、《新江西》（1921）、《新山東》（1921）、《新浙江》（上海，1921）、《新四川》（成都，1921）等，多有鼓吹本省人團結、各省自治的文章發表。

孫中山就任非常大總統之初也贊成「聯省自治」，他在宣言中稱：「今欲解決中央與地方永久之糾紛，惟有使各省人民完成自治，自定省憲，自選省長，中央分權於各省，各省分權於各縣，庶幾既分之民國，復以自治主義相結合，以歸於統一，不必窮兵黷武，徒苦人民。」1920 年以湖南省爲首，西南各省相繼展開「省憲運動」，湖南省的趙恒惕公開宣佈「湖南既以自治號召天下，爲自治而戰亦名正言順」。

民國 9 年（1920）冬天，四川實力派劉湘等人發表自治通電，指出：「吾川遠在西陲，交通梗阻，內情極爲複雜，外間莫明眞相。即政府統一告成，國家事權劃一，吾川以地理事實之關係，猶當保留地方特別政情，擴大人民

〔註 5〕郭沫若：《少年時代》第 36～37 頁，人民文學出版社，1979 年。

自治權限，況以目前國家時多混沌，川事亟待解決，內則勢力成各方之對抗，外則滇黔冀捲土之重來，苟非自求多福，何以安內攘外？惟集全川軍民之公意，實行自治，情感利害，無時不可商量，權利義務，一律皆爲平等、使事事育公道之可循。」〔註6〕劉湘、楊森等於 1920 年 12 月 10 日在重慶舉行會議，議決制定省自治法，宣佈四川獨立。地方名流如吳玉章、戴季陶、楊庶堪等激進的文化名人，也想利用四川自治運動抵制北洋軍閥和滇黔軍閥的兼併，並以此傳播科學與民主的思想，因而大力鼓吹「獨立自治」；1921 年 6 月 4 日，浙江都督盧永祥通電主張：「先以省憲定自治之基礎，繼以國憲保統一之舊觀」；廣東省的陳炯明制定了制定省憲、實施地方自治、建設廣東模範省等「建設方略」，在「模範起信」、「粵人治粵」取得令人矚目的成就。這些就是後來地方割據、也是地域文化意識乃至於地域文學盛行的一個原因。

　　民國初期，茅盾與周作人分別探索過文學地域化（local colour）不同的途徑。1910 年，周作人在爲自己翻譯《黃薔薇》撰寫的序裏，肯定《黃薔薇》爲「近世鄉土文學之傑作」和「多思鄉懷古之情」，以及「風俗物色，皆極瑰異……諸平原爲狀，各各殊異。或皆田圃，植大麥煙草，荏粟成林，成爲平蕪下隰，間以池塘，且時或茂密，時或荒寒，時或蒼涼，時或豔美」。1923 年前後，周作人先後發表《在希臘諸島》、《地方與文藝》、《舊夢》等文章，極力推崇文學的地域特色和鄉土趣味；魯迅曾經整合歸納出相對完整的鄉土文學理論，即寓鄉土思念、民生關懷和鄉土批判於一體的鄉土文學觀。西方文學批評的 local colour 或 local coolrism 概念，直譯就是「地方色彩」文學，或直接爲 re-gional novel。朱湘、張定璜在談論魯迅的《吶喊》時也頗爲推崇其「濃厚的地方色彩」和「滿薰著中國的土氣」的藝術特徵；在《新文學大系・小說二集・導言》裏，魯迅用了近 2000 字的篇幅，從題材範圍、作品內容與視角、啓蒙立場與鄉土思念等幾方面來談論、界定鄉土文學：「蹇先艾敘述過貴州，裴文中關心著榆關，凡在北京用筆寫出他的胸臆來的人們，無論他自稱爲用主觀或客觀，其實往往是鄉土文學。從北京之方面來說，則是僑寓文學的作者，僑寓的只是作者自己，卻不是這作者所寫的文章，因此也只見隱現著鄉愁……因爲回憶故鄉的已不存在的事物，是比明明存在，而只有自己不能接近的事物較爲舒適，也更能自慰的……」。

〔註 6〕轉引自胡春惠：《民初的地方主義與聯省自治》第 109 頁，中國社會科學出版社，2001 年。

文化決定向心力，現代國家需要尋找民族象徵物，新型文學的「再造」需要自身文化源發地和母題，鄉土人生成為最好的載體和言說對象。魯迅在《漢文學史綱要》曾經專門從地域文化背景的學理上，解剖一個實例：「實則《離騷》之異於《詩》者，特在形式藻綵之間耳。時俗異，故聲調不同；地異，故山川神靈動植皆不同」。這實際上已經從深遠的歷史背景上，把原有的「鄉土文學」創作現象的評述，提升到文化學的高度進行思考了。

民國肇始，上海在中國的地位，已經被人充分認識到。相對發達的經濟商貿、較早開埠的歷史淵源，「海納百川，兼容並蓄」的胸懷，建築的中西並存和中外合璧，本土的「申曲」（滬劇）與國劇京戲、越劇、淮劇等地方戲，以及來自域外的話劇、芭蕾舞等百花爭妍的藝術「大聯袂」，浮華璀璨的花花世界，形形色色的舶來品等，養成最西化、最時髦，有著最優雅精緻的生活方式；寸土寸金和市場經濟練就上海人的精明，講求實際和實效，義利並重，引領中國時尚的前衛。「鴛鴦蝴蝶派」文學，是在盛行世俗享樂的「人間天堂」蘇杭地區發軔，經由「滬上」商業意識的催化而大行其道，成為「海派」商業化文學運作的範例；茅盾的「春蠶三部曲」對江浙風物的繪寫等，「新感覺派」小說以及茅盾《子夜》等對現代大都市的描繪，以及張愛玲、蘇青筆下的上海市民人生等，體現出民國「海派文學」鮮明特色。

「京派文化」透現的是中國主流文化的厚重成穩與大氣；氣魄宏偉，規劃嚴整，極為壯觀的皇家建築，映照出南方吳越文化圈中「金陵王氣」狹小和局促；多年作為政治和經濟的中心的北京城，形成古老舊都市民的「中心」的霸氣觀念和豪氣心態；強烈的政治參與意識；厚重的積澱，在許多方面是我國傳統文化的象徵。京城、校園、學術三者交集和遺老、紳士、風雅的集合，孕育而成的「京派文學」，主要立足於人性關懷的文學立場和人文情懷的價值認同。追求人性自由、生命美好、挖掘人類永恒的精神、生命的莊嚴和自由這一整體的審美精神，彙聚起一批自由主義文化人，如周作人、俞平伯、老舍、梁實秋、凌叔華、孫大雨、梁宗岱、朱光潛、李健吾、何其芳、李廣田、卞之琳、蕭乾、李長之、楊振聲、林徽因、蘆焚、蕭乾。如廢名（馮文炳）的《竹林的故事》、《桃園》等，人物都活在一種「單純的情欲鄉村的寧靜」中，以一種隱逸柔和的審美眼光觀照鄉村生活，尊重所有生命，借自然和生命存在的不同形態，表現自己的文學理想與審美情趣，構建一種不悖乎人性的「完美的人生形式」。蘆焚（師陀）的《果園城記》就浸染了「京派」

追求詩意和深層裏同情一切生命的藝術特色。「京派」在人性自由和藝術和諧的兩極上張揚著非常純正的文學精神，充盈的是重建民族精神和文化品格的深遠追求。朱光潛的文藝美學，卞之琳的《斷章》、何其芳的《畫夢錄》、李健吾《咀華集》的審美式批評、梁宗岱的舊體詞合集《蘆笛風》、李長之獨到的專門批評，也是這種個性表現和審美追求的極致。

　　以荊楚文化爲標誌的的湖湘文化圈，曾經有過「篳路藍縷，以啓山林」（《左傳》）的積極進取歷史，體現出「不鳴則已、一鳴驚人」與「天上九頭鳥，地下湖北佬」以及「楚雖三戶，亡秦必楚」等剛烈倔強的人文性格，這裡孕育了中國文學浪漫主義「騷體」源頭屈原、宋玉等「楚辭」，浪漫想像和熱情的文化創造和「用心恢奇，逞辭荒誕」、「宏逸變幻」的審美特色，則是「民神雜糅，不可方物」（《國語·楚語下》）地域風習的哺育，並外顯爲變形誇張的、追求奇幻詭譎、浪漫驚豔、富麗繁縟之美。巫、儺戲、師公、神像等積澱在民俗風習中，對作家發生潛移默化的影響。沈從文正是有意識地疏離「文明社會」主潮的和充當現代社會批判者的產物，想讓那些「對中國現社會變動有所關心」的社會改革者，從湘西邊城「認識這個民族過去的偉大處與目前墮落處」（《邊城·題記》，上海生活書店，1934）。光怪陸離的民俗社情和五光十色的自然景色，成爲沈從文小說最迷人的內容。淳樸的民風民俗和豪爽俠義的人物性格；展示出山鄉僻地所特有的風物：城堡、營風、河街、磨坊、油坊、茅屋和曬坪，以及當地的鄉風，如端午節賽龍船、給社稷神唱的木傀儡戲、裝飾紅衣儺神等，極富神秘、新鮮、濃烈的鄉土色彩；彭家煌的《慫恿》體現了湖南鄉間人與人之間的那種爭強好鬥的民風，描寫封建宗法勢力罪惡與鄉下貧苦婦女悲苦；黎錦明《出閣》洋溢著一種青春的美好和村野鄉情的潑辣、眞摯、純潔。歐陽予倩、成仿吾、田漢、廢名、彭家煌、沈從文、葉紫、周立波、周揚、丁玲等，都在民國文學建構中，貢獻出自己的努力。

　　「東北作家群」在抒寫民族悲情和身家災難之際，故土眷戀與亡國之恨糾結一體，展示著黑土地上東北人獨特的民俗精魂，亡國失家的流浪者形象與桀驁不馴的「鬍子」（土匪）精神，展現「關東文化」民俗景觀的獨特魅力。端木蕻良的長篇《科爾沁草原》和《鷺鷥湖的憂鬱》、《遙遠的風沙》等、駱賓基長篇小說《邊陲線上》所描寫大小興安嶺原始森林中抗日游擊隊的艱苦鬥爭；蕭紅《呼蘭河傳》（1941）的小城民俗活動如跳大神、唱秧歌、放河燈、野臺子戲、四月十八娘報廟會的熱鬧場面，與灰色的天空、塵土飛揚的大地、

蕭條冷漠的人生，形成通篇縈繞的「孤寂與苦悶」情感特徵，呈現的是作者對鄉土的眷戀，帶著生活的苦楚和強烈的愛憎，也帶著夢幻般的追憶和少女的童稚和天眞。這就是茅盾評價的「它是一篇敘事詩，一片多彩的風土畫，一串淒婉的歌謠」；一年之中多數時間都處於冰凍期的一片銀白世界，長白山和大小興安嶺莽莽蒼蒼原始森林，是中國薩滿教最典型地體現於東北地區的根本原因。東胡族、渤海國、高句麗等歷史的積澱物化，是後代人面臨的一種客觀「存在」——第二自然；「關東文化」未被近代文明揉搓過的剛強、勇猛、放縱、冒險的精神；面對嚴酷大自然求生存冶煉出的鬱勃生命活力與粗碩坦蕩的感情，就由 30 年代「東北作家群」進行了一次濃墨重彩的顯現。端木蕻良在《我的創作經驗》中寫到：「我自己在創作過程中，追求四種東西，風土、人情、性格、氛圍……風土是地方志，是歷史，是活的社會經濟制度，是此時此地的人們的活動的總和。」〔註7〕

吳越文化圈，早有「六朝金粉地，江南溫柔鄉」之美譽，魚米之鄉的天下「常熟」，釀就精細雅潔的蘇繡和柔美婉轉的蘇州評彈。「吳牛喘月」的柔靡，是孕育《孔雀東南飛》、《梁祝》、《好一朵茉莉花》、世界非物質文化遺產「崑曲」和沒有男性演員的越劇根本原因；1926 年，劉半農從廟會書攤偶然得到一本《何典》，極爲喜愛該書的蘇南浙東方言俚語，對之重新標點後作序推介，並請魯迅作題記，於 1933 年由北新書局重版。熅熟於「吳儂軟語」的江浙文化人如魯迅、劉半農、胡適、周作人、林語堂等都曾給予極高的評價；被稱爲是是「最著名的吳語小說，也是中國第一部方言小說」的《海上花列傳》，於 1926 年由胡適發掘了出來，由胡適、劉半農作序，亞東書局於 1930年、1935 年兩次重印出版。胡適以之作爲建設「文學的國語」的參考，並藉此提出「吳語文學的運動此時已到了成熟時期了」，這實際上也是 19 世紀以降、以上海（松江）和蘇杭爲中心的吳語小說的共同特點。在爲劉大白的詩集《舊夢》撰寫的序文裏，周作人解釋文學的「鄉土趣味」是寫出「眞的今昔的夢影，更明白的寫出平水的山光、白馬湖的水色，以及大路的市聲」。徐志摩詩歌的婉約和艾青詩歌的精微形象，就有著這樣的地域文化背景。

以「一個道地的四川故事」《鄉約》（後又改名爲《丁跛公》）轉向自己最熟悉四川底層社會，「一種中世紀式的黑暗氣氛」充盈在沙汀的筆下，「勘察

〔註 7〕 轉引自王建中等：《東北現代文學研究論文集》第 197 頁，遼寧大學出版社，1982。

加小景」系列故事和李劼人《死水微瀾》等的「蜀中」風景展示，成爲民國
文學一個重要現象；許地山的異域風情和黃谷柳對「嶺南人生」的展示，是
嶺南文化圈至今值得誇耀的內容；幾乎同時問世的、同樣描寫「典妻」現象
的兩個短篇小說，江浙作家柔石的《爲奴隸的母親》和四川作家羅淑的《生
人妻》，就呈現出不同的地域文化特徵。

　　「五四新文化」運動中的「鄉土文學」，倡導「眞實繪寫現實人生」，自
然而然地呈現出作家所熟悉的故鄉風物。30 年代的文學「民族化運動」則是
抗戰救亡的政治需要，也是爲了更好地宣傳抗戰教育群眾，文學「下鄉入伍」，
以切實的人生狀貌描寫和通俗的語言方式，力圖達到大眾「喜聞樂見」以實
現「宣傳抗戰」的政治意圖。稍後的「山藥蛋派」、「白洋澱派」等文學創作
現象，作爲無產階級革命的政治產物，卻在地域文化色彩的表現上，顯示出
意想不到的績效。

第二節　吳越、秦晉、巴蜀：民國文學的一個三極現象思考

一

　　幅員遼闊的中國因地理地貌的多樣繁複，而形成不同的生產生活方式，
在此基礎上萌生各具特色的地域文化。在這種環境中進行創造的作家，以最
具有情感性的文學創作，表達對社會人生的思考並體現著言說的地域性特
色。吳越、秦晉、巴蜀的地域文化與文學，就是民國文學的一種三角形構成。
這裡將之作爲互爲對比參照的個案，探討其文學的地域個性特徵及其形成原
因以及各自的呈現方式，並從全球化背景下思考中國文化與文學重構中地域
文學的作用與意義。

　　在中國文化格局的分佈中，秦晉是標準的北方質實文化代表，吳越是南
方文化旖麗系統的典型，巴蜀則是長江黃河同時流經的唯一省份，相當於兩
個法國面積的大盆地是一個相對獨立的地理單元，人們將之劃分爲西南。

　　在華夏人類的童年時代，三個地區都以一種童眞形態，表現著對外部世
界的欲望和爭奪意志，如吳越「臥薪嘗膽」及其在「吳王金戈越王劍」等兵
器技術的達到的輝煌；秦晉地區「力主耕戰」的「憂深思遠」悲涼，巴蜀地

區「巴蛇吞象」驕狂大膽等，都是「人類童年時期」正常運行的產物。雖然經歷了秦的政治經濟軍事統一與漢帝國的文化大融匯，但由於各地域自然條件的不同，農耕技術發展的不平衡，地域物產狀況出現極大差異而導致生活方式的變異。吳越文化的旖靡、巴蜀文化的豔穢、秦晉文化的質實，就逐漸顯示出彼此的區別。作爲人類文化中精神審美形態的文學，則把這種差異表現得尤爲鮮明。魏徵《隋書‧文學傳序》云：「江左宮商發越，貴於清綺，河朔詞義貞剛，重乎氣質。氣質則理勝其詞，清綺則文過其意，理深者便於實用，文華者宜於詠歌。此其南北詞人得失之大較也」，就注意到地域文化制約下各地域文學表現的不同。中國最早的、大體同時的兩首敘事長詩《孔雀東南飛》與《木蘭辭》則是這種南北文化差異的突出體現。

越劇、崑曲、蘇州評彈只能講述才子佳人、閨閣閒情，《牡丹亭》、《西廂記》、《紅樓夢》、《梁山伯與祝英臺》、《白蛇傳》等是「吳儂軟語」最合適的抒情載體。《史記‧貨殖列傳》就強調過吳越地區「飯稻羹魚，或火耕而水耨，果隋蠃蛤，不待賈而足，地勢饒食，無飢饉之患」、「是故江淮以南，無凍餓之人」等物質條件豐裕的情況。左思的《吳都賦》已經指明：「吳傴越吟，翕翕容與，靡靡悄悄」等特點。六朝以來的晉室南渡，士族文化的陰柔特質及其對溫婉、清秀、恬靜的追求，純化了吳越文化的審美取向，逐步給其注入了「士族精神、書生氣質」。以金陵爲中心的南朝文化、以杭州爲中心的南宋文化、以蘇州爲中心的明清文化等歷程，導致吳越文化愈發向「吳牛喘月」般文弱、精緻、「靡靡悄悄」般唯美的方向發展。

秦淮、姑蘇、淮揚、錢塘等地名，幾乎就是中國文學的漪靡、姿柔、溫雅、婉媚意象的代名詞。換句話說，從河南地區流傳過去的梁祝故事，被吳越文化精細化柔美化加工之後，愈益淒美。也只有在吳越文化的薰染下，才可能產生中國民族音樂的經典《二泉映月》、《梁祝》、《好一朵茉莉花》。隨著明清以來工商實業的發展尤其是對海洋的看取，吳越文化除陰柔、精細之外，又增添了奢華之習俗，並逐漸呈現出海岸型文化的特徵。宋明以來「浙東學派」開啓的啓蒙文化思潮，直接作用著民國時期中國文壇的名人如蔡元培、錢玄同、劉半農、沈尹默、郁達夫、茅盾，宗白華、錢鍾書，尤其是周氏兄弟。俞平伯、艾青、徐志摩、戴望舒、穆旦等作品體現的超脫與唯美的詩性審美張力，《倪煥之》、《早春二月》、《財主底兒女們》呈現的「庭院深深深幾許」畫面構架特徵，這些大致都可以從吳越文化背景中找到原因。

　　《詩經》中的《唐風》、《魏風》、《秦風》、《豳風》，是產生於秦晉大地的民間歌謠。其中《伐檀》、《碩鼠》以及《荀子》、《韓非子》和名篇《觸龍說趙太后》等，都凸顯著「晉人宿崇功利」等強烈功利目的和社會爭鬥特徵，《瓦崗寨》、《楊家將》、《敬德洗馬》、《金沙灘》等鐵馬金戈故事是其最佳的言說載體。山西梆子的「激越俚鄙」、秦腔的吼唱方式與「安塞腰鼓」勃發轟響，信天遊的悲惻婉轉，都基於貧瘠的黃土地水資源嚴重匱乏、農耕文明發展極度緩慢、物產的不足等困窘。《毛詩序》說得清楚：「其風俗憂深思遠，儉而用禮」。節儉質樸的倡導與禮法制度的建立，導致了秦晉的日益強盛，俞偉超先生指出：「在三晉，誕生了法家學說，強調法制而力主耕戰，就青銅器的裝飾而言，表現等級差別的禮儀活動，正是流行的圖像題材」。〔註8〕

　　《漢書‧匈奴傳》說：「當是時，秦晉爲強國。晉文公攘戎翟，居於西河圜、洛之間，號曰赤翟、白翟。」以白色爲祥瑞，崇慕強力勇猛的狼，「晉居深山，戎狄之爲鄰」的巨大生存危機，形成了秦晉地區的「白狼」圖騰崇拜。〔註9〕身披六國相印的縱橫家、主張變法圖強的法家思想首先興起於此，如李悝、韓非子、荀況、商鞅、張儀等。三晉地區盛行《韓非子》、《竹書記年》學說以及秦王朝的嚴刑峻法等，就是這種地域人文心理的折射。清代揚州人焦循對秦晉地區的戲劇特徵概括得很清楚：「其事多忠、孝、節、義，足以動人；其詞直質，雖婦孺能解，其音慷慨，血氣爲之動蕩」。〔註10〕20世紀初的王獨清、鄭伯奇、高長虹，尤其是趙樹理的崛起以及追步其後的馬烽、西戎、束爲、孫謙、胡正等，其作品的價值取向，都可以概括爲「憂深思遠，儉而用禮」，藝術風格也帶有「其詞直質，雖婦孺能解」的特點。與之同時的馬建翎的秦腔《血淚仇》更是以地域傳統話語符號來宣講階級鬥爭新說。彭德懷

〔註 8〕　參見：《考古學是什麽——俞偉超先生訪談錄》，《東南文化》1990年3期；唐人李筌《太白陰經》也有「秦人勁，晉人剛，吳人怯，蜀人懦」的概括；宋人敏求《唐大詔令集》卷一〇二《求猛士詔》說：「秦雍之郊，俗稱勁勇，汾晉之壤，人擅驍雄」；《史記‧張儀列傳》說：「三晉多權變之士，夫言縱橫強秦者大抵皆三晉之人也。」

〔註 9〕　可參見：陳忠實《白鹿原》的有關「白狼」的描寫；又如《北史‧李高傳》曰：「又有白狼、白兔、白雀、白雉、白鳩等集於園間。群下以爲白祥，金精所誕，皆應時邑而至」。

〔註10〕　清‧焦循：《花部農譚》，見《中國古典戲曲論著集成》（八），中國戲劇出版社，1959年；人們公認「苦音腔」最能代表秦腔特色，唱腔深沉哀婉、慷慨激越，適合表現悲憤、懷念、淒哀的感情。

在給馬健翎的信中，就肯定：「爲廣大貧苦勞動人民、革命戰士熱烈歡迎，爲發動群眾組織起來有力的武器。」

川菜的麻辣，川話「涮罈子」的風趣幽默，川劇《活捉王魁》表現人文性格的驕頑強悍，「巴蛇吞象，三歲而出其骨」的「蛇圖騰」等，源於「周失綱紀，蜀先稱王，七國皆王，蜀又稱帝。是以蠶叢自王，杜宇自帝」等地域人文傳統，基於巴蜀大盆地「西僻之國」卻有著物產豐足的「戎狄之長」地位。無論是白居易《長恨歌》的「蜀江水碧蜀山青」開篇，還是駱賓王《豔情代郭氏答盧照臨》的「峨眉山上月如眉，濯錦江中霞似錦」、李商隱的「巴山夜雨漲秋池」、陸游《登灌口廟東大樓觀岷山雪山》的「千年雪嶺闌邊出，萬里雲濤坐上浮」等，都說明了「天下之山水在蜀」審美對應物對文學創作的涵蘊激發作用。這就是李白所說的「陽春召我以煙景，大塊假我以文章」（《春夜宴桃李園序》），也是我們經常強調的「存在決定意識」。「蜀地鄙陋」而遠離中心所形成的邊緣意識，是民國時期巴蜀作家群大膽反叛既定道德倫理，勇於創新的深層原因，如郭沫若的淩厲狂蕩、沙汀的峻刻批判、何其芳的綺麗「畫夢」、陳銓的質疑「天問」、陽翰笙的「草莽英雄」刻畫、李劼人的「外省風情」敘事等，一個「西南」式的文化言說，成爲文壇一道獨特的風景。

秦晉的響馬大盜，是明明白白、直截了當的雄放勁健行爲，中國戰神「武安王」關羽、隋唐猛將尉遲恭都是秦晉地區最受崇拜的強力化身。吳越地區盛行的崑曲《十五貫》中的婁阿鼠，則是靠精湛的技術實現自我價值，巴蜀地區的「棒老二」既有棍棒的暴力又有隱蔽自己的智慧。文如其人，地域人文性格制約下的文學創作，自然會有著迥然不同的文風。

二

吳越江浙地區「常熟」的豐裕物產使「人文淵藪」成爲可能。優越的物質環境提供了精英文化發展的生存條件，同時由於東南沿海較早地呼吸到西方文明的氣息，得風氣之先地接受西方文化的洗禮。20 世紀中國文學架構中最靚豔的是江浙作家群，「語絲」、「新月」、「現代評論」、《學衡》、《湖畔》等文學社團，骨子深處有著傳統精英文化的制約，又通過西方近現代文化格式化刷新而獲得現代性言說的藝術手段。「托尼哲學，魏晉文章」的概括，就是注意到「會稽先賢」對魯迅等人的影響。戴望舒詩歌在現代抒情藝術上的精

湛，確實有著對「丁香」等中國傳統詩詞「江南意象」的吸取，徐志摩詩歌藝術的溫婉精細，卻少有人注意吳越文化對他的哺育與涵蘊。中共早期領袖瞿秋白把自己政治革命生涯比喻為「犬耕」，因為他本質上是一個詩人，他把自己與愛人楊之華的名字組合為「秋之白華」，實際上就是中國文學柔靡綺麗典型的一個「江南意象」。「鴛鴦蝴蝶派」程小青的「栽得名花四季春，嫣紅姹紫總多情。小園日涉備成趣，一片才凋一片新」等詩句，把吳越文化圈的人生情趣以及言說的符號編碼特徵概括得可謂淋漓盡致。

20 世紀 80 年代以來，汪曾祺以故鄉高郵的風土人情作為審美對象，營造了一個和諧至愛的江南水鄉社會，陸文夫的「小巷世界」《特別法庭》、《小販世家》、《圍牆》、《美食家》、《井》等，呈現出典型的吳越風情，葉文玲的「長塘鎮系列」和林斤瀾的「矮凳橋系列」、李杭育的「葛川江系列」小說等，展示了具有魅力的吳越文化色彩。范小青的《豆瓣街的謎案》、《褲襠巷風流記》，陳軍的《清涼之河沐》、《玩人三記》等作品所描寫的江南市井風情，都是有意識地凸顯吳越地域文化特徵的作品。還有如蘇童小說的「逃亡」主題，余華的「苦難」主題，格非的「夢幻」主題，葉兆言的「兇殺」主題，對人性醜惡的一面進行了淋漓盡致的描寫，都呈現著吳越文化精深的特點。畢飛宇的《青衣》和《玉米》對人物心理情緒絲絲入扣、細細入微的捕捉與描摹，都有著「蘇州園林」式構思的精巧。在文學創作中消解深度價值，看重平面化映像中的生活描述，敘事私人化，寫作遊戲化，主題形而下等，都呈現著「江南私家園林」的構架方式。

秦晉地區逐漸喪失著曾經有過的中心地位（如春秋五霸之一、漢唐首府），貧瘠的環境無法供養更多的文化精英，質實的人文性格難以迅速適應價值觀的轉型，20 世紀中國文學發軔期秦晉名家的缺失，原因似乎可以從這裡去尋找。典型的農耕文明狀態，卻存留著更多的民俗文化內容，它必須等待一個大眾化、民間化的社會機制來為自己崛起提供機會。「人民革命」政治訴求激活了「宿崇功利」、「憂深思遠」的地域傳統記憶，構成趙樹理及其「山藥蛋派」文學崛起的社會機制。趙樹理及其「山藥蛋派」隨著這個機制的出現與轉型，呈現出一條盛行和逐漸消亡的運行曲線——20 世紀 50 年代中期開始，「人民大眾革命」（如中華人民共和國政務院的非中共人士部長佔有一定比例）時代轉型為「無產階級專政」（國務院各部長逐漸換成清一色的中共黨員）時代，民眾生存的現實欲求與執政黨的遠大目標開始出現距離，一味地

揭示「問題」在革命頌歌讚歌主潮文學中已經成為一種不和諧的噪音，趙樹理及其追隨者們，就顯得有些不合時宜了。

趙樹理的「晉京」和「返鄉」，實際上就是趙樹理所代表文化現象賴以生存的社會機制轉型的最好說明。柳青的《創業史》隨著時潮變化不斷地修改兩條路線鬥爭的對象，乃至於最後把對劉少奇的批判增加進去。其筆下主人公梁生寶近乎「愚人」的性格，成為黃土高坡堅韌人生的縮影。他們的成就與遺憾，都基於太質實地「問題」言說。「憂深思遠」的地域人文性格，使 20 世紀秦晉作家群中鮮有詩人。柳青《創業史》、路遙的《人生》和《平凡的世界》、陳忠實的《白鹿原》、賈平凹的「商州系列」和《秦腔》、京夫的《八里情仇》、高建群的《最後一個匈奴》等，其共同的特點就是充盈著「苦音」，太多的人生苦難內容與沉重的社會難題思考，猶如秦腔的悲愴和信天遊的幽怨回蕩縈繞。

巴蜀地區由於長時期的「蜀道難」地裏阻隔，又由於大盆地疆域相對遼闊和物產的「天府」優勢，地域文化的發展有一定的自足性。魯迅、茅盾當年編選《中國新文學大系》小說集的時候，不約而同地運用了「蜀中、四川」等視角對巴蜀作家群，進行專門的鄉土——地域性思索和論述。例如巴蜀詩歌就是以「走偏鋒」和土匪式「嚎叫」被人們注意的。20 世紀初郭沫若的《天狗》、《匪徒頌》，與康白情《草兒》，到 20 世紀末四川的非非、莽漢詩歌等皆是。巴金的創作就是從「憤激小說」《滅亡》、《新生》開始的，其代表作「激流三部曲」的根本立足點還在於「我控訴」！陳銓的《天問》等小說，充盈著桀驁不馴強力意志。20 世紀 30 年代柔石《為奴隸的母親》和羅淑的《生人妻》都是描寫「典妻」，前者通過對封建傳統虛偽殘忍的批判而表現著對『沉默的國民魂靈』的悲憤。羅淑則以對自然人性的追求，集中於對四周阻隔的巴蜀大盆地中野性未泯的生命強力的展示。羅淑的老鄉周克芹，以對極左思潮中普通民眾的頑強生存意志繪寫而令人矚目，魏明倫則以《潘金蓮》及眾多雜文凸顯著「未能篤信道德，反以好文譏刺」的巴蜀傳統文風。

其原因也許可以從地域、自然地理狀貌對人的心理的誘發去尋找，「四川山水別有境界，他的境界的表示，都是磅礴、險峻、幽渺、寂寞，及許多動心駭目之象。這般景象，最能使文學的心理受一種深刻的刺激。所以四川文學也就容易發達」。〔註11〕20 世紀 40 年代寓蜀的路翎，在川江岸邊刻畫出「飢

〔註11〕 吳芳吉：《籠山曲‧小引》，《吳芳吉集》，巴蜀書社，1994 年。

餓的郭素娥」，來自杭州「七月詩人」阿壟，歷經蜀中「川江」波濤的薰染，就寫出極富於「川江號子」意象的《縴夫》（1941）（節選）如：

> 正面著逆吹的風
> 正面著逆流的江水
> 在三百尺遠的一條縴繩之前
> 又大大地──跨出了一寸的腳步……
>
> 佝僂著腰／匍匐著屁股
> 堅持而又強進！
> 四十五度傾斜的
> 銅赤的身體和鵝卵石灘所成的角度，
> 互相平行地向前的
> 天空和地面，和天空和地面之間的人的昂奮的脊椎骨
> 昂奮的方向
> 向歷史走的深遠的方向

不管是原住民，還是有一定時間跨度的外來寓居者，其精神活動都必然地要反映所在環境的各種風貌特徵，文學受孕的地理空間中自然山水和人生狀貌等意象，必然地要呈現於作品之中；就後者而言，「入鄉隨俗」以求融入所在社會環境，這是人的生存必需。作家都有一種難以割捨的「地域情緣」。這個「地域」就是形象化的「故土」，不僅構成了他們文學創作的特定話語內涵，而且也成為創作主體生生不息的精神源泉。執著於三晉大地「厚土」的李銳，也有著《舊址》、《銀城故事》（四川榮縣一帶把「鹽巴」讀為「銀巴」）等對四川自貢鹽業社會的回眸，他把自貢故土視為自己文化創造「血緣與精神的紐帶」。20 世紀 30 年代成名的「還珠樓主」長期寓居京津地區，卻以「蜀山劍俠」的系列小說垂名至今。

　　幅員遼闊的中國，各地域文化的差異性極大，既表現在民族上，又表現在地域上。當下關於閩學、徽學、洛學、關中學的研究，以及齊魯文化、秦晉文化、河洛文化、燕趙文化、巴蜀文化、荊楚文化等再次進入人們的學術視野，以及「國學熱」的方興未艾等等，都是全球化浪潮下對國家未來文化安全的戰略性回應。

三

新時期思想解放運動爲中國文學創作提供一個相對自由的運行空間,「把政治還給政治家」的文學本體意識自覺導致對「主流」的疏離,多元審美視野觀照下「重寫文學史」的浪潮,導致文學研究的諸多「新發現」。而全球化浪潮的洶湧激蕩,讓國人開始注意自我族群的身份辨識,文化尋根使中國文學呈現出濃鬱的地域——鄉土特徵,「晉軍」、「京派」、「海派」、「湘軍」等文學群體,成爲文學研究界時常使用的批評術語。

黑格爾在《美學·序》說過「每種藝術品都屬於它的時代和它的民族,各有特殊的環境,依存於特殊的歷史的和其他觀念和目的」。魯迅曾經大力推介過勃蘭兌斯的文學史觀,立足於「從一個國家到另一個國家,從心理上探索更深刻的文學運動,並指出從一個時期到另一個時期,流動的質料怎樣凝聚起來,結晶成一種或另一種明晰易解的典型」等研究思路,在中國是長期缺席的。

在文學中發現文化、在文化中發現文學,作家的地域文化風情迷戀和俗世情懷,已經成爲一部作品特色表現的內驅力。因爲審美經驗源自於大眾日常生活一般經驗,當下的任何文化創新都有著地域性的時間記憶,這幾乎已經是創作界與理論界的共識。地域文化是大眾意志支配下的一種集群文化的認同,是一種歷史變遷的產物。在特定的地理空間、經由一定時間段歷程,在價值理念、敘事方式、語詞選擇與組合等方面,形成特有的符號編碼程式——或者說是形象——意象疊加組合方式,使文學的話語隱喻及符號象徵都呈現著一種獨特性。這種新的創作理念與美學闡釋,打通了文學研究的時間性和空間性,使地域文學研究立足於地域文化而又超越了區域的局限性。確實,中國文學的繽紛多姿,就在於多種地域文學共同努力與建構貢獻。

「對外開放」的吸納和「走向世界」的變革欲求,導致著中外文化的劇烈碰撞和尖銳衝突;文化比較的視角使中國思想界在審視自我的同時,也產生了對西方文化霸權的警惕。人們重新思考民族的生存問題,是對西方異質文化猛烈衝擊下的自然反彈之表現,也是中國文化本土化意識的增強。提供地域文化背景、經驗材料,從不同的地域文化去審視中國新型文化與新時代的關係,從而尋找建設中華新文化的新方向。地域文化研究的視角就成爲中國社會科學界關注的重要論題。國家安全的戰略問題如全球化語境、全球一體化浪潮、族群自我身份的確認,以及國家意志、社會現代化進程與地域文

化的退化等矛盾，逐漸成為中國文化與文學研究的最新熱門話題。

市場經濟時代的來臨，文學不再是政治的附屬品，創作的價值在於一部作品的發行量和作家存款的數額——這又是一種新的「大眾化」——其實為市場化的文學價值判斷。作家的內心物質欲望，導引著文學創作肆無忌憚地任意書寫一切。「利用小說反黨」與自己的生存安全「過不去」之類的傻帽，不再是中國大陸中宣部以及各級官員所擔心的問題。消費時代享樂的平面化、意義的深度消失和紛亂場景的拼貼意識，影響著人們的閱讀方式。文學的寫作（多數都難稱得上是創作）必須跟隨大眾的消費心理。作品要買個好價錢，就要盡全力吸引公眾的眼球，這就要求新奇，嚴肅文學的獨創性要求突出個性，地域文化及其制約下的民俗風情，如原生態的民間語言和本眞化的生存方式，就成為創作界重點選取的當然資源。

趙樹理們價值指向的「批判性」，是為了引起「問題」療救的注意。柳青《創業史》承載的是「團結群眾、教育群眾、打擊敵人」社會功能。黃土大地憂傷苦澀的生存狀態，彌漫於路遙《平凡的世界》、《人生》、柯雲路的《新星》等名作之中。作家張平的成就，也在於小說的「問題」揭示，他緊跟國家主流話語，創作了《抉擇》和《國家幹部》，以雄健強悍的秦晉民風述說著對社會現實的強烈關注。可以看出，秦晉作家群有一個一以貫之的傳統：對「問題」的偏愛！他們因濃墨渲染民俗風情而使小說顯現歷史的、文化的和人性的光彩，卻因過分追求歷史事變和時代潮流的表現，而使作品文氣中斷，最終留下諸多遺憾。平民意識、平民生活體驗和悲憫情懷，還需要得到更加藝術地表現，苦質精神和救世理想，還需要審美的精細化展現。賈平凹在《答文學家問》中明確指出，陝西作家「社會閱歷豐富，生活基礎雄厚」，但是「缺乏系統的理論和藝術上的修養」，〔註12〕說的就是過於「質實」而缺乏超脫的地域文化制約。

江浙吳越地區的作家，曾經取得令人注目的成就，精細的農耕技術練就了他們細膩的審美心理，優越的物質條件、南方自然物象的繽紛多姿，是激發抒情欲望的重要原因。王旭烽榮獲茅盾文學獎的「茶人三部曲」（《南方有嘉木》、《不夜之候》、《築草為城》）（1999），成為江浙文學最為輝煌的亮點。一些作家多次與「茅盾文學獎」失之交臂（如余華），也有著厚重不夠與缺乏大氣的原因。

〔註12〕賈平凹：《答文學家問》，載《文學家》1986 年 1 期。

當代巴蜀作家群體，周克芹的《許茂和他的女兒們》是繼趙樹理之後，將社會主義現實主義文學發展到極致同時也是對這種創作理念的終結，雖然有李一清的《山槓爺》、《父老鄉親》、《農民》，賀享雍的《蒼涼后土》、《土地神》等苦苦支撐著「四川鄉土現實主義」文學傳統，卻未能形成全國性的普遍反響。倒是在新銳與先鋒性文學領域，「走偏鋒」的地域傳統再次引發川籍作家集群態勢。

四川自貢人郭敬明以《幻城》一炮走紅，成為「青春文學寫手」的領軍人物，並且成為讓爺爺輩、父親輩等中國著名作家汗顏的文壇大富翁。與之類似的還有同樣來自於四川自貢市的「文字女巫」饒雪漫，其「青春疼痛文字」、「青春狂愛」、「青春影像」、「青春互動」等意象迷倒諸多讀者。「80後」文學主要依託市場，並且獲得了極大的成功，這在某種程度上造成了「80後」文學對主流文學權威的蔑視。麥家的《解密》、《暗算》、《風聲》等「新智力小說」紛紛在熒屏上展現獲得極高的收視率，何大草以《午門的曖昧》引發閱讀界的注意，其《刀子與刀子》被看成是中國最具震撼力的青春小說。

鳳歌、步非煙、方白羽、庹政、碎石、蘇鏡、夏洛、月斜影清、斑竹枝、雪舟子、雲中羽衣子、周翔等「川派武俠」小說現象，成為當下中國文壇繞不開的話題。網絡小說「成都三部曲」《成都，今夜請將我遺忘》（慕容雪村）、《成都粉子》（深愛金蓮）、《成都，愛情只有八個月》（江樹），以網絡實現的方式成為文壇一道炫目的風景，變為紙本出版後盜版者不絕如縷，還引發了《武漢，和愛情一起入眠》、《杭州，不浪漫》、《西安雜種》、《情斷西藏——繞過手背的愛》等網絡城市小說的紛紛跟進。其原因在於「小說的確具有風行一時的所有要素：在流暢而富於機趣的文字間，有欲望的真切萌動和展現、以及展現的場面和『技術』，有肉體沉迷和動人的頹廢、感傷，有對『萬劫不復』的青春、理想與大學時光『深情無限』的追懷，有『浪漫而懷舊』的詩意和歌聲，有成都的粗口和噱頭，有商界的精彩纏鬥，有人際的陰謀、背叛和復仇」。〔註13〕

吳越江浙文學的「柔秀化」與「女性化」、格調手法的「精雅化」、人生情致的「美逸化」以及吳儂軟語的「甜」、「軟」特質，很難突破「江南私家園林」的藝術思維框架，尤其是蘇童、余華等太重「脂粉氣」，被人評為輕靈

〔註13〕 姜飛：《「遺忘」：敘事話語和價值態度——評慕容雪村的網絡小說〈成都，今夜請將我遺忘〉》，《文藝理論與批評》，2003 年 2 期。

虛美有餘，高遠深邃不足。吳越文化在「飄逸與深刻」的基礎上應該增加一點錢塘大潮排山倒海的氣勢與「膽劍」精神的傳統因子；秦晉作家在堅守「憂深思遠」質實特色的同時，可以借鑒一些江南園林的精巧和靈動，薄敷一點秦淮脂粉；「川軍」在發揚「巴蛇吞象」創新豪氣時還必須增添一些「飄逸與深刻」和黃土地的堅韌厚沉。沒有地域個性的文學必將失去自我依託而被遮蔽，任何文學創作都離不開它紮根其中並從中吸收養分的具體土壤。走向世界的中國文學，應該以充盈著濃鬱本土情調的、繁複多樣的鄉土人生畫面，用「中國式」的思維方式，對當下人生的思考與對社會變革的回應，從而在全球化文學浪潮中保有自我的一席之地。文學作為最具有生動形象性和藝術感染力的文化產品，愈益成為一個國家和民族對外形象傳播與張揚自我文化的銳器。

第三節　趙樹理文化模式的當代思考

一

　　在民國文壇上，趙樹理是一個真正的農民作家。從民間文藝中尋找藝術的支撐點，以通俗化、大眾化去再造中國新文學，趙樹理為民國文學探索出一條新路。消解精英文化，把生活平面化、把思想櫥窗化、平民化，從其實質上說，趙樹理的這種藝術追求，正符合當時在西方崛起的法蘭克福派的大眾化文藝理論，也和今天盛行的後現代主義文化理論的基本內核同調。趙樹理的平民化、通俗化和大眾化的藝術實踐，卻與其政治權威參拜的思想內容構成悖論。這裡擬從人類文化學、三晉地域文化積澱和民族文化歷史背景，以及時代思潮呼喚等多個角度，對趙樹理的文化模式進行思考。

　　趙樹理的小說是「問題」，用他的話來說就是：「因為我寫的小說，都是我下鄉工作時在工作中所撞到的問題，感到那個問題不解決會妨礙我們工作的進展，應該把它提出來」，甚至大多是「非解決不可而又不是輕易能解決的問題」。〔註14〕很長一段時期來，人們大多從政治的角度將其問題小說產生動因，歸結於作者的革命自覺性，而較少地從地域人文精神氛圍和社區文化背景去剖析。我認為，趙樹理小說模式的產生，是有著深層的地域文化（regional

---

〔註14〕趙樹理：《當前創作中的幾個問題》，《趙樹理文集》，中國工人出版社 2000 年。

culture）和地域文化原因的。從人類發生學的角度說，一個文化人的意識和價值取向，是在特定的生產勞作形態中產生的。

因為，特定的客觀環境（自然地理及氣候條件所決定的生產與生存方式，以及在此基礎上社會構成形態、民俗風習）決定著人們的思想意識特徵。而這種思想意識就決定、制約著人們的生活方式和生產方式，以及在此基礎上形成人的價值觀念。也就是說，人們的一切都必然地帶著其所在環境的印記。趙樹理所在的山西省黃土高坡自然氣候惡劣，土地貧瘠和缺水，物產的貧乏，使人們必須通過頑強的艱辛勞作，去努力實現自己的生存欲望。中國歷史上該地區頻繁發生的戰爭，正映像著其生存條件的艱辛和人們希望改變自己命運的焦灼。對現實人生問題的迫切關注和思考，已經成為一種地域「集體無意識」而對本地居民產生著深遠的影響。

「晉人宿崇功利」，古三晉地區盛行《韓非子》《竹書記年》等學說，就是這種地域文化意識的心理折射。《毛詩序》稱：「此晉也，而謂之唐，本其風俗憂深思遠，儉而用禮」。今人則對之解說更明：「在三晉，誕生了法家學說，強調法制而力主耕戰，就青銅器的裝飾而言，表現等級差別的禮儀活動，正是流行的圖像題材」。〔註15〕一方面，是自然環境的惡劣，物產的匱乏，「儉」的提出，就基於盡可能節約地利用已有資源來維持人們的生存必須。但這只是一種消極被動的應對方式，難以從根本上解決生存資料供應不足的問題，每個個體人生存的迫切需要使人際關係變得緊張，劇烈的生存競爭的蘊蓄激化（如「三家分晉」），就爆發為頻繁的戰爭，即「力主耕戰」學說在該地域盛行不衰，正是人們希望增大生活資料生產（耕）的同時，再以掠奪（戰）其他族群的財富以供己用；另一方面，「耕」之不足，轉而諸「戰」，戰爭卻必須以耗費更大的人力物力為代價，交戰雙方只得再求諸於「禮」，以契約的方式來協調人際的關係和達到社會安定。努力建構社會政治秩序，強調按等級來進行的財富分配等用「禮」的思想，就成為該地域思想文化的重要內容。中國北方理性主義文化的特徵，於此也就得到典型的體現。

但對廣大普通民眾而言，權利和財富分配的雙重缺席（absent）所產生的憤激，就只有通過起義暴動之「戰」對統治階級的「法制」、「禮儀」進行解構（Deconstruction），以求在社會秩序重構中獲得自己的財富和權利，三晉地

〔註15〕俞偉超語，見《考古學是什麼》，《俞偉超先生訪談錄》，《東南文化》1990 年 3 期。

區是有「民風彪悍」之謂。同時，這種民間意願也通過身處社會底層的下層知識分子得到反映。對社會財富分配不公平現象的批判，對普通民眾苦難的同情，正是一些進步知識分子的人生信念。

趙樹理是帶著一個中國「鄉村秀才」的傳統情結和三晉地域人文精神的「集體無意識」，投身於革命和走進文學殿堂的。這就是說，趙樹理的崛起文壇，是有著深厚的地域文化和民族文化歷史背景的。因爲，「個體生活的歷史首先是適應由他的社區代代相傳下來的生活模式和標準。從他出生之日起，他生於其中的風俗塑造著他的經驗與行爲。到他能說話時，他就成爲自己文化的小小創造物，而當他長大成人並能參與這種文化活動時，其文化的習慣就是他的習慣，其文化的信仰就是他的信仰，其文化的不可能性就是他的不可能性」。〔註16〕也就是說，在民國作家中，趙樹理是一個眞正的農民和農民的代言人，但他在本質上卻是三晉地域人文精神「集體無意識」的體現者，也是中國傳統文化的一個符號（sign）。

以儒家思想爲核心的中國北方理性主義文化，強調群體本位主義，「克己復禮」、「以天下蒼生爲念」和「以天下爲己任」的思想，已經成爲一種社會底層文化人的「千秋情懷」，尤其是「尉遲村」這一地名所積澱的忠義思想，以及其父對他所寄託的重構禮儀道德的「樹禮」價值導向，都對他產生著深深的影響。趙樹理青少年時期貧困的人生經歷，「每年平均總有百餘張借債單」的艱辛人生，以及因爲生活所迫的曾經發生過的投湖輕生事件，都使趙樹理自然地認同群體本位思想，將中國農民的溫飽問題作爲思考的核心問題。這些都自然地應和著當時陝甘寧邊區革命政治的大眾化民主思想，從而得以被這種政治所選擇爲自己文學藝術的代言人。這就使他與其他同時代的中國作家對個人主義的張揚、對自由、民主的翹盼以及對不公平社會制度的批判形成了最鮮明的差別。

這種地域群體人格模式絕非僅僅體現在趙樹理身上，「山藥蛋派」的形成亦是其例。本應該繪寫「陽光燦爛」的一大群文化人卻追隨其後去表現「問題」，正是該地域人文精神「集體無意識」的表現。還有，20世紀末以《法撼汾西》《天網》《抉擇》和《十面埋伏》等紀實性小說令世人矚目的山西青年作家張平，就再次複製著趙氏「民間立場」模式，以提出當帶中國最尖銳的「問題」而令世人矚目。張平堅信：「你關注老百姓的事情，老百姓就會關注

〔註16〕參見R‧本尼迪克特：《文化模式》，二聯書店1988年。

你；你面對的是老百姓，老百姓自然就面對你」，因此「與其站在外面罵醬缸，不如關注現實，固守民間立場」。〔註17〕從這些分析中，我們就不難看到趙樹理的產生絕非偶然，其文化模式的形成是有著極為深厚的地域文化歷史背景。可以說，在文化創造中，每個個體的審美心理都包含著複雜的區域文化和歷史內容，其對時代思潮回應方式的特殊性、個人話語方式的獨特性，就此被制約、被決定。在此意義上說，趙樹理的文化創造方式，實際上是其所在地域文化精神的一個現代性外化符號。

二

在從「自然人」進化為「社會人」之後，每一個個體人都成為其文化的載體，他的一切創造活動都體現著其文化的鮮明印痕。但是一個人的文化創造，當然更直接地是受到時代思潮的激盪。20 世紀中國新文化運動的洶湧蕩滌，激活了趙樹理「問題」潛意識。也就是說，「勞工神聖」的平民主義思想，對窮苦人生的同情，西方文化的自由民主、天賦人權及「卑賤者聰明」的啟蒙學說，世界現代進步文化思想對貧富懸殊等不公正現實的批判，對個人生存權利的肯定等，都成為直接影響趙樹理現代型思想（這就使他與舊時代知識分子有了差別）形成的直接因素。中國共產黨為大多數人民謀求解放的鬥爭口號，工農聯盟的戰鬥理論，模塑並且促使趙樹理文學創作風格的形成。

趙樹理的崛起，基於兩個原因：一是他帶著一種天然的直覺去認同「五四」新文化的精髓，自覺地站在民國文化主流話語「平民文學」的立場上，立志於做一個「地攤文學家」，努力追求一種大眾化、通俗化的小說敘事風格，從而在 20 世紀中國文學中樹立了一種新的敘事模式；但更重要的，還是時代政治需要的選擇，革命政治的宣傳需要，將趙樹理推到了一種新型文學的代表地位。中共政要彭德懷出於政治革命的需要，用「像這樣從群眾調查研究中寫出來的通俗故事還不多見」的批示，以政治權威的話語方式把趙樹理推到「旗幟」位置上，中共文藝界領導人陳荒煤則把彭德懷的意思解釋得更清楚，就是：趙樹理的小說體現了革命政治文藝那種「老百姓喜歡看，政治上起作用」的體式。

隨之而來的「延安文藝座談會」和毛澤東的《講話》問世，進一步確立

〔註17〕 參見《作家張平訪談錄》，《書與人》1999 年 6 期。

了趙樹理的創作同時也進一步地固化著他的創作模式。趙樹理是幸運的，他的藝術追求獲得了一個特區政治權力的支持，這使他迅速地佔據著「邊區」文壇的有利地位；但這種幸運恰好是一個藝術家的不幸，跨上階段性政治戰車的他，從此就只能在被規範、被確定的道路上前行。王富仁先生對此有過精闢的概括：趙樹理的創作實際上是一種政治鬥爭的「被借助者」，即「借用文學的力量進行政治的宣傳。這個宣傳主要是對農民和士兵的宣傳」，「趙樹理小說的一個基本構圖模式是到農村工作或在農村的幹部如何把革命政權對農民的要求宣傳到廣大貧苦農民之中去」。〔註18〕事實上，在 40 年代末中國農村的減租減息及土改運動中，《李有才板話》確實被作爲共產黨幹部「整風」和「邊區」農村工作的指定閱讀品下發。

趙樹理的被選擇、被樹立爲毛澤東文藝思想在創作中具體體現的一面「旗幟」，就實質而言，不過是革命戰爭時期的一種政治性戰略措施。隨著中共在全國獲取勝利，毛澤東文藝思想成爲中華人民共和國的國家文藝政策，趙樹理似乎應該獲得新中國文藝的「桂冠」。但「入城」之後的毛澤東在向著「封、資、修」文化發動一次又一次猛烈進攻的同時，更偏愛「革命浪漫主義」的戰歌和頌歌。趙樹理被革命政治選擇和「接受」（abopt）所形成的藝術思維，卻仍然按照原有的軌道滑行著。農村幹部式調查的敘述、「青天」式革命幹部的解決問題方式，對中間人物的重點審視等，這些本屬於眞實表現當時社會生活內容的作品，已經不適應勝利者躊躇滿志的心態。一個不懂政治的鄉村秀才，卻熱情地執著於政治話語的闡釋，仍然頑強地自居爲「護旗手」，這就不得不成爲一種悲劇。「幾億人口，不鼓勁行嗎？」政治家需要的是讓全國人民生活在一種虛幻的世界，需要的是「新英雄傳奇」來統一思想，使全國上下一心，早日將中國建設成爲共產主義。

革命戰爭歷史豐功偉績的緬懷，社會主義建設的英雄頌歌，正是共和國建立以來逐漸發展的政治急躁、左傾冒進主義的必然體現。「新中國」文學的主流話語，就是戰歌和頌歌！「鬥士」情結，使毛澤東沉湎於與一切客體戰鬥的「其樂無窮」中，而趙樹理新中國時期小說（如《三里灣》）卻常常把農村矛盾寫成「不成陣勢的組織」，用他的話來說，就是「有時候在一個家裏邊，這個走這條路線，那個人走那條路線；在一個人身上，也可能有社會主義思想，也有資本主義思想。他有時候在這一段時期資本主義思想多一些，到另

〔註18〕王富仁：《中國現代短篇小說論》（下），《魯迅研究月刊》1999 年 3 期。

一段資本主義思想又少一些，人就是這麼複雜地組織起來的。這樣來認識和處理人物，是符合客觀情況的」。〔註19〕執著於自己的藝術信念，忠實於生活的眞實，卻背離了毛澤東的強調「階級鬥爭」的思想。毛澤東需要的是浪漫主義的英雄頌歌，是革命鬥爭而不再是「問題」，在政治文藝方向已經變移的情況下，趙樹理本該獲得的桂冠就在交臂之間滑落了。

也就是說，「旗幟」已經從背後移走，趙樹理卻仍然原地挺立，保持著一個無限忠誠的「護旗手」的雄姿！隨著革命政權「進京」的趙樹理，渡過一段極爲尷尬的時期，60 年代又因爲不不諳世事遭受批評，他只有自我放逐，回到山西，回到故鄉。一個 20 世紀中國文壇的堂吉訶德，在臨終之際所留下的遺囑，居然是：趙家子孫，永遠不准從事文藝！這使我們不禁聯想到塞萬提斯在其《堂吉訶德》的結尾所感歎的：「活著是個瘋子，死了是個智者！」

三

在文藝觀上，趙樹理從民間文藝中尋找藝術的支撐點，希望在民間文化的通俗化、大眾化中再造中國新文學，走出一條新路子。在反封建主義文化和蔑視西方外來文化（這正符合中國政治革命的反帝反封建鬥爭理論）的同時，他也就拒絕了積澱豐厚的中國文化精華「供氧」，拒絕了西方近現代文學已經成爲規範的藝術技巧的「輸血」。這當然有著「二戰」時期世界各國各自爲政的背景，和毛澤東民族主義意識的影響。這種偏激，我們不難從他與大體同時起步、又同是中共黨員作家的孫犁、沙汀的創作比較中，看到其失誤。

孫犁和趙樹理都是以相似的革命人生經歷走向創作之路的，孫犁也看革命政治社會的許多「問題」，甚至對農民群眾的落後、自私、偏狹有著刻骨銘心的體驗（在其晚年——80 年代，他對此有過相當明確的敘述），但他卻能夠從理想化的角度去歌頌人性的美好，並且是將這種人性美好置放在無產階級革命的範圍中，可謂聰明之至！在藝術手法上，孫犁更多地看取中國文學傳統，麗日、荷花、月夜等自然景物描寫，與作品人物的情感意緒交融一體，還有語言的節制、凝練等，都深得中國古典詩詞的意境美的眞諦。這就是孫犁所說的：「各種事物都有它的極致：虎嘯深山、魚遊潭水、駝走大漠、雁排長空，這就是它們的極致」。〔註20〕沙汀出於革命的熱情而奔赴延安，在創作

〔註19〕趙樹理：《談談花鼓戲三里灣》，《湖南文學》1963 年 1、2 期。
〔註20〕見孫犁：《黃鸝·病中瑣事》，《孫犁文集》，百花文藝出版社 1981 年。

中篇小說《闖關》的藝術實踐中，他開始清醒地認識到如何處理革命者與作家的關係問題，出於對藝術的忠誠和對自己創作個性的清醒認識，他返回故土並潛心創作，《在其香居茶館裏》等短篇、《淘金記》等長篇小說的問世，使沙汀將自己的創作推向到一個前所未有的高度。沙汀小說愈來愈被人們看好的原因之一，就是他對外來文化的熱情，正是基於對契訶夫、果戈理等外國作家成功的藝術技巧的借鑒，使沙汀在貌似搬運生活原貌的真實表現中，營造著一種內在的不露聲色的客觀描寫和精鍊濃縮、沉鬱厚重的藝術風格，沙汀的小說創作於此就達到了一種精品的藝術品位。孫犁立足於中國傳統審美心理的現代革命頌歌的成功，沙汀刻意借鑒西方近現代文學技巧手法的小說藝術營造，都可反襯出趙樹理文學創造模式的得失。

此外，40 年代張恨水的轉變，就是基於「承接先人的遺產」，「接收西洋文明」等對待中外優秀文化的正確態度，從而獲得了更廣泛的讀者群；這時崛起的徐紆、無名氏，以「人鬼奇幻，異域風流」和「民族意識、人性焦慮」的表現，獲得了「重慶江輪上，幾乎人手一紙」的廣泛接受。〔註 21〕這種大眾化、通俗化文學的成功，可以給我們提供一個思考趙樹理小說的又一視角。

消解精英文化，把生活平面化、把思想櫥窗化、平民化，從其實質上說，趙樹理的這種藝術追求，正符合當時西方崛起的現代馬克思主義法蘭克福派的大眾化文藝理論。尤其是符合當今的後現代文化理論。但是趙樹理的敘事言語方式，卻只是建立在一個特殊歷史階段中一個政治黨派的特定鬥爭策略基礎上，他的故事，更多的是一個階級在特殊歷史時期的「精神傳聲筒」。他的貢獻在於為 20 世紀民國文學建立了一種新的模式，但這種政治文學模式畢竟帶著極大的局限性，尤其是他那虔誠的政治理念所帶來的解決問題的虛幻性，已經被歷史事實所證明，從而也就失掉了藝術的感人性。以粗俗對抗典雅，用嘲謔消解莊嚴，化縱深為平面，其本質本是一種強烈的個性意識、邊緣意識，而絕非主流話語方式。

其實，趙樹理當時也開始認識到自己作品中革命熱情的虛幻性，共產黨可以救中國，但並不是能夠隨時隨地及時地解決每個人的具體苦難，《小二黑結婚》中主人公原型的悲劇，就是鮮明的例子。正是出於這種認識的逐漸清

〔註21〕司馬長風認為：無名氏的小說，「立意用一種新的媚俗手法來奪廣大的讀者，向一些自命為擁有廣大讀者的成名文藝作家挑戰」。見《中國新文學史》下卷，第 103 頁，昭明出版社。

醒，他才執著地看取「問題」（如 1948 年發表的中篇小說《邪不壓正》對當時左傾冒險主義「亂批亂鬥」的批評），〔註22〕淡化了頌歌的熱情（如《靈泉洞》，尤其是《登記》《鍛鍊鍛鍊》等眾多短篇），甚至在 60 年代遭受批判而不悔。而《李家莊的變遷》則透露出趙樹理希望突破自我模式的努力，生活表現的縱深化、語言的規範化和精鍊化、人物性格形成的歷史化揭示，都由於一個闊大歷史空間背景的映照而體現著文學的厚重意蘊。但是他的這些努力並未得到「閱讀」（acceptance）層面的肯定，「以趙說趙」的思維慣性，甚至使今人還在感歎這部作品「未趕上直接配合當時的鬥爭」。〔註 23〕還有他 1960 年發表的《套不住的手》在淡化情節、消解故事等方面的嘗試，同遭漠視。

趙樹理文學風格，在於追求一種包含大量體態語言的「口語詞」（oral words），極力營造一種面對面（face to face）場景中語言敘事風格，這與他小說取材多聚焦在田間、院場等「村落化」（tribalization）人生內容的價值取向，是協調統一的，這更與他刻意營造的「說書」（speech）人風格也是協調的。這在民國文學史中，是極為難得的。

但是趙樹理畢竟生活於 20 世紀，他畢竟是一個作家（writer）而並非一個說書人（Speaker）。此外，口語（oralwords）畢竟要通過現代傳播技術印刷文本（printed text）去實現，印刷詞（printed words）必須地要對 oral words 進行過濾、規範，使口語中那些偶然的、地域色彩過重的方言（lin-go）方音淡化。也就是說，從某個地域文化中產生的個人語型，只要他希望通過現代出版制度和印刷技術去獲得更廣泛的傳播、獲得更廣泛的讀者，那就最終要被民族語型（Languagesystem）所過濾、所規範，其中最簡單的道理，就是印刷設備（字丁）不可能為所有的方言方音準備相應的字符。這就是現代印刷技術的「解村落化」（Retribalization）功能。

同時，我們也要看到，文學作品的閱讀，在當時的歷史條件下，對大多

〔註22〕關於當時延安革命隊伍的歷史背景，可以參看《文匯報》1981 年 12 月 31 日重新發表的陳雲文章《要講真理，不要講面子》。作為當時擔任中共中央組織部部長的陳雲，對 40 年代延安幹部隊伍狀況有直接的批評，明確指出：「這七年來我看到一點，就是在我們黨內一部分幹部中間，有一股驕氣」，「並且是很大一部分」，「下級也有，中級也有，高級也有，大頭子也有」，此文可為趙樹理「問題小說」作注。

〔註23〕黃修己：《趙樹理傳略》，《新文學史料》1981 年 2 期。

數普通民眾而言，還是一種難以得到的奢侈。雖然，趙樹理將自己創作定位於農民，他在《下鄉集‧寄給農村讀者》一文中說過：「我每逢寫作的時間，總不會忘記我的作品是寫給農村的讀者讀的」。但是，在生產力低下、生產技術落後條件下的當時，為生活而辛勤拼搏的普通農民，絕對沒有文字能力、也沒有閒暇通過閱讀文字符號來欣賞文學作品。

況且，在 20 世紀上半葉，中國普通農民所具有的教育文化水平，也使這種奢侈的精神享受不可能得到實現。因此，他的小說讀者實際上還是文化人和具有一定文化基礎的中共農村工作幹部。這就是說，趙樹理藝術生產所指向的預設消費對象，實際上只是一種幻影。而悖論就在於，當中國普通民眾開始具有能夠閱讀和欣賞趙樹理小說的教育文化程度之際，趙樹理小說文本所賴以支撐的階段性革命政治內容已經煙消雲散，經歷了共和國曲折歷史的讀者，對他筆下的故事和思想教育的虛幻性，已經有了清醒的認識。20 世紀 50 年代以來中國社會的歷史曲折事實，以及「社會主義初級階段」的重新確認，正是對趙樹理作品思想內容的徹底否定！「大躍進文藝」和「紅衛兵文學」在藝術形式上的通俗化和在政治內容上的拜神狂歡，可以給我們提供又一個審視的視角。

四

文學是一個想像的虛構世界體系，但它的想像和虛構必須建立在一種人類普遍性基礎上，其情感和想像必須要有生活的真實，必須要有理性的節制，尤其是需要個人的獨特思考和獨特發現，否則就等同於宗教。在今天看來，文學的根本任務是要消解作家對生活的種種主觀臆想和理念構築，最大限度地實現對生活本相的還原，並且落實在對個體生存形態和心態欲求的表現，這就必須捨棄文學之外的負擔。本來，趙樹理對普通勞動群眾生存形態的描寫，和對普通大眾生活欲望及人生權利的肯定，正是在西方近現代思想文化影響下本世紀中國新文化的基本內容，也是他的小說感人性和真實性之所在，但他過分地執著於革命政治的觀念宣洩，和對具體政策的圖解，「使土改中的幹部和群眾讀了知所趨避」的政治宣教等，消解了文學本身作為一門藝術的特質。這就難免使他的作品變成「黨的宣傳部文學」，也使自己在 60 年代前後只注意文件而未能真正領會當權者意圖，而陷入一種尷尬境地。行文至此，我不禁突然聯想到，直接規範和模塑「趙氏模式」、革命政治熱情不亞

於趙樹理的彭德懷，此時不正是因爲提出更大的「問題」而遭受了比趙樹理更大的打擊？「儉而用禮」的社會政治重構熱情、「憂深思遠」的社會責任感，對中國農民渴望改變生存現狀精神焦灼的深深體味，正是趙樹理人格的偉大所在，但也是造成其作品藝術性淡化的原因。

趙樹理的平民化、通俗化和大眾化文藝實踐，從本質上看是最符合文學藝術特性的。文學藝術是一種最需要大眾消費（democratic expenditure）的產品，一種建立在普遍範圍上傳播（transmission）的精神產品。從人類文學藝術的發展歷程看，亞文化層面或通俗文藝形態的作品，不僅在當時就獲得廣泛的歡迎，並且經過時間的篩選，其中一些逐漸地積澱爲典籍，從亞文化上升爲雅文化層面。荷馬史詩、文藝復興的文學作品，以及「粗俗不堪的莎士比亞」戲劇、中國話本小說如《水滸傳》等，就是其例。文學是一種精神娛樂消費，通俗文學更是如此。它的發生和發展，正基於「政治覺悟不高」普通大眾的審美趣味。今天的文學發展運行態勢和理論新思維，爲我們提供了重新審視趙樹理模式的新視角。

消解典籍、化縱深爲平面、將生活內蘊櫥窗化，以及文學符號的口語化狂歡等，都曾經是趙樹理的藝術追求和創作實踐特徵。但當這些藝術探索被附屬在一個階級特定的政治內容上時，當這些作品都基於一個頌揚政治鬥爭權威時，權威政治頌歌內容又對藝術平民化形式進行了消解。這就是趙樹理創作現象所表現的悖論。

趙樹理的文學創作及生命歷程，給我們留下了關於無產階級革命文學的許多思考內容，他的人格精神至今還透射著感人的力量。而他在文學大眾化、通俗化和平民化精神等方面和藝術形式上的實踐探索，尤其是對大眾審美消費心理的重視，對普通民眾精神欲求的肯定，更是可以被看是中國本土當代主義文化的先驅，是與西方當代馬克思主義（法蘭克福學派）同時開始的世界當代主義的構成部分。

而他在對中國普通農民生產與生活基本形態的描寫，尤其是關於家庭、家族與階級的關係、對農村宗法制與現代社會變革矛盾關係的表現，還有節慶場面、婚喪嫁娶、卜卦、求雨、跳神等地方民風民俗等中國北方農村文化具態的描寫，有意識地用民俗風情去強化小說的生活眞實感等藝術追求，都呈現著一種濃烈的地域文化意蘊。也就是說，趙樹理小說體現著強烈的人類文化學意義。

作爲中國農民的代言人和生存欲求的表現者，60 年代前後他曾上書《紅旗》雜誌，在地區幹部會上大聲疾呼維護農民利益，甚至在 1961 年發表的傳記小說《實幹家潘永福》中，直接議論道：「其實經營生產的目的就是爲了實利，最要不得的作風就是擺花樣讓人看，而不顧實利」。1962 年在大連的農村題材創作會議上，趙樹理強調要眞實地反映農村現實而不能迴避問題，「如果現在不能寫，可以以後寫」。可以設想，如果他能夠活到劫難結束，以他對中國農民的瞭解，以他對中國農民的感情，以他對「問題」的執著和敢於表現，在思想解放時代思潮的反思中，他會寫出比《許茂和他的女兒們》更深刻、更具有生活內蘊的作品。這應該是一個表現中國農民生活的「鐵筆聖手」的必然。因此，我們不得不惋惜趙樹理生命歷程的過早終結。

第四節　羅淑與柔石：「典妻」故事的地域性言說

一

20 世紀 30 年代民國文學開始逐漸由對「鄉土」地域人生的看取，到有意識地追求一種本土化進而民族化的文學表現。羅淑和柔石兩位作家所處的時代、社會價值觀念大致相同，選擇了同樣的「典妻」題材，卻塑造了截然不同的藝術形象。

經歷了「五四文學」全盤西化的移植重構，30 年代民國文學開始逐漸地由「鄉土」地域人生的看取，到有意識地追求一種本土化進而民族化的文學表現。巴金擯棄俄國「民粹派」和時代「憤激、幻滅」文學的模式，正是其創作本土化民族化意識自覺的表現；老舍的《駱駝樣子》等昭示著「北平（京）人生」審美觀照的藝術追求萌生，確實受到普遍歡迎；沈從文「湘西人生」系列小說在「重構民族文化」方面的努力和李劼人有意識地追求「小說的華陽國志」風格以及沙汀轉向巴蜀鄉鎮人生的看取等，這些都說明：中國文學本土化、民族化的方向已經成爲作家們的藝術自覺！

「一切文學都是作家的自敘傳」，20 世紀時代思潮的主要特徵就是「個人意識的自覺」。民國作家們把自我獨特思考與個性藝術風格表現作爲創作的核心，但是，這種「獨特」、「個性」雖有著作家具體人生經歷以及價值追求的原因，更有其童年心理構成——地域社會的人生形態以及地域文化的重要影

響。羅淑和柔石，兩位作家所處的時代大致相同，都屬於民主進步作家群體，並且不約而同地描寫了「典妻」這一殘酷的社會現象，以之表達對中國半殖民地半封建社會苦難人生的深切同情，表現對中國封建傳統道德倫理的深入批判。羅淑的《生人妻》與柔石的《為奴隸的母親》既是「紅色三十年代」階級鬥爭意識的體現，同時又由於所選題材本身蘊含的道德倫理意識、價值觀念等內容，因而同時還兼有現代文化思考的意義。

作為一個共產黨員作家，柔石的《為奴隸的母親》以質樸洗煉的語言，冷靜地敘述著一個震撼心魄的悲慘故事，在時跨三年的敘事時空中，簡潔地描繪著兩個社會階層的生活狀貌。一方面，是中國封建社會解體之後，中國社會的動盪、混亂使大批自耕農和小生產者日益破產和貧窮化日益加劇。作品中「黃胖」曾經是一個精明能幹並且具有極好生產技能的自耕農，「他能每行插得非常直，假如有五人同在一個小田內，他們一定叫他站在第一個做標準，」農閒時則做皮革生意。但作者對之所作的定位描寫，正是要揭示社會制度的不合理。「黃胖」在日益貧窮的輾轉中，因為精神垮塌，性情變得「兇狠而暴燥」，身體也垮塌了，患上黃腫病，為了活下去和還債，他只得將妻子「出典」，「窮了，也沒有法」。黃胖內心是極度矛盾痛苦的。他說「昨天在你底面前旋了三個圈子，可是對你說不出。不過我仔細想，除出將你底身子設法外，再也沒有辦法了。」小說甚至出現這樣的場面「剛出世的新生命，用他底粗暴的兩手捧起來，如屠戶捧將殺的小羊一般，撲通，投下在沸水裏了！除出沸水的濺聲和皮肉吸收沸水的嘶聲以外，女孩一聲也不喊」這種震撼人心的悲慘場面，轉瞬卻被人世間更慘烈的事所掩蔽了。

作品主人公春寶娘像一件物品，也像一個毫無人身權利的奴隸，被丈夫出典給有兩百多畝財產的秀才。秀才為使之儘快實現生育工具的效能而給予春寶娘以溫柔撫慰，奴隸意識和對虛幻幸福的嚮往，以及較為優裕的物質生活，「使舊的家，漸漸地在她底腦子裏疏遠了，而眼前，卻一步步地親近她使她熟悉。」但同時，留在家中兒子的哭聲卻時時在耳畔響起，貧困泯滅了她的人身權利意識，卻磨滅不了一個母親對兒子的的懷念，母子親情的煎熬，使她陷入極度的痛苦之中。母愛的本能和難以實現的痛苦使小說具有強烈的震撼力。但是，生活的殘酷還是進一步將她逼向墳墓，在她完成了作奴隸的生育功能後，被虛偽的秀才趕回黃胖身邊，回到一個兒子身邊卻不得不離開另一個兒子的巨大傷痛，使她常常陷入「墳墓」的嚴寒之中，「沉靜而寒冷的死一般的長夜，似無限地拖延著，拖延著……」

如果說，柔石的小說，著重在於描寫女主人公在「奴隸」與「母親」雙重角色矛盾中的巨大內心傷痛，以體現對當時社會的強烈批判，羅淑的《生人妻》則通過貧困中的生存欲求去竭力歌頌一對青年農民夫婦的情義和愛。作品中的這對青年農民具有民族傳統的美德，勤勞、節儉，在艱難人生中相濡以沫，相依為命。但隨著中國農村經濟的破產和階級壓迫的日益沉重，他們的生活日益貧窮，只得賣掉幾畝田地，以割青草賣為生。然而農村的貧困使能買青草喂牲口的人越來越少，陷入生存絕境中的丈夫萬不得已，聽從別人建議為妻子考慮。「放她一條路」，正是出於夫妻情義和愛，他以最不人道的「賣妻」去體現一種人道的精神。正是出於對妻子的瞭解，他故意以粗暴的行為去激起妻子的憤怒，以求使對方厭憎而了無牽掛地離開自己。這種高尚的俠義性格，應遠比柔石筆下的黃胖更具人性和愛的強光。

而小說中的妻子形象也極富個性和層次，多年來的苦難人生，她與丈夫共同承受著，並且以一個獨立人格去承擔生活的重擔。正因為此，她才對自己被出賣感到憤怒「你好人——你狼心狗肺，全不要良心的呀！」後得知丈夫出於好意並認清當前的絕境時又體諒對方，願意自我犧牲去出嫁。當她看到丈夫用賣身錢贖回陪伴她二十餘年的銀質髮簪時，她更感動了，她要將銀髮簪留給丈夫度日過活，在離開時，還不忘關照丈夫曬在樹上的衣服。新丈夫的辱罵，豬圈「洗黴運」及後來不堪忍受新夫家小叔子「洗晦氣」的欺辱，也最終捨不下患難夫妻的情義，又憤起反抗，逃歸家中，卻想到因之會害了丈夫，內心陷入極度的矛盾痛苦中。

與柔石著重以奴隸與母愛的矛盾描寫不同，羅淑將主人公放在短短一天時間中，通過男女主人公的情感矛盾，去展現生離死別，求生與愛的衝突，並以波瀾曲折的人物內心活動去透視兩個青年農民那閃光的精神世界，渲染兩個青年農民那高尚純結的情感世界，「生人妻」的節儉、勤勞、勇於承擔生活重擔的性格，與男子一樣勞作的獨立人格，表現了一個「人」而非「奴隸」的特徵。從這個意義上說，羅淑小說中體現出更明確的「五四」精神的現代意識，唱出了一曲普通人生的人格追求和個性尊嚴的時代頌歌。

二

「生人妻」是羅淑筆下藝術形象體系的一個代表。那種勤奮勞作，在生活壓力下頑強生存的毅力，那種敢於主宰自我命運、敢愛敢恨的獨立人格力

量，以及通情達理和富於自我犧牲的態度，在羅淑的其他作品中得到了多次展現。《劉嫂》中同名主人公從小備受欺凌壓迫，做過幫傭、小販甚至乞丐等以求生，嫁過三個男人，但絕不肯作夫權的奴隸，最後因「打不過第三個男人」而逃出來，雖承受著生活的艱辛輾轉卻獲得一種人格的尊嚴。當她被地主辭退時，有人勸她說好話求情，她堅決拒絕。她的獨立人格意識是：「人只要有兩隻手，兩隻腳，到處好找飯吃。好日子和壞日子是一樣過。」這個藝術形象的價值在於，人不能因艱難的物質貧困失去自己的人格和主體精神。雖然，她並不能像「五四」時期文學畫廊中的知識女性那樣具有清晰的現代人格和女性獨立意識，但她卻以生活的原生狀態體現著一種強悍的原始人格力量。蜀中下層女性的生存艱辛，被羅淑冷靜、客觀地描繪展現出來。生活重壓下執著的生存意志和求生本能，使一些女性改變性別角色，女份男裝地從事本應由男性承擔的工作。羅淑的短篇小說《轎夫》就描寫了一群女性轎夫假扮男性在「蒼茫的暮色裏緩緩地走著」的悲慘人生狀態和巴蜀女性的強悍生命意志，即如劉嫂所堅信：只要努力勞作，「哪裏黑就哪裏息，一個人總不會餓死的」。

如果說三十年代民國文學的繽紛多姿是各地域文學的勃興，湖湘作家沈從文對自然人性的歌頌，主要是對「中國的盲腸」湘西地區淳厚質樸的風俗人情的美的展示；江浙作家則通過對封建傳統虛偽殘忍的批判而表現著對「沉默的國民魂靈」的悲憤。羅淑筆下對自然人性的追求，則集中於對內陸農耕文化區域，四周阻隔的巴蜀大盆地中野性未泯的生命強力的展示。羅淑筆下的人物形象，多是未被封建禮教所規範也尚未受「現代文明」所侵染的人的自然生存本能和生命強力的載體。

我們可以看到，同樣是「豐收成災」題材，茅盾筆下的老通寶只有在幾番致命挫折且生命將盡時，才「似乎」領悟到什麼，但最終走向反抗道路的，還是其從未安份於農耕生活方式的小兒子；羅淑的《橘子》）則以果農阿全叔賣橘子與小孫子想吃橘子為矛盾焦點，刻畫了阿全叔本能的反抗意識。年關將近，迫於還債壓力，欲把「二十棵全是一色鮮，頂體面的大紅桔」低價賣給販子，不忍孫子的要求欲摘取一個橘子，卻不願受別人嘲笑的而堅守「人窮志不窮」的人格尊嚴。《井工》、《地上的一角》、《魚兒坳》等幾個短篇，都活躍著一個綽號「老瓜」被人視為「傻」的破產農民形象。「老瓜」家庭由自耕農破產，父親作鹽工又死於事故，母親憂憤之下雙目失明只能靠乞討度日。

弟弟餓死荒野，13 歲的他就去鹽廠作童工，對社會的不公道和殘酷剝削，他出自本能地多次反抗鬥爭，卻因勢單力薄而失敗。

他曾經因此消沉過，酗酒、賭錢、偷盜，以一種畸形的反抗方式對待醜惡的社會，最終走向武力抗爭，偷走了老闆的鹽船。他的追求正如常在口中唱著的山歌：「一樹皂角千多刺，一條刺兒一根尖，尖尖刺在心口上。」他要以千條刺的方式，在黑暗中反抗不公正的社會。當他夜半「剪徑」時，遇到窮苦弟兄偷運私鹽，他不僅拒絕了對方給他的「買路」錢，還毅然留下斷後，掩護窮兄弟：「我們在家都是窮人，趕快走，後面有人來，我會打主意給你們擋住。」身處社會最底層，因為不公道的社會現實，貧困者「死在野地裏，一層菲薄的、晶瑩的白雪作了他的壽衣」的悲慘遭遇，迫使老瓜挺而走險，以一種畸形的鬥爭方式去反抗整個社會，但他們的鬥爭對象是上層者和剝削者。蜀中軍閥割據、民不聊生的殘酷現實和下層民眾的日益貧困化，「老瓜」現象極為普通，甚至被一般民眾所認同、理解。《阿牛》對偷來一雙鞋而被嚴刑拷打的「我」的滿懷同情，即是其例。應該說，相較於柔石筆下的黃胖出典妻子的麻木，《生人妻》丈夫在決定讓妻子走一條生路時那種「羞憤和屈辱壓低了他的頭」的內心活動就更體現著一種人性和丈夫的尊嚴意識，這正是巴蜀大盆地中「野性未泯的生命強力」的表現。

相較之下，柔石的小說多是塑造在時代和生活重壓之下的萎頓人生，如長篇小說《舊時代之死》的知識分子朱勝瑀的絕望和自殺。《二月》中蕭澗秋從幻滅中逃離，尋找世外桃源的寧靜，甚至欲愛不敢，迫於世俗壓力的猶豫軟弱，導致了文嫂自殺。文嫂的自殺，是現代社會又一貞節牌坊。本來愛著陶嵐卻又藉口獨身主義拒絕了心愛的姑娘，蕭澗秋的軟弱性格呈現著過分「文明」化的江浙人生的精神顫抖和諸般無奈。正如魯迅所指出的「他極想有為，懷著熱愛，而有所顧惜，過於矜持」，有如「衣履尚整，徘徊於海家的人，一濺水花，便覺得有所沾濕，狼狽起來」。比照之下羅淑筆下的眾多人物，則如掙扎搏擊於海洋中的弄潮兒，為著自己的生存進行著勇敢的拼搏「於潮頭且不在意」。〔註24〕

應該說，兩位作家的創作審美傾向和情感判差異，是有著各自深沉的地域生活歷史和文化背景原因的。

〔註24〕參見魯迅：《柔石作（三月）小引》。

三

　　江浙（吳越）地區曾經流佈著「臥薪嘗膽」的執著人生追求，後隨中國社會政治、經濟文化的發展，日漸濃化的道德倫理的桎梏而弱化，尤其是永嘉南遷後，中原儒學正統漸漸彌漫著江左吳越，文風呈現出「綺麗糜爛」，《隋書‧地理志》稱「吳中七郡」：「君子尚禮、庸庶敦龐故風俗澄清，而通教降洽」，蜀中則「小人薄於情禮」，「其邊野富人，如規固山澤，以財物雄使夷獠，故輕爲奸藏，權傾州縣」，或「連雜氐羌，人尤勁悍」。這正是位處西僻，蜀道艱險的「蠻夷風」的表現。儒家正統禮法規範在大盆地中的影響是極微弱的。「山高皇帝遠」的邊緣離心力，使巴蜀民俗風習總是呈現著一種驕頑難馴。章太炎所轉述的「天下未亂蜀先亂」，著眼點亦在於此。吳越大地的秦淮煙月，名妓歌舞，都體現著淫侈綺糜，明代王士性的《廣鐸志》以及《五雜工》等，都記載著揚州地區盛行一種「養瘦馬」商業，即商家購買童女，施行歌舞、音樂管絃訓練，並輔以家政培訓，培養其高雅氣質和娛樂技能再高價出售，大官巨富「欲納侍者類於廣陵覓之」，「仕宦豪門，必蓄數人」，「多者或至數十人」。婚姻形式的鬆散和兩性關係的隨便，已是一種普遍的社會風氣，明代西湖邊張岱的《自爲墓誌銘》就自稱其「好變童，好美姬」。但另一方面，元明清以來，東南四省幾成儒家文化大本營，「爲出卿相、名儒、文人、學士的地區」，封建統治思想文化濃鬱厚重。正是在這種文化氣氛圍中，柔石筆下的「黃胖」、妻子以及鄉鄰，對出典妻子習以爲常，秀才更是在儒家「孝」價值觀念的支持下，吟哦著《詩經》，稱賞著傳統文化而心安理得地幹著「吃人」的事情。《二月》中的文嫂也就在「守節」的禮教毒藥中喪生。

　　江浙作家對封建傳統文化本質的體味是深刻的，嚴密的禮法規範將一個活潑可愛的少年變成了一個活死人（閏土）。祥林嫂，愛姑雖不知「書」卻極爲識「禮」，她們對壓迫的反抗，擇取的鬥爭武器都來自封建正統思想。魯四老爺高懸的對聯「事理通達心理氣和，品節祥明德性堅定」，與在精神上毒殺祥林嫂恰好構成封建專制的顯隱兩個層次。於是，茅盾要描寫一種時代的反抗女性，就只得向巴蜀大地借求原型，他小說《虹》塑造的大膽反叛一切傳統，具有強悍自我意識，「我行我素」和獨立人格的梅行素，就只能是來自蜀中（實際這個藝術原型，確實是取自巴蜀女性胡蘭畦）。吳組湘《箓竹山房》中多年守寡的女主人，其性格的堅定和忠貞，在於其對典型的傳統文化的忠貞信仰。

　　巴蜀大盆地由於特定的地理原因，「蠻夷」型原始文化在相對遼闊而又發達的農耕經濟實力支撐之下運行流佈。地域文化特徵保留得較爲完整，甚至在宋代還存在著濃鬱的原始文化狀態。《太平廣記》卷七七「紀簡州」稱：「言語與夏人不同，嫁娶但鼓笛而已，遭喪乃以竿懸布，置其門庭，殯於別所，至其體骸燥，以木函盛置於山穴中」。在這種邊緣意識作用下，巴蜀大地歷來少有符合中國正統文化的名臣賢相，卻時時產生起義英雄，以反抗割據方式對抗中央威權（如李特據蜀、王小波、李順起義、白蓮教廖觀音起義等）。巴蜀歷代精英每常以獨立傲然的人格力量和大膽沖決創造的文化活動彪炳於世，如蘇軾就被時人斥爲「是教天下之人，必無進取之心，以亂取士之法，無尊群之義，乏大忠之節」。

　　20 世紀之初，巴蜀軍閥割據，民間邦會袍哥勢力強悍，都是自我中心和邊緣意識的體現，在這種地域文化積演中，在濃鬱的地域民風習俗的作用下，民國巴蜀作家常常塑造描寫大膽驕頑的反叛性格。郭沫若眼中「三個叛逆的女性」、李劼人筆下的袍哥羅歪嘴和吳鳳梧尤其是蔡大嫂等形象、巴金筆下一群「幼稚而大膽的叛徒」集群、沙汀筆下的鄉鎮實力派人物等，都因爲地域文化和盆地人生原生態作用，而呈現著一種獨特而鮮明的性格特色。這就是在地域歷史文化作用下，作家們在創作中顯示的一種「集體無意識」。在川中腹地簡陽農村度過童年和少年時代的羅淑，巴蜀民俗風習的原生狀態、蜀中景物和地域人生狀貌在她心靈深處留下深深印記，這就使她在題材上能以蜀中農民人生和鹽工生活而顯示創作個性，更因描繪出大盆地民俗風習和獨異的人文性格而震驚世人。巴金、沙汀、李健吾等人對羅淑的讚許，絕非虛浮之詞。

　　羅淑的成功，正在於她有著明確的地域文化意識：「小時候的生活和四川的一些特別情況，很可以寫成一部長篇小說」。〔註 25〕正是基於這種意識自覺，羅淑的小說在樸素中顯示出厚重，閃現著地域人生的「特別情況」，表現出獨特的價值，使世人看到了一個「從來不曾結識的世界」（李健吾語）。按照人類文化學理論，人是生活於具體時空中的，其所在集群的風俗習慣及價值觀念，必然要在作家的心靈上留下深深印痕。人首先是被文化所塑造，然後才在其已經接受的文化基礎上進行文化再創造。遼闊的中國疆土由於各種原因形成了一個個形態各異的地域文化，即所謂「十里不同風，百里不同天」，

〔註 25〕參見黎烈文：《關於羅淑》，《羅淑選集·附錄》，四川人民出版社 1980 年。

地域環境、氣候物產的不同，決定著人們生產勞作方式的差異，在此基礎上形成生活方式的區別，從而使文化構成的表現極爲不同。文學創作作爲人類的一種精神創造，必然要表現出作家所屬的特定社會群體的生存形態，傳遞出其所屬群體的精神心聲，也正是在這點上，一個作家才能體現自己的藝術個性和創作特色，激發讀者的感情共鳴。同樣的時代思潮蕩激，卻在兩個作家的創作中激起不同的回響，原因正在於其各自所屬地域文化「集體無意識」和地域人生形態的差異。30 年代中國文學在本土化民族化歷程中呈現的繽紛多姿，原因就在於此。

第五節　民國川籍留日學生群的文化創造：兼論郭沫若

一

清末中國人留學日本，曾於 1905～1907 年前後形成高峰期。1901 年 4 月，四川總督奎俊首次選派 22 名青年學生赴日留學，以後逐年增加。1903 年上昇到 57 人，1904 年爲 322 人，1905 年達到 393 人，1906 年達到高潮，爲 800多人，占當年全國留日學生總數的十分之一，位居全國首位。《吳玉章回憶錄》甚至還說四川留日學生「最多的時候達二三千人」，僅僅在 1904 年，四川一次就派到日本留學生達 160 名之多。1905 年四川的留日學生已經達到 393 名，生源來自四川省各縣，到 1906 年達到高潮，約 800 人之多。四川留日學生中的同盟會員就達 120 餘名之多，達 13％之多。根據清末留日學生監督處當時刊行的《官報》統計，1908～1910 年間，官派留日學生數量排名前四位的是：浙江（76）、湖南（67）、廣東（56）、四川（43）。1901 年 9 月 17 日，清王朝發佈諭旨：「造就人才，實係當今急務，前據江南、湖北、四川等省派遣留學生出洋肄業，著各省督撫一律仿照辦理。」〔註 26〕四川成爲清王朝向日本派遣留學生的範例之一。

巨大的川籍留日歸國學生群，對 20 世紀中國社會的變革發生著重要影

〔註 26〕　朱壽明・光緒朝東華錄：第 4 冊〔M〕，北京：中華書局，1984 年，第 4720頁；並參見《吳玉章回憶錄》（中國青年出版社，1978 年）：「四川百餘縣，無論是繁盛之區，還是偏僻之地，每縣都派有留學生」。

響，中華民國建立時封贈的三個「大將軍」鄒容、喻培倫、彭家珍和左將軍謝奉琦、民盟主席張瀾、20 世紀 40 年代中共「延安五老」中的吳玉章，即是其代表。直接導致辛亥革命爆發的四川保路運動、中國封建王朝崩塌標誌的榮縣獨立就是這批人發動的。其他如黃復生（隆昌縣）、熊克武（井研縣）、雷鐵崖（自貢）、董修武（巴中縣）、但懋辛（榮縣）、尹昌衡（彭縣）、胡景伊（巴縣）、戴季陶（廣漢縣）、楊闇公（潼南縣）等，都是民國政治舞臺上的風雲人物。孫中山說過：「鄒容當國民醉生夢死之時，獨能著書立說，激發人心；喻培倫則闡明利器，以充發難軍實；彭家珍則殲除大憝，以收統一速效」，謝奉琦亦「功在國民不小」。〔註27〕「保路運動」領袖蒲殿俊（伯英）、張瀾、鄧孝可等人皆爲留日學生。保路運動前夕的幾次反清起義，如江油、廣安、嘉定、黔江起義等就是由留日學生熊克武、謝奉琦、黃樹中、佘英等人發動的。吳玉章、龍鳴劍、夏之時等人領導的脫離滿清專制的各縣的獨立運動，並成立了蜀軍政府和川漢軍政府，直接推動著封建皇權的崩塌。孫中山曾說：「若沒有四川保路同志會的起義，武昌革命或者要遲一年半載的。」〔註28〕

　　四川省能夠輸送如此數量的學生去日本留學，原因有兩個：一是「天府之國」豐裕物產，社會的經濟發展狀況良好，這成爲留學生最重要的物質基礎。如當時《東方雜誌》載文所說：「川省西陲之上，腴民殷阜，上通藏印，下達江海，左抱滇黔，右帶陝湖，因四通商戰之地，而外人所亟欲弛逐爭競者也」〔註29〕；二是「蜀犬吠日」般大膽驕狂的巴蜀地域人文性格（李白曾經對「蜀犬吠日」的傳說很不以爲然，用譏刺「吳牛喘月」柔靡、「魯儒」的迂腐等，進行反擊），以及「未能篤信道德，反以好文譏刺」（《漢書・地理志》）的地域傳統風習，催動著他們積極尋找新天地。而這些，只有在中國版圖之外的日本，才可能提供吸取異質文化的全新環境條件。這兩點，都體現在郭沫若身上。郭沫若的詩作《天狗》，就是無意識地復活著「蜀犬吠日」的地域傳統意象之體現。

〔註27〕 孫中山：《孫中山全集》第 2 卷，第 292～293 頁，中華書局，1981 年
〔註28〕 馮玉祥：《我所認識的蔣介石》第 161 頁，解放軍文藝出版社，2002 年。
〔註29〕 轉引自隗瀛濤：《四川近代史稿》第 414 頁，四川人民出版社，1990 年。

二

四川籍留日學生攜帶著全新的異質文化，回國後對中國故有傳統文化進行肆意消解，在構建現代民國新文化、創建新文學的過程中，有著創造性貢獻。但是，對封建正統文化的理性「斷裂」與破壞，並沒有砍斷他們與充滿情感色彩的地域風物的紐帶，地域文化成為他們消解封建正統文化的銳利武器，民國建立前後的《鵑聲》、《四川》、《新蜀報》、《草堂》等以鮮明地域文化色彩鼓吹新文化與社會革命的刊物，就是這種價值意識的體現。

郭沫若說過：「文宗自古傳巴蜀，錦江春色與天長」。他對自己家鄉的文化積澱，是充滿自豪的。1923 年，遠在日本的郭沫若得知成都草堂文學研究會成立，給草堂社寫了一封熱情洋溢的信，語言頗有巴蜀文化傳人的豪氣：「吾蜀山水秀冠中夏，所產文人在文學史上亦恒占優越位置。工部名詩多成於入蜀以後，係感受蜀山蜀水的影響」。確實，巴蜀——四川常常是中國歷代第一流文人的孕育地。人類紀元之初的中國漢代，出現了「以文辭顯於世」、「文章冠天下」的巴蜀漢賦作家群如司馬相如、王褒、嚴君平和揚雄。例如魯迅就在《漢文學史綱要》中評說過司馬相如的創造業績：「不師故轍，自擅妙才，廣博閎麗，卓絕漢代」。

魏晉時期的李密《陳情表》與三國蜀漢王朝諸葛亮的《前出師表》，都是中國人必讀的經典。初唐文壇革新者陳子昂、詩仙李白、入蜀後「沉鬱頓挫」詩風成型的詩聖杜甫等，宋代文宗蘇軾和以四川地名「劍南」命名自己《詩稿》的陸游，明代著述第一人楊升庵，清代性靈詩大家張問陶、百科涵海大家李調元等，都是當時文壇翹楚。有了這樣的地域文化環境和積澱厚重歷史傳統，文化巨人郭沫若等的出現，就是一種很自然的現象。

自 1906 年始，四川留日學生雷鐵崖、董修武、李擎甫等創辦《鵑聲》、雷鐵崖和吳玉章創辦《四川》以及在海外主持《光華日報》等刊物，為推翻封建專制制度推動近代四川的政治變革與文化創新，發生過重大影響。後來出任孫中山臨時大總統秘書雷鐵崖，撰寫了《敬告全蜀》一文，陳述了列強窺伺下的四川危急形勢，向四川民眾發出革命圖存的呼喊，文辭暢達鋒利，膾炙人口，再次展示出「天下已亂蜀未亂」諺謠所概括的現象。

拉開 20 世紀中國文學帷幕的、中國現代戲劇的先聲是留日學生的「春柳戲劇」。一般史家把 1907 年春柳社在東京上演《黑奴籲天錄》作為中國話劇史開端的標誌。李叔同與曾孝谷是該群體的兩大臺柱。四川成都人曾孝谷根

據美國小說《湯姆叔叔的小屋》改編的五幕話劇《黑奴籲天錄》是爲中國話劇創作史上第一個劇本，他還扮演《茶花女》第三幕中阿芒的父親、《黑奴籲天錄》的黑奴妻，參與這項活動的還有巴縣（今重慶市）人唐廉江。而「中國資產階級革命的第一部宣言書」（李澤厚語）、「爲排滿最激烈之言論」（孫中山語）、現代中國「國民教育之第一教科書」（章士釗語），則是「革命軍中馬前卒」的「蜀人鄒容」寫成的《革命軍》（1903）。

「五四新文化運動」中，對中國封建專制社會進行徹底批判的，是魯迅的小說與吳虞的論文，翦伯贊在其《中國史綱要》中，就把魯迅與吳虞並稱。日本學者青木正兒指出：「次於中華民國底政治上底革命，有文化上底革命；最有意思的，就是道德思想的改革。那是要破壞那幾千年立了深遠的儒教道德和要從歐洲文化上輸入可以代替這個的新道德，那首先來立在這個破壞矢面上去振舞的是吳虞和陳獨秀。」〔註30〕他因此被胡適譽爲「中國思想界之清道夫」、「只手打孔家店的老英雄」。

成都人葉伯和，中國現代音樂家、詩人、教育家。他17歲到日本兼讀日本政法大學和東京音樂學校兩所學校。其《中國音樂史》（1922）出版並在上海《益世報》全文連載，在全國引起巨大反響。在新音樂文化啓蒙、音樂教育、樂歌創作、文學創作等諸方面有著開創性貢獻，如1914年9月，葉伯和在四川省高等師範學校（四川大學前身）成爲全國高等學府中率先設置樂歌專修班的音樂教授，開設了樂歌、唱歌、樂典、樂器使用法、理論、和聲學、中國音樂史、西洋音樂史等課程。被公認爲「是近代寫作中國音樂通史著的第一人」、「近代中國音樂史學的發端」。〔註31〕實際上他還是比胡適更早寫新詩（白話詩）的人。

日本的《鵑聲》、《四川》、成都的《草堂》、北京《晨報》等民國初期著名的新文化刊物，都是留日川籍學生創辦的。「五四」時期新文化運動「四大副刊」之一的《晨報》，老闆是蒲伯英（殿俊），四川廣安人，是清末四川鐵路風潮的談判代表，做過辛亥革命時四川省都督，做過北洋政府內務部次長，後來不願意接受教育部長之職而與同鄉張瀾共同創辦《晨報》。他也是新文學

〔註30〕　青木正兒：《吳虞的儒教破壞論》，見《吳虞集・附錄》，四川人民出版社1985年。

〔註31〕　參見錢仁平：《中國音樂欣賞叢書・中國小提琴音樂》，湖南文藝出版社2001年；顧鴻喬：《葉伯和和他的「中國音樂史」》，《音樂研究》1989年4期。

史上一位重要的話劇運動倡導者，寫過不少力主輸入新式話劇以及國內新式話劇如何改革與發展的理論文章，同時亦寫過一些小說和新劇本，其創辦的《晨報》爲李大釗、胡適等提供了發表文章的條件。如魯迅小說《狂人日記》，瞿秋白的《餓鄉紀程》和《赤都心史》等就發表於《晨報》。

「紅色 30 年代」文學浪潮中，奔騰突進的後期創造社成員李一氓、李初梨、任白戈、沈起予等都是從日本留學歸來的四川人。1935 年夏，任白戈從日本回國後出任「左聯」文化總書記、劇聯會主席團主席，宣傳馬克思主義革命理論。李初梨在《文化批判》、《思想月刊》、《創造月刊》、《流沙》半月刊、《思想》月刊、《新思潮》月刊上發表的主要理論文章有：《怎樣地建設革命文學》、《普羅列塔利亞文藝批評的標準》等。後期的刊物主要有《創造月刊》、《文化批判》。除文學外，後期創造社刊物更注意馬克思主義理論和社會科學問題的研究和宣傳。李初梨極具先鋒性的「革命文學」理論，極力強調文學的階級性，強調階級意識的獲得和運用，提出了傾向政治性的無產階級文學批評標準，強調至關重要和迫切的是作家世界觀改造問題，這些都成爲後來中共文藝政策與無產階級文學理論的基本思路。我們可以看到，後來毛澤東《在延安文藝座談會上的講話》的主要論點，就出自李初梨。

李華飛，巴縣（重慶）人，畢業於日本早稻田大學政治經濟系，1939 年回國，先後創辦《春雲文藝》、《詩報》、《新蜀報》副刊、《涼山文藝》等刊物，著有《戰時經濟問題研究》（1938），其晚年出版的《李華飛文集》，收錄有他創作的詩文小說和川劇作品。還有與劉白羽合作撰寫《八路軍七將領》以及出版長篇小說《自流井》而成名的自貢人王餘杞。廣漢人覃子豪，1935 年到日本東京帝國大學讀書，參加中國詩歌作者協會。1937 年抗日戰爭爆發後返國，投入抗日宣傳活動。先後主編《掃蕩簡報》、《前線日報》副刊、《新時代》周刊，創辦《東方周報》、《太平洋日報》等，並創作出版《自由的旗》、《永安劫後》等。1947 年，覃子豪去臺灣，1951 年主編《新詩周刊》。後與鍾鼎文等創建藍星詩社，編印《藍星》詩刊。先後創作、翻譯出版《海洋詩抄》、《瓶之存在》、《論現代詩》、《法蘭西詩集》等詩集、詩論。其詩作對臺灣和東南亞現代詩有過極大影響，被譽爲與紀弦、鍾鼎文齊名的「臺灣詩壇三老」。

這批川籍文化人，留日期間都和在日本的郭沫若有過密切交往經歷。還有一件事，郭沫若參加北伐戰爭，很大程度上是由幾位四川人鼓動和具體安排的。1926 年 6 月，陽翰笙（高縣人）、李一氓（彭縣人）與郭沫若約定投筆

從戎，參加北伐，郭沫若因此獲得的「戎馬書生」徽號，就是受贈於時任國民革命軍總政治部秘書長的孫炳文（四川南溪縣人，中共元老）。

三

郭沫若在《少年時代・序》中。說明自己的寫作宗旨「便是通過自己看出一個時代」，通過郭沫若的文化創造經歷，思考一代川籍留日學子對民國現代文化建構的作用。

其實，早在小學時期，郭沫若就具體地感知了日本書化。曾經留學日本的帥平均老師，在嘉定府高等小學堂教過郭沫若兩年（1906～1907）的國文和體（東洋）操。郭沫若在《我的童年》中談到，兩位日本教習訪問了他的家鄉沙灣後，他的父親就開始學習日本人吃生雞蛋了。郭沫若讀中學時看到的情況是：「我們當時又翻譯大量日本中學用教科書，我個人來日本之前，在中國中學裏所學的幾何學，就是菊池大麓所編纂的。此外，物理學的教科書由是本多光太郎先生所編的。」郭沫若的中學老師，多為留日歸國學生和日本教習。日本在四川的影響是很明顯的。著名的「厚黑教主」李宗吾就回憶過他在四川高等學堂就讀時，「日本教習池永」講課的影響。從 1902 年到 1911 年，在四川的日本教習共計 90 名，這批人把所看到的四川社會情形化成文字發表。從 1900 年到 1930 年間，日本出版的有關四川的書籍眾多，如山川早水《巴蜀》、東亞同文書院第七期《一日一信》、米內山庸夫《雲南四川踏查記》、中野狐山《支那大陸橫斷遊蜀雜俎》、《支那省別全志》四川卷、上海日本實業協會《中部支那經濟調查》、上冡司《以楊子江為中心》、高山慶一《長江漫遊日記》、東亞同文書院第二十六期《足迹——四川大旅行記》等。

1923 年 10 月 11 日，郭沫若發表《桌子的跳舞》一文，就豪氣滿懷誇耀說「中國的文壇大半是日本留學生建築成的」，同時又對日本文化流露出極其不以為然：「中國的新文藝是深受了日本的洗禮的，而日本文壇的毒害也就盡量的流到中國來了。譬如極狹隘、極狹隘的個人生活描寫，極渺小、極渺小的抒情文字的遊戲，甚至對於狹邪遊的風流三昧……一切日本資產階級文壇的病毒，都盡量的流到中國來了」。

一方面，日本岡山第六高等學校的德語課，由於主要使用文藝作品作為教材，使他產生了「與目標相反的影響」即改變了原來的留學初衷，「把決心拋棄的文藝傾向又挑撥煽動了起來，而且使舊文藝和新文藝深深地結合了」。

因爲德語課而喜歡歌德，又進而熟悉斯賓諾莎，由當時日本的「泰戈爾」熱而喜歡泰戈爾。

但另一方面，1913 年底到日本留學的郭沫若，已經是一個性格、人生價值觀基本定型的 22 歲成人。大膽驕狂的巴蜀文化，已經鑄就他「內聖外王一體，上天下地同流」豪放不羈氣概。「吾鄉蘇長公」、「吾蜀李青蓮」之類對故鄉名人先賢的驕傲，決定了郭沫若不會把日本放在眼裏。郭沫若對故鄉先賢的自豪如《題李可染作〈東坡遊赤壁圖〉》（1943）：

> 吾鄉蘇長公，俊逸無能敵，膾炙在人口，前後賦赤壁，悠悠千載下，髣髴聞聲息，風清月永明，江山渾如昔，微嗟同弱喪，梓里轉空寂，眉州與嘉州，雖有讀書迹，乃無奇文章，留與後人惜，竟讓陸劍南，藉作它山石。

又如《採石漫題》（1964）：

> 我來採石磯，徐登太白樓。吾蜀李青蓮，舉杯猶在手。遙對江心洲，似思大麴酒。贈君三百斗，成詩三萬首。紅旗遍地紅，光輝彌宇宙。

他在日本看到的一切，都必須與自己所熟悉的故鄉景物相類似，才能引起注意。魯迅曾經在《僞自由書·前記》中對這種性格表現進行過諷刺：「而在『創造』這一面大纛之下的時候，卻總是神氣十足，好像連出汗打嚏，也全是『創造』似的」，話雖然過於刻薄，但卻不無道理。

剛到日本時，郭沫若雖然在家信中讚譽「日本學校對於體育，非常重視。最近高等學生及其中小學校學生，均有赳赳武夫之概，而於科學方面，又非常進步。近數年來，竟駸駸乎有與歐美諸國並駕齊驅之勢。國無棄材，人有職守，吾國所素指爲小鬼而恥不屑道者，方興之焰，正未可艾」。同時，他不乏輕蔑地指出「那已經人滿爲患的幾個島子，在殖民價值上哪裏能趕得上我們？因此在日本民族覺醒了、自行振足起來的時候，歐美人倒也滿不在乎。他們樂得有我們這個太牢在手，無暇去爭吃小鮮。」在《創造十年》中，他不無驕傲地回憶著曾經拒絕田漢邀他一起去見當時日本著名作家佐藤春夫、秋田雨雀，稱自己的這種脾氣爲「不帶貴」。在眾多翻譯作品中，郭沫若僅僅翻譯了日本河上肇著《社會組織與社會革命》（1925）、《日本短篇小說集》（1935）、林謙三的《隋唐燕樂調研究》（1936）三種，這對於在日本居住了 20 年之久、以及在郭沫若數量極多的翻譯作品中，這確實顯得太少了，其背

後是有著深刻的價值心理判斷原因的。在《自傳·我的學生時代》中他透露過在日本的感受：「又加以我們是外國人，要學習兩種語言，去接受西方的學問，實在是一種苦事」，他甚至直接表現過憤懣：「讀的是西洋書，受的是東洋氣」。這大約就是他「別婦拋雛斷藕絲」回國參加抗戰時，有了終於擺脫「去國十年餘淚血」狀況的輕鬆之感。

郭沫若是帶著中國——巴蜀文化的積澱影響去感知、判斷和認同外來文化。這個選擇判斷和融匯又必然地基於本土文化固有的價值體系。例如他曾經這樣為來華的泰戈爾「導遊」：「經大江，遊洞庭，經巫峽，以登峨眉、青城諸山，我國雄大的自然在他的作品上是可以生些貢獻」，似乎不進四川，其創造力就會大為衰減。〔註32〕在《反正前後》裏，他就強調過：「因為是廣闊的盆地，而且是很膏腴的盆地，所以從古以來四川號稱為『天府雄區』」。郭沫若天性放任，「凡事都想出人頭地，凡事都不肯輸給別人」，「天下之山水在蜀」經常被郭沫若引入文章中，對四川前代先賢的誇讚與對巴蜀美麗風物的讚賞是經常聯繫在一起的。

但是，20 世紀初以郭沫若為代表的四川籍青年，只有通過日本，才能直接接受西方文化的薰染陶冶，直觀感受到領先一步向西方學習所帶來的日本強盛結果，這對於他們的創新中國文化的觀念變革、構建民國現代文化實踐，都有著極大的作用。在民國文化領域，無論是鄒容、雷鐵崖、曾孝谷，還是吳虞、蒲伯英、張瀾、葉伯和、郭沫若，乃至於李初梨、李一氓、沈起予、王餘杞、覃子豪等，都是操著四川方音在中國文壇馳騁縱橫的留日學生，這種現象倒是饒有興味的。

第六節　郭沫若個性人格的形成前提

一

郭沫若出身於家道殷實的地主兼商人家庭，其父不像一般土老肥那樣死守土地，而是將大部分精力用於商貿和實業。他釀酒、榨油、做米穀生意和販鴉片，使資金在商貿實業中儘快增值的開放精神，對郭沫若兄弟都發生著潛移默化的影響。大哥、五哥和郭沫若都相繼被送往遙遠的異國日本留學，

〔註32〕郭沫若：《泰戈爾來華的我見》，《文藝論集》，上海光華書局，1925 年。

這正是郭父闖蕩江湖磨煉出來的識見和豐裕的家庭經濟條件所決定的。郭母對郭沫若的寵愛，作爲當地袍哥首領和地方武裝頭目的幺叔的勢力，又確保著郭家得享正常安寧的生活，這都是郭沫若健全性格形成的重要因素。郭沫若回顧自己的童年時代道：「作爲地主階級的兒子，在這兒我沒有吃過苦。農夫耕耘時常唱秧歌，我覺得好聽。撐船的人和拉縴的人發出竅乃的聲音，我佩服他們有力氣，多天不怕冷。牧牛童子橫騎在水牛背上吹蘆笛，我覺得他們好玩而水牛可怕」。〔註33〕

由於家族和父兄的勢力，郭沫若雖屢因活潑頑皮（甚至敢於糾結一夥小學同學與樂山駐軍「丘八」打群架）多次轉學，但都能如願以償，自由行事而毫無顧忌，感受不到什麼社會險惡。也就是說，優裕的家庭經濟條件使他不必像魯迅那樣出人當鋪爲生計而發愁。開明的父親和慈母，使他不必像巴金那樣在大家族各房爭鬥中飽經壓抑。大哥的勢力影響使他在樂山、成都的中小學生活可以悠意妄爲，「平生多負氣，志學蓻蘇韓」的驕狂大膽性格就在這樣的環境中形成。正常的青少年生活養成他那健全的性格，鑄就了他大膽思考和對客觀事物的多種興趣，這些都爲他後來在社會科學、自然科學和文學藝術諸領域的傑出建樹，奠定了性格素質基礎。郭沫若對此曾有明確闡說：「只有充分滿足主體的身心發展，使主體的能動意識、創發性功能得以最大程度的發揮，才是符合人性發展的，主體也只有在這種進步觀念指導啓迪下才能使人生價值得以完滿的實現」，〔註34〕眞可謂深有體味的由衷之言。

郭沫若有幸生活於一個極優美的自然山水中。樂山在秦漢時代就因經濟物產的豐足而置「漢安」，北周時又從「嘉州」升格於「嘉定府」，復因盛產獨具香味的海棠而享名「海棠香國」。它位處於巴蜀大地西南，背負三峨山，襟帶岷江、大渡河（沫水）、青衣江（若水），空氣濕潤，氣候宜人，山色常年蔥綠勃郁，水光澄明碧藍。宋代詩人邵博曾言：「天下山水之觀在蜀，蜀之勝曰嘉州」，清人王漁洋更說得直截：「天下山水在蜀，蜀之山水在嘉州」。素稱「天下秀」的峨眉山，「嘉州小三峽」的「平羌三峽」，五通橋的「小西湖」，名冠世界的樂山大佛，以及「九峰爭秀」的凌雲山，「綠影一堆漂不去」，「雲影波光天上下」的烏尤離堆，都充滿著大自然的無窮魅力。

在郭沫若眼中，故鄉一切都是那麼美麗；沙灣鎮「街道整齊新穎，和山

〔註33〕郭沫若：《序我的詩》，《沫若文集》第13卷，人民文學出版社1961年。
〔註34〕郭沫若：《論中德文化書》，見《文藝論集》，上海光華書局1925年。

水的配置也比較適宜」，「那溪水從峨眉山的餘脈蜿蜒地流瀉下來……水是十分清潔的，一切的游魚細石都歷歷地可以看出」。在他的筆下，樂山秀美的景物呈現為：「臨河的山道在岩壁的半腰作平緩的傾斜而上。山石是褚紅色的，清潔的泉水在路畔的細澗中流瀉。臨河的一面有翡郁的叢林」。《夜泊嘉州》則將他初到樂山城的感受進行這樣的概括：「乘風剪浪下嘉州，暮鼓聲聲出錐樓，隱約雪痕峨嶺暗，浮沉雲影沫江流，兩三漁火疑星落，千百帆牆載月收，藉此扁舟窗載酒，明朝當作凌雲遊」。嘉州山水陶冶著郭沫若的自然自由人格個性，影響著他對「美」的敏感和執著，這正如他後來在《談（武則天）》中所指出的「「山川風物等客觀世界的優美，對於少年兒童的精神不能說沒有潛移默化的作用」。

　　自由自在的童年生活，養成了他「去求身心的受用」的情感無節制行為方式，郭沫若承認：「我回顧我所走過的半世行路，都是一任自己的衝動在那裡奔馳」，「我這個人是個無目標放敞馬的，走到什麼地方做到什麼地方，我自己的生活也大概是自然流瀉，隨便地」。這種性格的形成，還有著他所處具體環境社會民俗風習的影響和作用。他的家鄉沙灣鎮，鄰靠著馬邊、峨邊少數民族聚居地，山高皇帝遠的離心作用，使當地民風剽悍難馴，劫富濟貧，抗拒官府統治，已成為「鄉里一部分青年人所視為豪傑的行為」，郭沫若的社會價值標準就在這種民俗風習中被模塑成型。他不無驕傲地宣稱：「嘉定的土匪大多出自銅河——大渡河的俗名，而銅河的土匪頭領大多在我們沙灣」，他津津樂道地歷數著「我們沙灣的土匪頭領」的事迹，並不無自豪：「有的我們在小時候還一同玩耍過」，並舉例說明他幼年時與兄長一道掩護那個受官府追捕的土匪頭領，他甚至對自己的天然「匪氣」極感榮耀：「就在那樣的土匪巢穴裏面，1892 年的秋天生出了我！」〔註35〕

　　可以說，他後來蔑視一切秩序和規範，反叛一切正統威權，盡情歌頌中外革命者的「匪徒」偉業，都離不開他童年時代在故鄉民俗風習模塑下形成的價值心理格局的投影。此外，蜀中社會結構中一支重要力量是袍哥，袍哥的價值體系和一道德「規矩」，都對郭沫若產生著深刻影響_郭沫若祖父當年是樂山幾個縣出名的「金臉大王」，作過沙灣鎮的袍哥舵把子，其幺叔是本鎮袍哥重要的人物，並執掌著地方民團武裝，袍哥的「義氣」，代人出頭解困的價值標準，「四海之內皆兄弟」的社交方式，以小團體抗拒大社會的獨立意識，

〔註35〕郭沫若：《童年時代》，見《沫若文集》，人民文學出版社 1958 年。

都在郭沫若童年心理結構中積澱下來。他在學生時代多次出頭代人受過,與幾個同學結夥「拜把子」,後來與各種政治勢力都保持著較好的私人關係,也被同輩推崇和被晚輩敬仰,這都有蜀中袍哥社會立身處世的行為方式和價值標準的薰染影響。當然,其中也不乏巴蜀民俗風情的鎔鑄,即如蘇軾所誇耀的「上可陪玉皇大帝,下可以陪卑田院乞兒」,「眼前見天下無一個不好人」。

二

人是文化積澱的產物,人的性格行為、思維方式和創造特徵,必然體現出所在文化圈的特徵。郭沫若的思維和創造方式,是在巴蜀地域文化的影響下形成的。少年時代到樂山讀小學時,首先是從顯表形態的名勝古迹去感知巴蜀文化。漢代郭舍人注《爾雅》的「爾雅臺」,「在淩雲山上有蘇東坡的讀書樓,有他的塑像,刻像和題字,也還有好些遺迹,如洗硯池、載酒時遊處之類」,都成為郭沫若遊玩之地,在遊玩之際,「遠望磅礴連綿的峨眉山,近接波濤洶湧的大渡河,在那澄清的空氣中令人有追求蘇東坡之感」。郭沫若這樣回憶著對故鄉前賢的認知過程,甚至蘇軾書法「那种放漫的精神」,「不用中鋒,連真帶草」的簡易和自由通達運筆方式,成為了郭沫若書法藝術的顯著特徵。「鄉黨」意識使他不無驕傲地攀附著「吾鄉長公,俊逸才無敵!」這種具象的感知又被他一位姓易的老師上昇為理性自覺的把握。

他後來回顧說:「他教了我們一些鄉土志。這是極有趣味的一門功課。他把嘉定城附近的名勝沿革很詳細地教授了我們,同時還徵引了些歷代文人的吟詠作為教材。這雖是一種變格的教法,但於我們,特別是我自己,卻有很大的影響」。成都的文化勝迹和歷史掌故,再次以顯表圖式鑄冶著郭沫若的地域文化意識。他回憶道:「東門外的望江樓、薛濤井,南門外的武侯祠、浣花溪、工部草堂,是常遊之地。」「駟馬橋」所積澱相如文君故事的歷史內容,青羊宮與道家思想等,都在郭沫若青少年心理圖式刻下深深的印痕。他不喜歡韓愈的「正經」,晚年過分地貶斥杜甫而崇尚蜀中先賢李白、陳子昂、蘇軾的自由個性和大膽創造精神,借用卓文君的反叛封建禮教行為方式以表現「五四」精神等文化創造,都體現著地域文化的精神特徵。

巴蜀文化那獨樹一幟,大膽反叛封建正統思想的地域精神,鑄造著郭沫若的思想個性並影響著他的文化創造方式。早在明清之際,蜀籍思想家費密就痛斥過宋明理學「去實而就虛,陋平而就遠,空言性命,不求諸事功,私

立道統之名」的乖謬。唐甄〈潛書〉更推重「眾為邦本」，公開指斥」自古以來凡為帝王者皆賊也。」近代蜀學家廖平大倡「通經致用為歸」，以強悍的主體意識「為我所用」地大膽化取一切，甚至狂放到將西方「所有機械、技藝、農林、商賈各學、言語、文字、算學，皆統一於六藝」。神聖的權威話語如孔子儒學和經學，成為廖平闡發己說的工具，並且根據時事變易不停地強調改變自己的學說乃至於「一生六變」，他不無自豪的宣稱：「為學須善變，十年一大變，三年一小變，每變愈上，不可限量。所謂士別三日，當刮目相待也。變不貴在枝葉，而貴在主宰，但修飾整齊無益也。若三年不變，已屬庸才，至十年不變，則更為棄才矣。然非苦心經營，力求上進者，固不能一變也」。〔註36〕這種驚世駭俗的狂悖怪論，震驚了當時知識界，卻受到蜀中學人的熱烈歡迎。郭沫若滿懷敬意地指出：「廖先生的經學多半就是這種新異的創見。他以離經畔道的罪名兩次由進士革成白丁。就在宣統年間清廷快要滅亡的時候，他還受過當時的四川提學使趙炳麟的斥革，把他逐出成都學界，永遠不准他回成都。他在新舊過渡的時代，可以說是具有革命性的一位學者。」

廖平的思想學說，通過其「言必稱吾師廖井研」的兩位門徒帥平均、黃經華直接影響著郭沫若，兩位老師飽含感情的講授，自我在地域文化諸層面模塑下形成的心理認知格局的同構感應，都使當時的郭沫若對兩位老師的讀經講經發生極強興趣。那種大膽懷疑、好翻成案的叛逆思維方式、放肆說經為我所用的主體意識、為學多變審時度勢立足現實需要的治學精神，正是巴蜀文化饋贈給郭沫若的珍貴遺產。他在「五四」時張揚「藝術唯美」以反抗封建道德說教，隨即又急轉彎地鼓吹「革命文學」的功利主義；以使文學服務於時代鬥爭需要，在學術研究上對秦始皇的過分「歪曲」，對孔子「仁學」的過分推崇以及先用墨子的思想否定之，次年又以《孔墨的批判》去肯定墨子，如此種種表現都是郭沫若緊扣時代需要而不斷調整、改變自己的思想學說以及「力求上進」的積極人生態度之體現。他始終站在時代的前沿，並在諸多做出巨大建樹，其思想、人格、學術和文學創作的鮮明個性，正有著巴蜀文化的薰染、鎔鑄和模塑影響等原因。這正如他自己所說：「世界的潮流，在我們那種偏僻的鄉區，在周圍鄰近乃至縣府城中還不注意的時候，我們能獨開風氣之先，很早地便變革了過來」。

〔註36〕廖平：《孔經哲學發微》，見《廖平選集》，巴蜀書社 1998 年。

三

20 世紀中國新文學的發生，是對古典文學模式的徹底消解和背棄，大膽吸收、化取西方近代文化文學的「甘乳」，甚至以西方文學為模式規範而開始的。「文學是什麼？」的問題，正是世紀初人們思考的焦點。「五四」新文化先驅者出於要改變幾千年形成的根深蒂固的「詩國」面貌的良好願望，採用了「推倒」的簡單化的方式。胡適所說「詩國革命何自始，要須作詩如作文」，表明了這種革命和「推倒」的決心。郭沫若的文藝美學主張和在詩歌、戲劇、小說、散文諸種文體的創造開拓，就正是對民國新型文學建構需要的回應。

郭沫若文藝美學思想的核心，是崇尚自我表現、張揚個性，強調真情自然流露的「直覺」，將文藝視為由作家情感浸潤後對世界本質的形象化表現方式，要求以美的體味去透視萬物並力求表現自我個性和主觀情感。一方面他主張「請放開眼界，讀大自然的雄詩」，從大自然的鬱勃生機和美麗秀色中去汲取靈感，另一方面要求表現「萬物之靈長」的人類強悍的生命意識。他汲取尼采的無目的創造說和柏格森的生命哲學思想，認為文藝是作家的一種生命存在方式，文藝創造的關鍵是作家內心衝動的生命意識力度，在於生命活力的激蕩程度和對自我本體沉醉、感悟的程度。這種「動的精神」使他的詩歌真正做到了「形式上絕端的自由，絕端的自主」，那長短隨意、雜錯不羈的詩行，恣肆狂浪的口語，恢宏巨製與精緻短章等多種詩體的創新實踐，有韻與無韻並行不悖的自然，都正是其沖決一切羈絆的創造豪情的呈現方式。

郭沫若提出詩歌審美的三大尺度是：情緒、節奏、和諧。《鳳凰涅槃》中「鳳歌」的雄渾激越，「凰歌」的哀怨婉約，長短錯落的詩體和大量排比句式的設置，都貫融著對舊世界的憤怒批判和對新人生的強烈嚮往，全詩起伏回蕩的情緒旋律表現出強烈的節奏感。一部《女神》以宇宙為對象的恢宏審美觀照，使山川草木、海洋高山、太平洋與長江黃河等天宇蒼穹意象並舉，莊、老、孔與斯賓諾莎、達爾文、馬克思、盧梭等古今偉人同現，以及鳳凰天狗等神話傳說與輪船火車電報等現代科技交輝，都成為反帝反封建民主自由思想的藝術符號，化為作者愛國主義精神和現代文藝創造的情緒形式，也正因為作者的真誠抒發而和諧一體。而《星空》、《瓶》等詩集，則是郭沫若對詩體凝煉濃縮的新嘗試，生命體味的沉思和對青春將逝的迷戀，使他在仰望浩渺「星空」中思索著生命，在呼吸「瓶」中梅花幽馥時感悟宇宙的深邃，詩風顯現著含蓄蘊藉的婉約之美。與之相類的是散文《小品六章》，用清新、優

美、洗煉和流暢的文筆，抒發著對青春的歡愉和執著，並流露著特定時代中的淒清苦寂心緒。

在詩歌審美實驗中，郭沫若歷經著《女神》式強烈情感宣泄和汪洋恣肆自由語風狂歡，到以小詩的精緻凝煉對詩歌進行規範，再用《戰歌集》、《前茅》等表現著對「粗魯的詩」的探索以應和「革命文學」浪潮的需要，他始終是站在時代的前列。在 20 世紀 50 年代以後的《新華頌》、《百花齊放》中，他嘗試過民歌體以追求文學的「人民化」，《駱駝》一詩對節奏韻律的關注和內心情緒的真實表露，說明他對詩美難以忘懷。郭沫若晚年創作留下的遺憾，可從其 60 年代《讀〈隨園詩〉札記》中窺見，在文中他再次強調自己的主張：「性情必真，格律似嚴而非嚴，始可達到好處」，這正可與其對自己一生創作並總結「詩多好的少」的悔責相印證。

把生命衝動視為文學創作的基本動力，將創作看成「奔突橫溢的生命洪流」和自我個性充分張揚的外化形式，「感覺上只有在最高潮時候的生命感是最夠味的」，這一切都在 40 年代尖銳激烈的政治鬥爭盪湧中被激活，郭沫若文學創造的第二個高潮就以戲劇的形式呈現出來。郭沫若首先是理性自覺地建構著現代史劇，宣稱「要借古人的骸骨來，另行吹噓些生命進去」，要站在現代人生的高度，使歷史人物成為「永遠有生命的新人」。這恰如近代美學家克羅齊說的：一切歷史都是當代人眼中的歷史。為此他提出「失事求似」的史劇創作原則，要求把握歷史的精神而不拘泥於某些具體史實，用藝術思維的想像與聯想去發展歷史的精神。

他的六部歷史劇，立足於歷史與現實「驚人相似」之點，通過塑造屈原、高漸離、聶嫈姐弟、夏完淳等仁人志士為真理為正義奮鬥獻身，為國家強盛和民族團結而殺身成仁、捨生取義的忠勇堅貞性格，通過分裂與統一、專制與民主、投降與愛國、妥協與抗戰的尖銳矛盾衝突，和劇中人物愛與恨、生與死、公與私的情感衝突，回應著「中國向何處去」的時代思考。「性情必真」的審美態度和激情縱橫的藝術個性，再次呈現於郭沫若的史劇創作中。正是出於對屈原偉大人格的敬仰，對少年英雄夏完淳愛國感情的喜愛，以及對阿蓋公主的同情和對高漸離一類仁人志士的仰慕，才有《屈原》、《虎符》、《高漸離》、《棠棣之花》、《南冠草》、《孔雀膽》六部史劇的產生。

郭沫若對中國現代戲劇美學的建構特徵，是對戲劇作為一門綜合藝術的關注和實踐。作為主觀型詩人，他的劇作呈現著鮮明的詩化特徵，人物對話

和敘述語言都具有「案頭文學」的可讀可誦性，人物的內心獨白（如《雷電頌》）、角色吟詩誦詞（如《胡笳十八拍》）的情節場面，都使他的劇作帶有詩劇的特徵；而大量歌舞場面的設置，如《屈原》的「招魂」、高漸離擊筑而歌、「胡笳十八拍」等各種情景，都使劇作產生著強烈的舞臺性和表演性。這正是郭沫若的藝術自覺：「載歌載舞，我覺得很有意義，使空洞的氣氛形象化了」。這種戲劇美學意識在 80 年代得到回應，關於「戲劇的本質是什麼？」的討論和新時期對戲劇作爲綜合藝術的特徵的關注，正復現著郭沫若的藝術實踐。而郭沫若對中國悲劇藝術的開拓也是意義重大的，其劇作的悲劇衝突都是正義與邪惡、光明與黑暗、進步與落後、民主與專制的矛盾，正面主人公都具有高尚的人格、忠勇仁愛道德倫理觀，有超凡的才乾和智慧，其衝突就帶有社會歷史和文化的厚重內容，產生著震撼心魄的藝術效應，並呈現著悲壯的美學特徵，從而產生著「把憤怒情緒化爲力量」的悲劇效果。

　　充分利用公共傳播媒體平臺，郭沫若走向了社會舞臺的中心，成就了中國現代史上僅有的「球形天才」。捷克漢學家普實克曾經指出，中國現代文學史上一個突出的現象就是，抒情主體經過歷史情境的刺激，轉而尋找一個更積極的主體，一個群眾性的主體，從而實現了「抒情短詩」到「史詩」的建構〔註 37〕。郭沫若的詩歌創作，從「詩性自我」的無意識表達到「知識分子自我」的理性自審及旁觀，在他的詩歌中，出現了一個明顯的矛盾的「自我」凸隱，與此同時，詩人的抒情對象從對自然的謳歌、「匪徒」的讚頌，轉而認同普通的勞動者、廣大民眾，發生了明顯的位移。「20 世紀中國的革命道路就是從摸索中走出來的，郭沫若作爲在這條道路上摸索中的一個『人』，他身上的偉大與渺小，都是並存的」（王富仁語）。在現代社會的諸多領域、諸多學科，郭沫若都同時「在場」。現代中國的社會歷史和思想文化有多麼駁雜，郭沫若也就有多麼複雜（王本朝語）〔註 38〕。

　　作爲 20 世紀中國文化巨人，郭沫若在 80 餘年的人生歷程中出版了近 200 部著述，留下煌煌大論達 2400 萬字，在哲學、史學、文字學、文化學和文學等諸多領域都取得了令人仰視的成就。其詩歌、散文、戲劇創作都爲現代中

〔註37〕 參見〔捷〕雅羅斯拉夫・普實克著：《普實克中國現代文學論文集》，湖南文藝出版社，1987 年。
〔註38〕 參見魏紅珊：《當代視野下的郭沫若研究國際研討會綜述》，《文學評論》2007年 6 期。

國文學的發展提供著範式；在小說創作上，他以心理描寫和潛意識分析、意識流手法，開創著現代主義小說的道路。在對外來文化與傳統文化的關係、時潮感應與個性表現的處理上，都獲得了極大的成效，從而對民國文化的建構產生著強烈的影響。

第七節　魯迅與巴蜀文化

一

　　民國伊始，為救亡而啓蒙的新型文化建構的先驅者們，主要努力的方向就是與傳統文化的「斷裂」。我們都熟悉魯迅對中國傳統文化的態度：「少讀或者不讀中國書」！以至於他將整個中國歷史典籍概括為「吃人」說教！除了在《兩地書》中對許廣平再次強調這個觀點外，他又這樣回答友人：「來書問童子誦習，僕實未能答。緣中國古書，葉葉害人……漢文終當廢去，蓋人存則文必廢，文存則人當亡，在此時代，已無幸存之道。但我輩以及孫子生當此時，須以若干精力犧牲於此，實為可惜。」〔註39〕

　　但是，魯迅也同時提倡「讀史」：「總之，讀史，就愈可以覺悟中國改革之不可緩了。雖是國民性，要改革也得改革，否則，雜史雜說上所寫的就是前車」。讀史，關鍵是要有徹底批判的態度，因為「歷史上都寫著中國的靈魂，指示著將來的命運，只因為塗飾太厚，廢話太多，所以很不容易察出底細來……但如果看野史和雜記，可更容易了然了，因為他們究竟不必太擺史官的架子」。因為，「野史和雜說自然免不了有訛傳，挾恩怨，但看往事卻可以較分明，因為它究竟不像正史那樣裝腔作勢」。〔註40〕

　　那麼，什麼是魯迅認為值得一讀的「史」呢？他給我們提供了一本「凡有中國人都該翻一下的著作」範本，這就是清代巴蜀「丹陵三彭」彭遵泗的《蜀碧》。

　　據材料記載：魯迅在少年時代就讀過《蜀碧》，並且被其中的史實深深吸引，以至於到中年、晚年，他每次談到農民起義時都要以張獻忠為例，其描述的方式和內容，與《蜀碧》基本一致，甚至大量引用原文，《病後雜談》（1934）

〔註39〕見《魯迅書信集·190116·致許壽裳》，人民文學出版社1976年。
〔註40〕魯迅：《華蓋集·忽然想到·四》。

就明確指出：這本書「不但是四川人，凡有中國人都該翻一下的著作」。也就是說，民國文化的建構與新型國民的養成，需要從「前車」之鑒吸取教訓而知所趨避。

　　魯迅引述《蜀碧》關於張獻忠「屠戮川民」的記載，從張獻忠「不服役納糧的要殺，服役納糧的也要殺，敵他的要殺，降他的也要殺，將奴隸規則毀得粉碎」〔註41〕，張獻忠的兇殘，其實正是軟弱的表現，從個例推及族群，進而剖析民族劣根性，魯迅進行過這樣的比較：日本武士是「先蔑視了自己的生命，於是也蔑視他人的生命的，與自己貪生而殺人的人們，的確有一些區別。而我們的殺人者，如張獻忠隨便殺人，一遭滿人一箭，卻鑽進刺柴裏去了」。「獅子式的凶心、狐狸式的狡猾、兔子式的怯弱」，這應該就是魯迅通過《蜀碧》而形成的對中國歷代封建帝王和強權者的認知概括。關於「想做奴隸而不得」、「暫時做穩了奴隸」等中國國民性歸納，我們也可以於此找到最好注釋。「張獻忠的舉動，一看雖然有些古怪，其實是極平常的（即「天下已沒有自己的東西，現在是在毀壞別人的東西了」）。古怪的倒是那些被殺的人們，怎麼會總是束手伸頸的等他殺，一定要清朝的肅王來射死他，這才作為奴隸被救，而還說這是前定，就是『吹簫不用竹，一箭貫當胸』」。〔註42〕

　　我們也許還不能說這就是魯迅關於「國民性」思考的文化前提，但我們不難從魯迅的眾多小說關於「殺人」場面的描繪，尤其是對「哀其不幸，怒其不爭」的國民奴隸劣根性的痛責，找到其間的聯繫。魯迅的悲憤在於：「中國國民性的墮落，我覺得並不是因為顧家，他們也未嘗為『家』設想。最大的病根，是眼光不遠，加以『卑怯』與『貪婪』，但這是歷久養成的，一時不容易去掉。我對於攻打這些病根的工作，倘有可為，現在還不想放手，但即使有效，也恐很遲，我自己看不見了。」〔註43〕再造國民人格，這是中國民族走向現代化的必經之途和現實基礎，而歷史已不會為中國的猶豫和徘徊留下太多時間。魯迅性格中的焦躁和徹底的虛無，實際上就有著這樣的深層原因。

　　這就是說，在對中國封建文化進行解構的過程中，魯迅注意發掘中國歷史文化中的優秀及合理部分，以建構民國的新型現代文化。一方面他努力與

〔註41〕 魯迅：《墳・燈下漫筆》。
〔註42〕 魯迅：《準風月談・晨涼漫記》。
〔註43〕 魯迅：《兩地書・10》。

傳統文化徹底決裂，毀棄一切，另一方面也清醒地認識到「人不可能拔著自己的頭髮離開地球」，既定的文化傳統仍然在發生著影響。除了在「報仇雪恥之鄉」的吳越文化中尋找批判武器外，他注意到了位處「西僻」、常以「異端」面貌呈現、與封建正統文化相悖離的巴蜀文化。

二

　　任何一個文化偉人的出現，都有一個思想前提和時代思潮的氛圍。除了古吳越地域文化積澱和巴蜀文化的影響外，民國初年社會新思想浪潮的澎湃，是造就一代偉人的關鍵。用魯迅所推崇的勃蘭兌斯的話來說，只有在時代的同聲齊唱中，作為領唱歌手的精英人物才顯得偉大。

　　對魯迅的思想形成影響最為直接的，是被人們稱之為中國第一部明確而系統的民主共和建國綱領的《革命軍》，因為，「此書逆亂，從古所無，竟敢謗及列祖列宗，且敢直書廟諱，勸動天下造反」。〔註44〕即，魯迅在大張「蜀人鄒容」（乃師太炎先生《鄒容畫像贊》：「華陽黑水，祖氣惟漢。桐生蔚丹，爰初發難」等言，亦是從巴蜀地域文化精神的角度評論鄒容的）名號的《革命軍》中，找到了最銳利的批判武器。對此，魯迅說得很清楚，在中國邁進現代化的時代浪潮初期，在眾多的革命宣傳品中，「倘說影響，則別的千言萬語，大概都抵不過淺近直接的『革命軍中馬前卒』鄒容所做的《革命軍》」。鄒容，是一個具有巴蜀文化典型性格的新文化鬥士。

　　中國文化以儒家、道家為兩大主幹。前者由於歷代封建統治者的需要而大力提倡，成為居統治地位且在顯表層面運行流佈的文化形態；後者因為張揚人的自由生命、注重人的個性精神，而一直在潛隱層面作用著大多數中國文化人的價值心理，尤其是在中國文學歷程中發揮著極其重要的影響。莊子說過「世皆混濁，未可與莊語」，那麼「未能篤信道德，反以好文譏刺」，就是漢代司馬相如、王褒、揚雄等巴蜀文化人對莊子學說最典型的演繹，並且逐漸積澱為一種區域文化精神，李白、陳子昂、蘇軾、楊慎等歷代巴蜀作家的創作特徵和生命形態，既是這種地域文化精神積澱的充分顯現，又以其生命存在方式和藝術創造成就，加強了這種積澱，衍化為巴蜀地域文化和人文精神，影響制約著巴蜀地區的後繼者。精英文化與世俗文化在巴蜀盆地是統

〔註44〕《蘇報鼓吹革命清方檔案》，見吳玉章《辛亥革命·一》第 412 頁，人民出版社 1961 年。

一的。「巴蜀半道，尤重老莊之術」的文化形態，正是基於一種價值觀的選擇和認同。「西僻之國」地理的偏僻、大盆地交通的阻隔，致使「蜀地鄙陋，有蠻夷風」，未受北方中原儒家理性文化規範的原初文化形態，體現爲一種坦率眞誠的自由人生和「活潑潑」的生命存在方式。正是這種地域文化精神，致使漫長的中國歷史很少有巴蜀籍賢臣良相，卻湧現出大量的著名文學家。

「蜀中鬥絕，易動難安」的地域人文精神，形成著「天下未亂蜀先亂，天下已治蜀未治」的社會形態，巴蜀人則不無自豪地自謂：「世濁則逆，世清則順」，並引以爲榮。巴蜀大盆地歷來的地方勢力割據稱霸，近現代巴蜀民間幫會袍哥勢力在社會政治活動中扮演著極其重要的角色，都是這種地域人文性格在起作用。遠離中原正統「中心」的「西僻之國」，地理的「邊緣」帶來了對封建統治文化的悖離意識，「天府」物產的優裕形成著「戎狄之長」的驕狂，巴蜀地域文化精神由此形成。《山海經》記載的「西南有巴國」、「有都廣之野」、「巴蛇呑象，三歲而出其骨」；神話和民間傳說留存的「蜀犬吠日」的狂妄驕狂，「碧血化珠」的頑強執著等，都是巴蜀文化那種浮躁淩厲、驕頑難馴、大膽搏擊的人文精神之鮮明體現。在蜀中的少年鄒容，就受巴蜀地域文化天然反叛性格的影響，「與人言，指天畫地，非堯舜，薄周孔，無所避」，「攻擊程朱及清儒學說，尤體無完膚」。對封建正統文化，他是深惡痛絕的：「近國家多難，而必欲糜費千百萬之國幣，以於百千萬帖括、卷折、考據、詞章之輩中，而揀其一二尤者，於天下國家，何所裨益？」他勸告人們「切勿奔走於詞章帖括中，以傚忠於前人」這種「少讀，或者不讀中國書」的思想，正是「五四」新文化運動與傳統文化構成徹底斷裂的顯著特點。魯迅將之表述爲：我們要保存國粹，但國粹首先必須保證我們的生存！

鄒容《革命軍》關於國民奴隸劣根性的批判，是堅決徹底的。其「勿管內政與外交，大家鼓裏且睡覺」的憤激批判被魯迅形象地化爲「在黑沉沉的鐵屋子昏睡」的藝術意象；《革命軍》對整個中國歷史的徹底否定：「中國之所謂二十四朝之史，實一部大奴隸史也」，成爲魯迅《狂人日記》中的「陳年流水帳簿，皆爲『吃人』二字」的藝術概括；鄒容關於中國民眾愚昧保守的「固擅奴隸之所長，父以教子，兄以勉弟，妻以諫夫，日日演其慣爲奴隸之手段」等論述，就是魯迅在各種文體中多次表達的、並且已經成爲魯迅整個創作所表達的一個基本思想。鄒容提倡的「革命必先去奴隸之根性」，正是魯迅終身堅守的「立人」，改造國民劣根性的思想武庫。鄒容所論述的「以故海

內之士，莘莘濟濟，魚魚雅雅，衣冠俎豆，充韌儒林，抗議發憤之徒絕迹，
慷慨悲吒之聲不聞，名爲士人，實則死人之不若」，魯迅筆下的孔乙己、陳士
成等封建士子的性格根本表現，就是鄒容思想的形象化、具體化。而「依賴
之外無思想，服從之外無性質，諂媚之外無笑語」等普通人的畫像，正是魯
迅筆下那種「辛苦而恣睢」地生活的民眾寫眞。「吾願我同胞，萬眾一心，肢
體努力，以砥以礪，拔去奴隸之根性，以進爲中國之國民」等，實際上就是
《狂人日記》結尾所大聲疾呼的基本內容。

　　「掃除數千年種種專制之政體，脫去數千年種種奴隸性質」，正是「五四」
新文化運動肇始的中國現代化運動的最根本內容，是 20 世紀中國思想文化發
展歷程中的基本軌迹，所以李澤厚在其《中國近代思想史》中指出：鄒容的
《革命軍》「是五四運動和魯迅作品的先導」。對封建專制主義、封建專制下
文人的畸形變態心理和國民奴性劣根的揭露和批判，這既是中國社會走向現
代化的文化變革需要，也是鄒容和魯迅新文化建構中最大的思想特徵。其根
本主題是在於「欲以立懦夫，定民志」所以「辭多恣肆，無所迴避」。其實，
除了時代浪潮的激蕩外，地域文化「蜀人」性格也直接哺育著鄒容的思想。
如明清之際巴蜀進步思想家唐甄（1630～1740）在其《潛書》中對封建專制
主義，進行了無情的揭露，表現了鮮明的民主思想。他指出：「天下之官皆棄
民之官，天下之事皆棄民之事」，公然提出：「自秦以來，凡帝王者皆賊也」、
「殺人者眾手，天子實爲大手」。將一切罪惡的總根源歸結於封建統治和君主
專制制度。這可以被看作是 18 世紀中國「啓蒙主義」的最強音。也是近代中
國社會思想文化變革的前奏曲。正是由於對封建專制制度的憤怒批判，必然
要引起進步思想家對中國封建專制制度的根本支柱——孔孟儒家學說的深刻
懷疑。鄒容的偏激大膽、魯迅的徹底虛無和絕望，原因亦在於此。

三

　　魯迅對巴蜀山水是喜愛的。煙雲繚繞、青山碧水、「天下之山水在蜀」的
自然景物曾經深深地吸引著魯迅。《魯迅日記》曾三次記載著他與一位巴蜀畫
家的交往：

　　　　（1913 年 2 月 23 日）季自求、劉笠青來，笠青爲作山水畫一
　　幅，是蜀中山，煙雲繚繞，歷二時許始成，題云：十年不見起孟，
　　作畫一張寄之。晚同飯於廣和居。

　　（1914 年 11 月 22 日）午後劉笠青來，捉令作畫。晚至廣和居餐，同座有程伯高、許永康、季自求，而笠青為主。

　　（1916 年 7 月 16 日）寄二弟信，附劉笠青畫一枚。

劉笠青是周作人在日本留學的同學，經人介紹結識魯迅，魯迅一旦接觸到劉笠青的蜀中山水畫，就喜愛有加，是有「捉令作畫」之舉，並且珍藏終身，是為《天風海濤豫才大哥鑒甲寅冬笠青寫於燕京》。

　　對巴蜀文學的歷代輝煌，魯迅是有所注意的，如對蜀人著述的論說：「《山海經》《三國志》諸書，未嘗夢見，而亦能津津然識長股，奇肱之域」（《月界旅行·辨言》）的瑰奇幻麗，曾經發出由衷感歎。他極為推崇司馬相如在中國文學發展中的貢獻價值和獨創性：「獨變其體，益以瑰奇之意，飾以綺麗之辭，句之短長，亦不拘成法，與當時甚為不同」；對其人格和文品也有極為精到的詮釋：「常閒居，不慕官爵，亦往往託詞諷諫，於遊獵信讒之事，皆有微詞」，以是「寥寂」，「蓋雄於文者，常桀驁不欲迎雄主之意，故遇合常不及凡文人」。於此我們不難體味到魯迅因自身境遇（1926 年）而發自內心的共鳴。正是在這種心態中，魯迅才對司馬相如由衷地讚歎：「不師故轍，自擅妙才，廣博閎麗，卓絕漢代」！〔註45〕1927 年，即將離開廈門去廣州的魯迅應章川島夫婦之請求，為之抄錄司馬相如的《大人賦》題贈，可見魯迅對司馬相如的喜愛程度。在《中國小說史略》中，魯迅還專門引述了蘇軾關於「三國故事」的說法，以證明《三國演義》成書歷程絕非一朝一夕；引用過宋代莊季裕《雞肋篇》卷中「昔四川有異僧」（布袋和尚）的材料和後蜀花蕊夫人的詩句（即：君王城頭樹降旗，妾在深宮哪得知，十四萬人齊解甲，更無一個是男兒），作為論據。

　　魯迅論述問題引證過的巴蜀典籍還有：五代蜀杜光庭《神仙感遇傳》卷三、唐代韋著記李德裕任西川節度使時所述古今異聞《戎幕閒談》筆記集、段成式《酉陽雜俎》、五代前蜀人韋莊所編《才調集》、晚唐西蜀詞人合集《花間集》，徵引過「東坡《濠州塗山》詩」（即《濠州七絕·塗山》「川鎖支祁水尚渾，地埋汪罔骨應存；樵蘇已入黃能廟，烏鵲猶朝禹會村」、宋代臨邛（今四川邛崍）人計有功所著《唐詩紀事》；抄校宋人《雲谷雜記》時參考並引述過宋代蜀僧祖秀的《華陽宮記》、校錄過清代蜀人鄧雲昭的《墨經正文》……

<hr>

〔註45〕參見魯迅：《漢文學史綱要》，人民文學出版社，1973 年。

這一切都說明，魯迅對巴蜀文化和文學是極為瞭解的，是持喜愛態度的。當然，這也是由於巴蜀文化的「邊緣」性質，特別是巴蜀歷代文人「未能篤信道德，反以好文譏刺」的地域文化精神。而最根本的價值標準，還在於魯迅對文化創新——尤其是國民性改造的基本立場：對首先獲得「人之大覺」、敢於「別立新宗」的「精神界之戰士」熱切翹盼和認同！

對蜀籍文史專家謝无量，魯迅是極為推崇的，在其《漢文學史綱要》中，魯迅大量引用謝无量的文學史觀點和史料，這不僅僅由於謝无量寫出了中國第一本書學史，更由於謝在治史的方法、立論的觀點以及大量的史料使用上，都是一個「別立新宗」的開拓：「中國文學概論還是日本鹽谷溫作的《中國文學講話》清楚些，中國有譯本。至於史，則我以為可看（一）謝无量《中國大文學史》」〔註46〕；在《魯迅日記》中，我們可以看到他與蜀籍詞人、金石專家喬大壯交往的多次記載。這不僅是二人在教育部同室辦公四年的交誼，更主要的是他極為欣賞喬的金石篆刻和書法。魯迅書房懸掛的集《離騷》句「望崦嵫而勿迫，恐鵜鴂之先鳴」，就是請喬書寫的，在魯迅博物館我們還可以看到喬大壯給魯迅的眾多信件和所治印章。

通過《魯迅日記》、書信集的記載，我們可以大致開列出魯迅所交往和關注的蜀人名單：傅增湘、任白戈（筆名「宇文宙」）、李秉中（魯迅曾親自奔賀其婚禮，見《兩地書·118》；收到其來信使他「出於意表之外」地喜歡——共計信件 21）、趙景深（信件 3）、趙其文（信件 2）、王志之（信件 18）、為王餘杞（信件 1）刊發所譯俄國契訶夫短篇小說《愛》（載《奔流》1929 年第二卷第五期）。

在《新文學大系·小說二集導言》中，他對「五四」青年巴蜀作家群給予了充分地評說，並且大量編選巴蜀青年作家的作品。進入魯迅關注視野的有：淺草——沉鐘的蜀籍青年作家群、黃鵬基、李劼人、敬隱漁、林如稷、陳翔鶴、陳煒謨——這個地域群體無論是作品數量還是個人入選篇目，都是最多的。聚集在「淺草——沉鐘」社的蜀籍青年作家群，魯迅使用了這樣的話說進行評說：「其實也是為藝術而藝術的作家團體」，他們「向外，在攝取異域的營養，向內，在挖掘自己的魂靈，要發見心靈的眼睛和喉舌，來凝視著世界，將真和美歌唱給寂寞的人們」。由於巴蜀大盆地政治的黑暗和社會的苦難，以及西方文化「世紀末的苦汁」涵蘊，使這批青年「玄髮朱顏，低唱

〔註46〕魯迅：《魯迅書信集·331220·致曹靖華》。

著飽經憂患的不欲明言的斷腸之曲」，因此，魯迅從他們的創作中自然地看到「蜀中受難之早，也即此可以想見了」。

對於他們的作品，魯迅曾經飽含詩情地說：「我照作品的年月看下去，這些不肯塗脂抹粉的青年們的靈魂便依次屹立在我眼前。他們是卓約的，是純眞的阿，然而他們苦惱了，呻吟了，憤怒，而且終於粗暴了，我的可愛的青年們」。爾後，爲周文的小說被「腰斬」之事，魯迅毅然站出來打抱不平；對巴金遭受誤解，魯迅熱情地肯定巴金「是一個有熱情的有進步思想的作家，在屈指可數的好作家之列」。我們當然記得魯迅《關於小說創作題材的通訊》，它對蜀中作家沙汀、艾蕪克服缺點，走上正確的創作之路，起著極爲關鍵的作用。可以說，艾蕪《南行記》的成功、沙汀後來成爲中國 20 世紀「農民詩人」、中國「現代鄉鎮人生」的眞實表現者、一個用巴蜀地域文化視角描繪現代中國社會狀貌的傑出作家，都是與魯迅的導向分不開的。而郭沫若與魯迅的碰撞交鋒和互相稱許，更是大家談論甚多的話題。魯迅在爲美國作家伊羅生編選的《中國現代短篇小說集《草鞋腳》作序時，還專門推薦蜀中青年作家劉漣清的《我們在地獄》：「這一篇是寫四川最近軍閥混戰時兩個敵對的軍閥爭一城市而在城內奮戰的寫眞，作者大概是四川人，而本篇所敘是他親身的體驗，所以非常動人」。

四

作爲 20 世紀中國文化新建構內容之一，「魯學」由於涉及思想、文化、美學、文學及其創作手法技巧等諸多領域，因而成爲世紀「顯學」。現代巴蜀文化在自身建構中，必然要對「魯迅學」的建構作出自己的應答。

這首先要說吳虞。1906 年，接受西方文化影響的吳虞在日本東京寫下《中夜寐偶成八首》，其中就有：「孔尼空好禮」、「聖賢誤人深」等「非儒、反孔」之作（梁啓超《飲冰室詩話》就收錄其在日本所作之詩）。1910 年 10 月問世的《辯孟子闢楊朱之非》，是吳虞正式開始對中國正統文化進行抨擊的信號，他指出：「君主之專制，衿束人的言論，教主之專制，禁錮人的思想」，「吾願摳衣執鞭，以從其後，而鼓舞言論自由之風潮也」，因其大膽批判和徹底的叛逆精神，被封建王朝視爲「非聖無法，非孝無親，淆亂國憲」的名教罪人。其後的《家族制度爲專制主義之根據論》、《說孝》等系列文章，把反對宗法制度、家族制度、專制制度，與批判封建宗法思想、禮教、倫理道德結合起

來，奠定了他作爲新文化運動先驅者的地位（南社詩人柳亞子稱吳虞與龔自珍、馬君武爲「詩界革命軍之三人」、胡適稱之爲「『隻手打孔家店』的老英雄」、陳獨秀稱之爲「瞻仰弗及」的「蜀中名宿」）。〔註47〕

正是同聲相應、同氣相求，他才對魯迅的第一篇現代白話小說欣喜若狂，《讀〔狂人日記〕書後》指出：「我覺得他這《日記》，把吃人的內容和仁義道德表面看得清清楚楚。那些戴著假面具吃人的滑頭伎倆，都被他把黑幕揭破了」，（原載於成都《星期日》周刊），又以《禮教吃人》一文與魯迅遙相呼應：「我們如今該明白了！吃人的就是講禮教的，講禮教的就是吃人的呀！」。歷史學家翦伯贊在其《中國史綱要》中論到五四新文化運動時，就將魯迅和吳虞作爲「向封建禮教進行最激烈的挑戰」的先驅者並稱。這些文章以系統的方法、深刻的見解和邏輯性極強的論說，成爲魯迅研究早期最重要的成果而被人稱道。

需要說明的是，吳虞是一個自覺皈依巴蜀地域文化精神的反封建鬥士。他在《三君詠並自述》中說：「孔教日沉淪，陋儒日標榜。苦心探墜緒，微言炳天壞。南北感深蕪，章康傳逸響。蜀學寄何人，斯文實心仰。」在「自述」中說自己所仰慕的是：「馬遷先黃老，揚雲好辭賦」。並多次在詩文中提到故鄉先賢、清代思想家費密：「私喜同鄉得君在，山川彷彿靈之遊」！1934年，吳虞爲出版的《蜀詞人評傳》寫序時，就大書「略舉所知蜀人之於詞開宗立派，籠罩後來，實無多讓」，其「蜀人」意識之強烈，於此可見。其非儒反孔之地域文化背景和思想淵源，亦可以從之得到解釋。

林如稷留法期間，建議同鄉敬隱漁將魯迅的《阿Q正傳》翻譯爲法文，發表在羅曼羅蘭主編的《歐羅巴》月刊1925年第四十一、四十二期。一九二九年他又譯成《孔乙己》和《故鄉》，與《阿Q正傳》同收入他編譯的《中國當代短篇小說作家作品選》，由巴黎理埃德爾書局出版。羅曼羅蘭正是於此而瞭解魯迅，魯迅被介紹給世界，蜀人可謂首功。「五四」時期主持新文化運動「四大刊物」之一《晨報》的蜀人蒲殿俊，爲魯迅作品的刊發和催產更多的創作，也起著極爲重要的作用。

正式倡導「魯迅學」的，是郭沫若。在魯迅逝世不久，郭沫若就在《民族的傑作——紀念魯迅先生》提出：「中國的新文學由先生開闢了一個新紀元，中國的近代文藝是以先生爲真實意義的開山」，「先生的健鬥精神與年俱

〔註47〕參見《吳虞集》，四川人民出版社，1985年。

增，至死不衰，且這尤其是留給我們一個很好的榜樣」，他敏銳地抓住魯迅的人格特徵：「始終上為解放人類而戰鬥一生的不屈鬥士，民族精英」。對「魯學」作為一門學科建設的特點，他進行了全面地論述，甚至具體到史料學、詮釋學。40 年代他在《莊子與魯迅》中指出：「要通曉魯迅作品中許多新舊故實和若干語彙，恐怕要有精確的注釋才行」，在文中他還示範性地對魯迅作品進行過一些詮釋。新中國建立後的《魯迅全集》的出版，也凝聚著郭沫若的心血以及學科建設的努力，這是人所共知，此不贅述。這就使「魯學」超越了一般的思想、屏蔽回憶和作品賞析等淺度研究，而逐漸形成一門學科體系。

民國時期巴蜀作家沾澤於魯迅甚多，他們對「魯學」的建立，也貢獻頗大。巴金、沙汀、艾蕪在眾多文章中對魯迅研究所作的貢獻，20 世紀巴蜀文壇關於紀念魯迅的多次活動，80 年代川、渝學者合作的《魯迅作品手冊》以及稍後的《魯迅作品賞析大辭典》等，都是中國「魯學」的可貴成果。「四川魯迅研究會」在 2001 年舉行的「紀念魯迅」活動，顯示著其作為堅持最久的省級學會之一，在「魯研」領域的堅韌努力。

第三章　現代巴蜀文學與民國文化的建構

第一節　巴蜀文化的肇始：神話和上古傳說

一

巴蜀大盆地有著久遠的生命歷史，巴蜀先民創造了人類童年時代充滿瑰麗奇幻想像的神話和傳說故事，治水、大石崇拜、羽化成仙等以及「蛇」形圖騰崇拜，構成該地域文化肇始階段最具魅力和特色的內容，並且對中國文化和文學發生深遠的影響。

人類從「茹毛飲血」的「直立之獸」，經歷了漫長的生命衍化和生存勞作創造，開始萌發「人」的意識並具有原初的思維能力，原始先民（Premier man）於是開始了以「人」的意識和眼光看待外部世界。伴隨著人類信息傳播活動的第一個階段（語言傳播）的出現，「童年」人類開始述說自己與大自然關係的思考，述說著自己的生活狀況和物質創造歷程，記述自己在生存搏擊中的喜怒哀樂。

而這種「述說」，是以「兒童文本」方式進行的，也就是說，他們真誠地與大自然對話，把一切自然客體視為和自己一樣有感情、有靈氣的對象，把日月風雨雷霆山川草木動物都人格化。這種原始思維（OriginalThought）就是神話思維（Fable Thought），其積澱物就是上古神話和傳說。並且，這種「述說」必然是在其所處客觀存在條件下被模塑著。

　　童年時期人類不管是因為偷吃「智慧之果」的意識萌生還是在「混沌初開」中睜開眼睛，東方和西方的「兒童」們幾乎同時開始有意識地對大自然進行觀照。客觀世界的形態表象、天地萬物的循環往復方式等，都被反映投射於其思維和思想中，使之一切生存創造活動都帶著客觀存在的獨特印記，正如文化學家恩斯特‧卡西爾所指出的：「『發生』（becom-ing）要追溯於『存在』（being），沒有存在就理解不了發生，就不能認識發生之特殊『真相』（truth）」。〔註1〕古希臘神話把海神波塞多置於僅次主神宙斯和天后赫拉之後的重要位置，正是地中海——愛琴海的饋贈：古希伯來人對「原罪」的思考，亦是由於西亞那貧瘠不毛之地生存艱辛所決定的。「兒童」話語方式——神話和上古傳說的產生，標誌著人類文化史（thecultural history of human）由此拉開了序幕。

　　作為內陸國家的中國，其人類的生長、繁衍、物質創造以及文明發展的特點，在巴蜀大盆地中表現得極為典型。在中國疆域中，巴蜀地區以四周高山阻隔而形成獨特的「大盆地」地理狀況而自成單元。「蜀道難」的自然險阻使外界入侵減弱，而境內相當於兩個法國的遼闊面積，幾大水系縱橫交錯的良好灌溉狀況和溫濕宜人的氣候，形成了得天獨厚的優裕自然生存條件，即世之所謂「天府之國」。而境內平原、淺丘、高山、低谷等各種地貌兼具和與之相應的生產方式以及在此基礎上形成的各種文化形態（如多民族存留、雜合），就在大盆地中自成體系地運行、發展，較少受外界影響而表現出自己的獨異性。文化學家錢穆先生指出：「人類文化的最先開始，他們的居地，均賴有河水灌溉，好使農業易於產生。而此灌溉區域，又須不很廣大，四周有天然的屏障，好讓這區域裏的居民，一則易於集中而達到相當的密度，一則易於安居樂業而不受外圍敵人的侵擾，在此環境下，人類文化始易萌芽」。〔註2〕巴蜀大盆地正是這樣的典型區域，「資陽龍」、「合川龍」尤其是自貢大山鋪恐龍群化石的出土，都證明著巴蜀地域生命史的久遠；「大溪文化」遺址的發掘，「巫山人」的發現，甚至為「人類起源於亞洲」的學說提供了新論據。大量考古學材料證明，至少在5000多年前，巴蜀地區就已完成了從野蠻到文明的過渡，成為當時全世界農耕技術發達的「八大中心之首，列為世界上最大也

〔註 1〕 恩‧卡西爾：《神話思維》，中國社會科學出版社 1992 年。
〔註 2〕 錢穆：《中國文化史導論》，上海三聯書店，1988 年。

是最早的農業中心」。〔註 3〕成都十二橋「羊子山土臺」建築群的發掘和廣漢「三星堆」文物，以及「金沙遺址」的發現，都確證著古蜀城市文明的規模巨大。

　　「三星堆青銅文明」的出土，更是震驚著世界，其中青銅器的冶鑄技術和工藝的先進，造型的獨異，種類和數量的浩瀚，還有「巴劍蜀戈」上留下的「巴蜀圖語」文字，都標示著巴蜀文化的輝煌和文明發達的高度成就。這種高度發達的物質文明，正是其創造者那非凡想像力和高度智慧的必然結果，因此，應該有一種高度發達的精神形態的文化與之相匹配，才符合人類生命史發展歷程的基本規律。巴蜀大盆地因所處在地球經緯度的地理位置和氣候狀況，其特定的地形地貌和植被景觀及物產狀況，決定著巴蜀原始先民的獲食方式和生存勞作方式，並以之爲基礎而形成特定的意識和思維方式。這種特定的意識和思維方式，首先表現在巴蜀遠古神話和創世紀傳說中。

　　巴、蜀二字，本身就是一個謎。巴，或被釋爲「蛇」的象形，如許愼《說文》：「蟲也，或曰食象蛇，象形。」或被解爲因其族群集居地嘉陵江的彎曲之狀而被賦之爲族屬名稱，再衍爲地名（魏晉時譙周的《巴記》就持此說）。前說透射著原始圖騰（totem）崇拜的暗影，後者呈現著文化地理學的色彩，至今尚難有定論。蜀，或解爲「蠶」蟲象形，或詮爲「縱目」的圖式，或說爲「竹」的諧音和「竹蟲」的合體……《說文》曰：「蜀，葵中蠶也，從蟲，上目象蜀頭形，中象其身」。揚雄認爲：「蜀」即「獨」，「不與外方同」也，特別強調了封閉的大盆地中地域文化自成體系特點和人文風習（folkcus-tom）的獨特；嫘祖養蠶神話，「縱目人」傳說，遍佈巴蜀的「竹王廟」等，都爲這些解釋提供著多種證明材料。或許，待更多的地下文物出土和解讀「巴蜀圖語」原始文字之後，歷史學家和人類文化學家將會爲我們給出一個較準確的解釋。不過，巴、蜀二字，是由大盆地原始先民的「長蟲」圖騰崇拜之「象」演變而來，則已是定論。

二

　　我們還是從炎、黃二帝爭戰說起。原始初民進入社會化時代後，狩獵工具和狩獵技術的落後，難以負荷人口增加的生存壓力，生存的艱辛和尋找新

〔註 3〕林向：《論古蜀文化區》見《三星堆與巴蜀文化》，巴蜀書社，1993 年。

的生存資源的需要，就導致了戰爭的發生。人類童年的歷史，可以說都是在「血與火」中開始的。北方的黃帝打敗南方炎帝之後建立了一種社會秩序，但炎帝的屬僚從未放棄過反抗。銅頭鐵額、四目六手的蚩尤，因「食鐵石」、「食沙、石子」而狀貌怪異、性情驕頑，與黃帝大戰，雖死而精神冥頑，其血積為「鹽池」被後人呼為「蚩尤血」；又有刑天，雖被黃帝「斷首」卻「以乳為目，以臍為口，操干戚以舞」，不屈不撓地搏擊著；共工與黃帝後裔顓頊爭奪帝位失敗，那種凌厲狂躁的戰鬥意志化為「怒觸不周山」，致使天傾西北、地陷東南和洪水泛濫，社會既定秩序再次被砸碎。共工的族屬，郭璞注《山海經・人荒西經》引《歸藏・啓筮》說：「共工，人面蛇身朱發也」，《淮南子・地形》高誘注曰：「共工，天神也，人面蛇身」，可見其具有巴蜀先民原始圖騰的蛇形特徵。

混亂的社會需要重新整合，人類應該進入一個新型文明時期。女媧煉五彩石補天，折斷鼇足來支撐天的四極，又以息壤填海造陸治理洪水，再摶土造人和創造各種動物等「創世紀」神話，就透射著華夏大地人類童年時代的一段「史影」。女媧的傳說在巴蜀大地流傳甚廣，其補天力竭而逝於西蜀，今雅安因多雨而被稱為「兩蜀漏天處」，雅安城外河中色彩斑斕的卵石被傳說為補天未用完而遺下的五彩石。女媧死後，身體化為山川萬物，其毛髮化為自然植被。作為人類的始祖和創造者，女媧作為母性神和創造、慈愛的原始意象，已深深根植於中華民族的心靈深處，以至外來佛陀觀音也被中國人有意無意地改變性別而塑造為大慈大悲、救苦救難的女神，甚至其「蛇」形也被人們無意識地複製著，來自蜀中峨眉山的白娘子，既有呼風喚雨、起死回生的無邊法力，又表現著強烈的母性和妻愛，從而成為一個令人喜愛的神型模式。

巴蜀神話文本中的三大母題（motif）是：水、息壤、石。水，作為人類生息繁衍的生命之源，卻又同時威脅著人類的生存。巴蜀神話中關於「水」的意象占著極大的比重，大禹治水即是其例。李冰治水並化身於牛、犀入水中戰勝水怪的傳說，更是集中體現著巴蜀先民對水的辯證認識。而鯀偷取上帝的息壤堙填洪水的故事，筆者 20 世紀 60 年代在成都平原還聽到民間流傳的觀音菩薩以息壤造陸地的傳說，這都顯示著「息壤」意象的積澱深厚。

關於「石」的神話更是巴蜀上古神話的重要內容，石不僅可作補天材料，所煉五彩石正是天空虹霓之源。它更是生命之源，「禹生石紐」的故事和今汶

川縣石紐山剖兒坪遺迹，都述說著石裂生禹的故事。《史記·六國年表》稱：
「禹興於西羌」，《吳越春秋·越王吳余外傳》說：「家於西羌，地曰石紐」等，
都是古代典籍的記載。非僅禹生石中，禹的兒子啓也生於石中。宋代洪興祖
引《淮南子》注曰：「禹治洪水，通軒轅山，化爲熊。謂塗山氏曰：『欲餉，
聞鼓聲乃來』。禹跳石，誤中鼓。塗山氏往，見禹方作熊，慚而去，至嵩山下，
化爲石。方生啓，禹曰：『歸我子』。石破北方而啓生」。

　　石頭作爲生命之源的傳說已根植巴蜀大盆地人們心中，它還對中國文學
產生著深遠的影響（如《西遊記》的「石生靈猴」）並且成爲巴蜀地區一種求
子民俗。清《龍安府志》載，民俗以石「能催生」，禹穴下有「石皮如血染，
以滾水沃之，腥氣能催生」，並且「孕婦握之利產」。明代曹學佺《蜀中名勝
記》卷二載：「成都風俗，歲以三月二十一日遊城東海玄寺，摸石於池中，以
爲求子之祥」。作爲生命之源的巴蜀「大石崇拜」現象，魏晉蜀人常璩《華陽
國志·蜀志》記載著上古時蜀中「每王薨，輒立大石，長三丈，重千鈞，爲
墓誌，今石筍是也」，其風習自蠶叢始：（蠶叢）「死，作石棺、石槨，國人從
之」。其風甚烈且流佈甚爲久遠，這使剛到成都的杜甫感到極爲驚奇，曾有《石
筍行》記敘其事：「君不見益州城西門陌上，石筍雙高蹲。古來相傳是海眼，
苔蘚蝕盡波濤痕」。餘如晉代張華《博物志》記有人誤入大河，遇牽牛人而獲
贈一石，歸問成都嚴君平時，石突暴長，是爲「支機石」。

　　巴蜀先民對個體生命不朽的追求，也通過神話的方式表現著。彭祖長壽
享年八百歲的傳說則是其例，《蜀王本紀》就記載了上古蜀王蠶叢、柏濩、魚
鳧三代「各數百歲，皆神化不死」，「民亦頗隨王化去」，以表現一種原始的生
命意識。這種白日飛昇、肉身成仙的理想也積聚於「一人得道、雞犬昇天」
傳說中。前面我們說過，巴蜀先民的意識和思維方式，因所在大盆地的客觀
存在而受制約影響並表現出特色。「杜宇化鳥」故事，正是上古時期巴蜀大地
農耕高度發達的產物，一代蜀王死後羽化爲鳥，卻仍執著於教民不忘「布穀」
乃至於「啼血」而鳴，其情實在太感人。我們不難看到，巴蜀上古神話的基
本意象，已成爲後來中國神仙故事的基本模式，長生不老，白日飛昇以及羽
化成仙等內容，正是中國道教的主要框架，「羽士」成爲仙人的別名，「羽化」
成爲「得道成仙」具體程式的代名詞。而道教在蜀中創設的原因，以及創始
時二十八個教區蜀中占二十三個的盛況，亦正基於巴蜀大盆地神話的豐富和
體系完整之涵蘊。

中國本土神祇譜系中的兩大主神都源自巴蜀。主宰文運、功名利祿的文曲星（文昌帝君）是蜀中梓潼人；英武的戰神楊二郎，因其「縱目」而備受崇祀，是從「梅山」（實爲「岷山」）下到「灌口」的「二郎神」。清嘉慶修《金堂縣志》曾對之有具體解說：「川主，即史稱秦守李冰，今所祀，皆指爲冰子二郎。蓋治水之績，冰主其議而二郎成其功也。歷代相傳，必有其實，允宜祀」。其實這正是一種巧辯善言，以掩蓋對巴蜀土著「縱目」神的偏愛而有意忽略「秦守」的功績，我們不妨從宋代蜀中民俗的好尚去證明這點。宋代張唐英《蜀檮杌》載：後蜀王衍崇拜二郎神並追摹其形姿：「衍戎裝，披金甲，珠帽錦袖，執弓挾矢，百姓望之，謂如灌口神」。宋代洪邁的《夷堅志》更是明確地敘述著蜀人的狂熱：「灌口神祠，爵封王，置監廟官，蜀人事之甚謹。每時節獻享及因事有祈者必宰羊，一歲至四萬口」，這裡正積澱著蜀人對地域土著神崇拜的價值心理。

三

集巴蜀上古神話傳說故事之大成的典籍，是《山海經》。歷來被視爲「奇書」的《山海經》，雖僅約三萬一千字，卻記載了四十個方國，五百五十座山，三百條水道，以及百餘個歷史人物和有關這些人物的世系與活動，還突出地描寫了有關的地理地貌、重要物產及風土民俗，故被人們視爲中國上古社會的百科全書。因此《漢書》劃之爲「數術略」，《隋書》列其爲「地理」類，《宋史》置之於「子部·五行」類。清代《四庫全書》因其「書中序述山水，多參以神怪……道里山川，率難考據。案以耳目所及，百不一眞」。「核實定名，實則小說之最古者」。〔註4〕

該書以大量的大膽幻想和豐富的想像，狂蕩的誇張而被視爲「古今語怪之祖」，司馬遷也曾感歎其文思的「放哉」而自慚「所有怪物，余不敢言也」。魯迅則在其《漢文學史綱要》和《中國小說史略》中，以其「記神事」而界定爲「古之巫書」，當代神話學專家袁珂認爲它是一部「神話之淵府」。〔註5〕尤其值得強調的是，在先秦時期，華夏民族各方國都整理出各自的地域文化代表典籍，鄒魯有六藝，齊有五官技，楚有三墳、五典，「巴蜀之地也當有它自己的

〔註4〕《四庫全書·山海經·提要》。
〔註5〕 袁珂：《論山海經的神話性質》，見《袁珂神話論集》，四川大學出版社1996年。

書，《山海經》就可能是巴蜀地域所流傳的代表巴蜀文化的古籍」。〔註6〕

　　《山海經》是「代表巴蜀文化的古籍」，我們可以從其對事物的言說方式、價值評判標準去證明。首先，其對上古帝王譜系的描述，迥異於北方中原文化典籍，在對傳說中人物的價值評判上也標準各異。《左傳・襄公四年》將「羿」描述爲「恃其射也，不修民事而淫於原獸」，《論語・憲問》更詛咒其「不得其死焉」。《山海經》則盡情頌揚其英雄豪氣，描繪其「扶下國」、「去恤下地之百艱」的義勇並讚譽其爲「仁羿」；其次，這種強烈的獨異意識還表現在以「南、西、北、東」的方位排序去對抗北方的「東、南、西、北」方位概念，以十萬爲億的計數方式區別於中原以萬萬爲億的方法。特別是《山經》將巴蜀地區置於「中」心的視角，以《中山經》集中敘紋岷、崍、崌（蒙）等山系和江水流向，晉代郭璞在爲之作注時就直接點明「都廣之野」爲「其城方三百里，蓋天下之中也」，可以說是抓準了該書的價值觀核心所在，揭示出巴蜀先民雖處「西僻之國」卻時常懷抱「戎狄之長」豪氣的精神特徵和自居爲「天下之中」的驕狂意識。

　　我們再從《孟子》所敘述的舜的故事去比較。一名叫瞽叟的農民因偏愛後妻及後妻所生的兒子象而憎惡舜，將舜趕出家門。舜卻毫不怨恨，辛勤耕作並熱心助人，受到人們普遍的尊敬。堯瞭解到其德能後，把娥皇女英兩個女兒嫁給他，爲他修造房屋倉庫並贈送一大群牛羊，還想將帝位禪讓於他。嫉妒舜獲好運的瞽叟夫婦和小兒子象以放火燒倉、塡土塞井等方式幾次謀害舜，但舜都毫不計較，終以「賢孝」而被立爲天子。北方中原文化對「人」的價值判斷取向標準，「犯而不較」的中庸思想，於此被典型地表現著。

　　《山海經》則不然，所載幾大神話故事都響徹著一種頑強搏擊的戰鬥吶喊。「夸父逐日」述說體碩壯大的巨人夸父「與日逐走」，雖渴死而不息，這種「不量力」的大膽驕頑拼搏精神以及「珥兩黃蛇，把兩黃蛇」的圖騰特徵，正透射出巴蜀先民特有的地域人格精神。「巴蛇吞象，三歲而出其骨」的意象，更是這種地域人文精神的典型積澱。「刑天斷首」「猛志常常在」的不屈不撓，「精衛塡海」的復仇精神及其「羽化」模式，「怒而觸不周之山，折天柱，絕地維」，徹底摧毀既存世界的反叛者共工等，都洋溢著凌厲狂躁無比的批判精神。而對鯀的性格描寫，該書更是強調了其「不待帝命」的獨立意識，爲人

─────────────────

〔註6〕蒙文通：《略論山海經的寫作時代及其產生地域》，見《巴蜀古史論述》，四川人民出版社1981年。

民安危去「竊帝之息壤以堙洪水」的犧牲精神和反叛無上權威的鬥爭方式。

驕狂自立，蔑視和反抗最高權威，大膽叛逆和頑強搏擊乃至於至死不渝，《山海經》所描述的這種英雄性格和流露的英雄崇拜意識，既是上古巴蜀先民在漫長的生命進化史歷程中人生體味的積澱，也是他們在適應自然，爲生存而改造、創造自然的生存體驗，更是他們在特定時空條件下對世界的一種直觀思考的形式和對人類命運的原始思維方式。這些，不僅匯融於中華民族文化精神之中，更是厚重地積澱於巴蜀大盆地的人文意識深處，成爲巴蜀地域文化性格的特色根源和地域精神核心的原始意象及一種集體無意識。

可以說，在漫長的中國歷史長河中，巴蜀文化精英輩出並且成就斐然，正有著其地域文化積澱和地域集體無意識的深沉根基。漢代蜀中作家群體如司馬相如、卓文君、揚雄的大膽反叛和勇於創造，唐代李白、陳子昂的驕狂豪氣及敢於開拓的自信，宋代蘇軾父子三代的創新之路，明代楊愼獨標一幟的偉健，還有郭沫若毀滅、創造、反叛、進取的業績，都是這種地域性格原型的再現方式，都在不同程度上復現著地域人文精神的集體無意識。歷代巴蜀作家成就顯赫、藝術個性鮮明的原因，正在於其地域文化精神和地域人文性格模式最適應詩歌的藝術格局和話語方式，其原初意象，我們仍可從《山海經》中找到。

《山海經》以奇詭、怪誕、誇張的筆調，淋漓盡致地展開想像和幻想，表現著巴蜀先民渴望超越人類生理極限的焦灼。「建木」可使人「上下於天」，「可以不死」的三臉一臂之人，能夠製造「不死藥」的巫山人，憑藉所造「飛車」在空中往來的國家，以及「羽民」、「奇肱」、「無腸」、「墨齒」、「聶耳」等荒誕國度民俗及生理現象的描述，都顯示著該書豐富而奇異的浪漫想像力。這並非僅體現在神話傳說中，廣漢三星堆出土的「神樹」及其青銅面具人像那長長的「縱目」眼柱和蒲扇般巨耳，都旁證著巴蜀先民對人類生理極限的超越企盼。

四

除《山海經》外，保存巴蜀上古神話和傳說最多的是魏晉時蜀人常璩的《華陽國志》。歷經漫長的歷史消磨，尤其是在秦始皇「書同文」和焚百家書的思想文化統一政策高壓下，巴蜀地域文化被當作一種蠻夷方國文化被中央集權文化所取締。常璩出於對巴蜀歷史的追懷和重構巴蜀文化的熱情（這不

僅是常璩，李白也曾爲解答「蠶叢及魚鳧，開國何茫然」的歷史之謎，試圖
給出一個「爾來四萬八千歲」的巴蜀史上限。稍後於常璩的還有來敏的《本
蜀論》以及更早的《蜀王本紀》之類），根據巴蜀大盆地中殘存的典籍史料和
民間流傳大量神話、傳說、故事，以一種方國的獨立價值標準，系統整理出
自成體系的巴蜀大盆地生命史和文化史。

　　《華陽國志》從蜀王譜系角度，描述了從蠶叢稱王，歷經柏灌、魚鳧、
杜宇、開明等蜀王代換史及其主要事迹，其中輔以「蠶叢目縱」、「魚鳧仙道」、
「杜宇化鳥」、「朱利出井」等神話內容，這正是巴蜀先民對社會歷史的一種
原始思維和直覺把握方式的體現。而「五丁開山」、「廩君化虎」、「魚鹽女神」、
「巫峽神女」等故事以及巴人對白虎的圖騰崇拜，都充盈著浪漫奇幻的瑰麗
色彩，其中一些神話原型意象一直復現在中國文學歷史長河中，更是不斷地
在巴蜀作家思想性格及創作中被復現著，作爲一種藝術的原初意象和地域文
化集體無意識被表現著。正是出於這個角度考慮，卡西爾認爲：「神話由於表
達了人類精神的最初取向、人類意識的一種獨立建構，從而成了一個哲學上
的問題。誰要是意在研究綜合性的人類文化系統，都必須追溯到神話」。例如
成都市區關於「五塊石」、「天涯石」、「支機石」等街道地名，都顯示著巴蜀
「大石崇拜」意識的濃鬱厚重。這裡還要特別強調的是，在「秦磚漢瓦」已
經在華夏大地完全普及的漢代，成都人卻要舍近求遠、棄易取難，到遙遠的
山區去搬運笨重的大石頭來修建「石室」校舍，這不能不說是「大石崇拜」
的價值觀在起作用。《蜀王本紀》早已說得明白：「蠶叢始居岷山石室中」。蜀
人生於石，養於石，終歸於石，《華陽國志・蜀志》將此解釋爲：「有蜀候蠶
叢，其目縱，始稱王，死，作石棺、石木郭，國人從之」。

　　人類文化學理論認爲，神話既不是虛構的東西，也不是任意的幻想，而
是人類在達到理性思維之前對世界的一種直覺思維和認識世界、解釋世界的
一種原始思維方式。曾歷經幾個世紀之久被視爲荒誕不經、「天方夜談」式神
話的荷馬史詩，在邁錫尼——克里特文明遺址、尤其是特洛伊古城遺址的發
掘之後，人們才震驚於其真實性。因此，神話和上古傳說就被人們公認爲是
人類童年時代「歷史的影子」。西方人將世界來源歸結爲上帝，上帝按自己的
樣子複製了亞當，又從亞當身上抽出肋骨造出夏娃，於是繁衍出人類，後因
人類社會的諸般醜惡，上帝憤而以洪水毀滅人類，是有「諾亞方舟」的人類
再生。中國的創世紀神話雖有「盤古開天地」故事和南方民族關於洪水毀滅

人類後，幸存的兄妹通婚使人類重生之傳說，但最爲系統的還是女媧的神話。在出土漢代畫像磚上，我們今天還能看到伏羲女媧的「人首蛇身交尾圖」。其實，蚩、禹、蠶、蜀、巴等，都與蛇形長「蟲」有關。（《說文解字》稱：禹，蟲也，或曰食象蛇，象形）

我們可以再聯繫其他地域的原始圖騰來認識。南方諸苗對自己的生命起源歸結爲「神父狗母」因而崇拜「盤瓠」，將「白犬」作爲圖騰；北方簡狄部族對自己的生命起源歸結爲其始祖母「呑燕卵而有娠」，《詩經》云「天命玄鳥，降而生商」，已經將這種圖騰崇拜解釋甚爲清楚；是以有「北溟之魚」化爲「其翼若垂天之雲」的鯤鵬，有爲崑崙山「人面虎身」西王母取食物的「三青鳥」，有「人面鳥身」的禺强。在這種價值觀念的作用下，《墨子間話》輯引的《隨巢子》也把大禹描繪成「大神，人面鳥身」。舜成功地逃脫「焚廩」之禍，就得之於「衣鳥」而騰飛。這些例子的背後，包含著如此的價值心理：「相信人與某一圖騰有親緣關係；或者相信一個人群體或個人與某個圖騰有神秘關係」。〔註7〕

漢字的基本性質是以形表意，本源於圖畫，而圖畫則基於「仰觀天理，俯察人文」，再「畫成其物，隨體詰詘」即對大自然客體的認知理解再加以摹形而成，「漢字的本質並不表現在與語言的聯繫，漢字同人的觀念、意識、思維的聯繫，才是最本質的聯繫」。〔註8〕人們由漢字的書寫符號，自然地聯想到它所指稱的事物及其意義，閱讀者也許不能對某個漢字正確地讀音，卻可以根據其形猜想出其含義。當語言與文字在擺脫了原始的幼稚形態而進入高度發展後，客觀上變成了與其語言既相互依存，又平行並列的另一套獨立的符號系統。蚩、禹、蠶、蜀、巴等都與蛇形長「蟲」有關之說法，就基於這種原理。漢字具有獨立而直接的表意功能，這是漢語文字思維得以存在的理論前提。而語言思維不受線性思維的種種限制，可以任意馳騁，多向輻射，甚至胡思亂想：既可以在遠古與現代、理想與現實的不同時空任意穿行，又可以在理性與情感、合理與荒誕的內容領域隨意切換，既可以作歷時性的線性思考，又可以作共時性的多向式思維。語言思維的這一特點決定了其思維內容必然是輪廓性的、模糊性的、缺乏邏輯性的，這在原始——神話思維中尤其表現典型。

〔註7〕 參見《簡明大不列顛百科全書》第八卷，中國大百科全書出版社 1995 年。
〔註8〕 參見李敏生：《漢字哲學初探》，社會科學文獻出版社，2000 年。

　　卡西爾甚至認爲，一個民族的神話不是由它的歷史確定的，而是其歷史由神話決定的。如果用人是歷史創造主體的觀點看，神話作爲上古先民直觀、形象把握和闡述世界的方式，既是人們既有知識和生存經驗的積澱，又作爲一種思維模式和集體無意識去影響、規範著人們的價值判斷以及創造方式，使後來者只能在一種既定的存在條件下進行創造，在已有的文化背景下發展新興文化。這也是我們在認識巴蜀文化和文學的發生發展之際，著重討論巴蜀上古神話的內容、特徵和表現形態的原因。

　　因爲「大溪文化遺址」的發掘和「巫山人」化石的出土而出現的「人類起源於亞洲」學說，至少說明巴蜀大盆地是人類產生較早的地區之一，對巴蜀文化的發生和繁衍的梳理，是以個案方式研究人類文化早期形態的實驗，同時，也以之展現中華民族的肇始是從多元散點開始而逐漸匯融一體的。對此，李學勤教授說得很清楚：「可以斷言，如果沒有對巴蜀文化的深入研究，便不能構成中國文明起源和發展的完整圖景。考慮巴蜀文化本身的特色，以及其與中原、西部、南方各古代文化間具有的種種關係，中國文明研究中的不少問題，恐怕必須由巴蜀文化求得解決」。〔註9〕起碼，中華民族的「龍」形圖騰崇拜，就有化自於巴蜀「蛇」形圖騰的因素，這應該是不爭的事實。「巴蜀同囿，肇於人皇」，大盆地人類歷史的久遠，有其豐富的神話和上古傳說等精神積澱物，是中華民族文化的重要源頭之一，其在中國文化發展歷程中產生的重要影響，值得我們特別地注意。

第二節　民國文學建構中的巴蜀文學

一

　　民國前夜，一批巴蜀青年旅日、赴法，求新聲於歐美，爲中國新文化運動和民國文學的發生準備了充分的條件。1918～1921 年間蜀中赴法者達 492 人，占全國總數三分之一，爲人數最多的省份；而在 1901～1907 年間，巴蜀學子留日者達千人，據親歷者吳玉章統計：「最多的時候，達二三千人」。〔註

〔註 9〕 李學勤：《略論巴蜀考古新發現及其學術地位》，《中華文化論壇》2002 年 2 期。
〔註10〕 吳玉章：《吳玉章回憶錄》，第 11 頁，中國青年出版社，1978 年。

10﹚蜀中青年出國「求新聲於異邦」的數量，又決定著精英分子的質量，現代巴蜀文學創作以及現代政治領域的「蜀籍群體」現象極爲顯著且成就巨大，就正因爲有著相應的文化前提。

巴蜀新文化思想的第一聲號角，被譽爲「中國資產階級民主革命的第一部宣言書」，是公然標舉爲「蜀人鄒容」的《革命軍》。

鄒容（1885～1906），四川巴縣（今重慶）人。他發表於 1903 年的《革命軍》，宛如一聲春雷，挾著革命民主主義與愛國主義的急風暴雨，響徹在千年封建古國的上空，成爲當時反抗封建專制與帝國主義侵略、爭取民主共和與民族獨立自主的一面光輝旗幟。《革命軍》二萬餘言，共七章，前有自序一篇。全書分層逐段地論述了革命原因、方法、宗旨等，旗幟鮮明地抨擊了中國社會的陰暗面，眺望了燦爛的革命前程。革命民族主義是鄒容社會思想的重要組成部分，它包括兩個基本內容：其一，反帝愛國思想；其二，反對滿清政府種族壓迫的思想。《革命軍》第六章在闡述革命原因時指出「內爲滿族人奴隸，受滿族人之暴虐，外受外國人之刺激，爲數重之奴隸，將有亡種殄種之難者，此吾黃帝神明之漢種今日唱革命獨立之原因也。」文章首先從歷史趨勢和社會進步的動力著眼，將資產階級民主革命視爲拯救民族的唯一途徑，並呼籲「掃除數千年之專制政體，脫離數千年種種之奴隸性質」，以實現言論、出版、思想自由、建立「中華共和國」，並具體提出二十五條建國綱領。

李澤厚指出：「它的特點是全面的、明確地宣告了資產階級民主革命的口號、綱領、政策、原理，是整個革命派的最早最鮮明的號角」，其革命思想就如「慧星般的耀眼光焰突出地照亮了一個黑暗的世紀」。〔註11〕鄒容關於中國人「奴隸根性」的批判，及其對「大家鼓裏且睡覺」、「父以教子，兄以勉弟，妻以諫夫，日日演其慣有奴隸之手段」的深刻揭露和「二十四朝之史實，實一部大奴隸史也」的精闢概括，都直接影響著魯迅、巴金等的創作內容，正如魯迅所讚譽的：「倘說影響，則別的千言萬語，大概都抵不過淺近直截的『革命軍馬前卒』鄒容所做的《革命軍》。」〔註12〕正因爲如此，孫中山、黃興等革命者，都將《革命軍》作爲宣傳鼓動革命的利器，大量印刷發行，從而影響著一代青年投身革命。

吳玉章在《辛亥革命》一書中回憶道：「當我讀了鄒容的《革命軍》等文

〔註11〕 李澤厚：《中國近代思想史》，第 300 頁，人民出版社，1979 年。
〔註12〕 魯迅：《墳‧雜憶》，人民文學出版社，1973 年。

章後，我在思想中便完全和改良主義決裂了」；郭沫若在《反正前後》一書中直截了當承認：「我們崇拜十九歲在上海入西牢而瘐死了的鄒容！」鄒容的一生是短暫的，他留給後人的精神財富目前可知的只有《革命軍》和幾篇短短的書信、詩歌，見錄於後人所編《鄒容集》（1983）。其詩如《獄中答西狩》：「我兄章枚叔，憂國心如焚。並世無知己，吾生苦不文。一朝淪地獄，何日掃妖氛？昨夜夢和爾，同興革命軍。」又如《和西狩・獄中聞沈禹希見殺》：「中原久陸沉，英雄出隱淪。舉世呼不應，抉眼懸京門。一瞑負多疚，長歌招國魂。頭顱當自撫，誰為壘新墳！」

　　1905 年孫中山創辦同盟會機關刊物《民報》時，一群蜀籍志士側身其間，黃復生擔任報社經理，丁扶厚奔走聯絡發行，董修武總攬後勤……1906 年該報刊載「蜀人相如」的《四川革命書》、「望帝」的《四川討滿洲檄》兩篇文章，都是以激烈的言辭、高漲的革命熱情、鮮明的地域意識，鼓吹反帝反封建的民主共和思想的戰鬥檄文，影響甚巨。辛亥革命時期的四川同盟會員，都有詩文創作鼓吹革命。與孫中山齊名「孫、黃」的革命志士黃興，在《致譚人鳳》中，以「懷錐不遇粵途窮，露布飛傳蜀道通」等詩句，表現了對蜀中革命力量的期許。吳玉章的《東遊述志》表達了一批青年的變革呼喊：「不辭艱險出夔門，救國圖強一片心；莫謂東方皆落後，亞洲崛起有黃人。」

　　1904 年東渡日本的自貢人雷鐵崖（1873～1920），與同鄉吳玉章等創辦「主張革命排滿最激烈」（馮自由語）的《鵑聲》、《四川》、《遠東見聞》、《光華日報》、《國民日報》等進步刊物，鼓吹革命和宣傳民主思想，其追潮逐浪、反帝愛國激進思想的代表作，是《四川》雜誌開篇的《警告蜀人》（1908）。全文近兩萬字，分緒言、列強大勢、中國危急、四川危急、蜀人病根、辨別主義、救亡方針、結論等八章。作者從世界格局、帝國主義入侵威脅、中華民族生死存亡現狀著眼，重點分析了四川社會落後和蜀人的蒙昧愚頑，並針對「病根」開出救治藥方，大倡政治革命和思想啟蒙，作者對巴蜀大地社會人生的關注和警醒世人的呼號，於中可見。文章激情湧蕩、氣勢恢弘，具有強烈的文學感染力。雷鐵崖還是清末民初文學社團「南社」的重要成員，在南社刊物上發表過 70 餘篇詩作，如《題柳亞子分湖舊隱圖》：「豺狼博噬民悲臘，虎豹憑陵國削窄。河山何處餘寸尺？猿鶴鯨鯢任掎摭」、「果能馨香資誘掖，大揮天戈扶國脈。同是鄉賢供研核，名士英雄無可擇」等。

　　其為人矚目的詩作有《哭廣州殉義諸烈士》四首，其一曰：「漢家元氣滿

九州，風虎雲龍大義投。夜月杜鵑猶泣蜀，蠻荊泰伯（文王叔父，讓位避於蠻荊）忍忘周。九華峰冷紅顏史，五嶺山橫白骨秋。兒女英雄歸一冢，珠江嗚咽水西流。」1912 年回鄉探親的作品則展示著詩人對時局的憂鬱：「半肩行李帶囂塵，歷遍風雲剩此身。萬里初歸滄海客，十年重見故鄉人。離家豈識桑田改，入境頻驚景物新。望到閶門翻瑟縮，倦遊季子舊時貧。」

1925 年 3 月的上海《民國日報》有《徵求雷鐵崖先生詩文啓事》對其一生評價爲「革命先覺，功成不居。蒿目時艱，卒以憂死」、「坎坎一生，未嘗稍貶其節」。雷鐵崖作品被四川人常常稱引的有《論成都人滑頭佬》〔註13〕：

> 成都人素以滑頭著，在四川中民氣獨澆薄，一似絕不足有爲者，以故川中各屬見成都人，則望望然去之，若將浼焉者。而以今日變局觀之則大異，始而驚惶，繼而痛哭，更繼而罷市罷課，熱潮愈高，眾心愈奮，竟一舉而誅鋤清吏，佔領全城，獨立之旗飛揚錦裏。自由之花開滿蓉城。前之滑頭者，今日竟斷頭而不顧，果何故耶？令我索解不得矣！語曰：士別三日，便當刮目。今別成都人八年，雄飛進步，自當別具眼光。而今猶以「滑頭」目之，毋乃爲成都人笑哉。

榮縣人龍劍鳴的《題〈四川〉雜誌》二首，呈現著時代革命的豪情與故土情結的交輝等特點：「於今形勢轉蒼皇，弱肉無如食者強。西域版圖供餒虎，東鄰輿櫬走降王。只憑沃野雄天府，那識巴黎（小巴黎）化戰場！爲問故園諸父老，夢酣應已熟黃粱」、「自哀猶待後人哀，愁對鄉關話劫灰。鵑血無聲啼日落，梅花有信報春回。蕭蕭風雨思君子，莽莽乾坤起霸才。尚有漢家陵廟在，蜀山休被五丁開」等。吳玉章有《紀念龍劍鳴烈士》懷念其業績，詩曰：「錦江餞別發高音，舉座沉吟感慨深，智借急流傳警報，憤歸故里起民軍，出門拔劍誓除趙，病榻遺言速滅清，畢竟英雄人敬仰，萬千父老哭忠魂。」

巴蜀資產階級革命家卞小吾（1874～1908），重慶人，出於宣傳民主革命思想的目的，最早將鄒容的《革命軍》帶回四川廣爲散發，曾多次去獄中探視鄒容和章太炎，商議革命方略，又北上京城與蜀人謝无量以及革命志士蔡元培、馮自由等暢談革命。1904 年他將江津祖業盡數變賣，創辦了蜀中第一家資產階級革命派報紙《重慶日報》。該報的價值是最早向巴蜀人民宣傳「婦

〔註13〕雷鐵崖作品主要見於唐文權編：《雷鐵崖集》，華中師範大學出版社，1986 年。

女天足及男女平等、家庭革命諸論；於官吏之貪殘穢迹，尤詆斥無遺」。〔註14〕該報極大地發揮著現代新聞的戰鬥性、及時性特點，及時追蹤報導著巴蜀大地如火如荼的保路運動風潮。甚至以「老妓在頤和園淫行」大標題，直斥慈禧禍國殃民罪行，因而成爲一家「專事鼓吹革命」的刊物。面對清王朝的迫害，卞小吾毅然表示：「章炳麟坐監能避不避，鄒容更自願投案，何等偉大！吾豈能後人，又何懼哉？苟不幸，上可質皇天后土，下可以對四萬萬人民」，終以一腔熱血灑於獄中，成爲巴蜀資產階級革命派敢於犧牲，勇猛無畏的楷模。

二

「好文譏刺」地域文風的在民國時期的體現，首推自貢人李宗吾（1879～1943），其影響極爲深遠的《厚黑學》，開始醞釀於四川高等學堂求學時，成書於富順縣視學任上，1912 年開始連載於成都《公論日報》，1917 年出版小冊子。後又撰寫《厚黑專目錄》，抗戰初期在《成都日報》連載《厚黑叢話》，自稱「厚黑教主」。《厚黑學》嬉笑怒罵、諷刺詼諧、妙語聯珠、警句如流，其「使東魯聖人，西蜀聖人，遙遙相對」的驕狂，在全國影響巨大，活脫脫一個「未能篤信道德，反以好文譏刺」、發牢騷、說反話的巴蜀文人性格的展示。曾有詩曰：「大風起兮甌滾坡，收拾行李兮回舊窩，安得猛士兮守沙鍋。」其爲某餐館撰聯云：「右手拿菜刀，左手拿鍋鏟，急急忙忙幹起來，作出些魚翅燕窩，供給你們老爺太太；前頭烤柴竈，後頭烤炭爐，烘烘烈烈鬧一陣，落得點殘湯剩飯，養活我家大人娃娃。」又有詩曰：「空階斜月鎖柴門，老屋荒煙繞半村。四野雞聲孤劍嘯，中宵蝶夢一燈昏。秦庭笑灑荊軻血，蜀國哀啼望帝魂。青史有名甘白刃，流芳遺臭且無論。」除《厚黑學》外，他還寫有《中國學術之趨勢》、《考試制度之商榷》、《心理與力學》等。後來成爲國學大師的南懷瑾，曾在 40 年代拜其爲師，當今臺灣奇人柏楊更是極力推崇李宗吾。在當今各大書城、地攤上，到處可以見到其著述，其對中國文化思想的巨大影響，於今尚炙。

與奇崛恣肆的李宗吾相映成趣的，是嬉笑怒罵的劉師亮。「民國怪人」劉師亮（1876～1939），內江縣人，號諧廬主人，1912 移居成都，以經營茶館、

〔註14〕陳新民：《重慶早期的革命思想和組織》，《四川保路運動風雲錄》，四川人民出版社，1981 年。

澡堂爲生。1929 年 5 月在成都創辦了《師亮隨刊》，常在該刊以諧稿、詩作、戲劇、對聯等文藝形式，於喜怒笑罵之中，抨擊四川軍閥及其黑暗統治，申張正義。諧文短小精悍，意味雋永，常發端於針頭芥子之類瑣事，而歸結到「改良社會」的大問題，以「幽默大師」之譽而聞名於蜀中。後因觸怒軍閥而被流徙上海，創辦《笑刊》。1935 年 9 月回到成都，恢復《師亮隨刊》。著作有《師亮諧稿》、《師亮對聯》、《時彥聲律啓蒙》、《師亮雜著》、《東遊散記》，劇作集有《胭脂配》、《錯吃醋》，還有《漢留史》和 1000 餘首詩詞。其諧聯如：

> 灑幾滴普通淚；死兩個特別人。橫批：通統痛同（挽慈禧太后、光緒皇帝；1908）

> 普天同慶，慶的自然，慶慶慶，當慶慶，當慶當慶當當慶；舉國若狂，狂到極點，狂狂狂，懂狂狂，懂狂懂狂懂懂狂。（諷袁世凱當皇帝；1916）

> 革命於今十八年，大興土木勝從前。輝煌金壁將軍第，樓閣連雲上接天。（諷軍閥；1929）

> 含笑芙蓉無限矯，婷婷娟娟可憐腰。問她歸去宿何處？夫婿腰間掛寶刀。（諷軍閥妾；1929）

> 傷時有諧稿，諷世有隨刊，借碧血作貢獻同胞，大呼寰宇人皆醒；清室無科名，民國無官吏，以白身而笑罵當局，縱死陰司鬼亦雄。（自輓聯；1931）

在「西學東漸」背景下，對封建正統儒家思想的大膽破壞和徹底消解的，始自蜀人廖平（1852～1932）。帶著巴蜀人文性格特有的驕狂大膽和慣有的標新立異精神，廖平極端「放肆」地任意闡說「六經」爲我所用，從強調孔子「感時憂國，改制救弊」的入世精神，去聯繫社會變革和西方文化進入的現實。在廖平的描述下，「六經」中「人學」是孔子爲全人類所製法典，「天學」是孔子爲無限宇宙概括的法則，因此，萬教歸孔，人類崇經，就是世界發展的必然趨勢。他這種大翻成案、「放肆說經」的思想模式和學術思想，對康有爲的變法理論產生著極其重要的影響。章太炎斥之爲怪、奇，胡適貶之爲「方士」之學，蒙文通譽之爲「清代三大發明之一」等，都可說明其影響之烈。通過康有爲的變法思想及其同學楊銳、劉光第的變法實踐，又再傳給郭沫若

致使其學術研究開創新途，廖平對中國近代政治和文化變革作用甚巨。繼後，對中國封建專制和封建倫理道德揭露最深、批判最力的，是蜀中吳虞。吳虞學說的根本內容是對封建專制的猛烈攻擊和對專制基礎的深刻揭示。他剖析了阻礙中國社會進步和社會腐敗黑暗的根本原因是封建專制，而基礎則在「孔子之學說，二千年來貽禍」。其學說中關於政治革命、思想革命、家庭革命的內容，正是「五四」新文化思想的特徵體現，陳獨秀、胡適讚譽其為「中國思想界的清道夫」、「四川隻手打倒孔家店的老英雄」，實因其學說鮮明而典型地體現著民國文化的時代精神。巴金小說創作的思想批判和題材處理方式，都帶有乃師吳虞學說的濃重印痕。

20 世紀中國新文學的先聲，是 1906 年由成都人曾孝谷（1873～1937）、重慶人唐濂江在日本東京發起的「春柳戲劇」運動，巴蜀人文精神「敢為天下先」的特徵於茲再次顯現。首先，「春柳戲劇」從戲劇觀角度，為中國文學展示出全新的藝術思維：生旦淨丑末角色，全部捨棄；臉譜和程式化演技，一概不用；帝王將相才子佳人的老套，悉數拋棄，戲劇開始生活化地描摹現實，批評式地看取社會人生，並成為表現時代精神的藝術載體。後來成為著名戲劇家的歐陽予倩，正是通過曾孝谷等的「春柳戲劇」看到：「原來戲劇還有這樣一個辦法」而投身於現代戲劇運動的。

曾孝谷創作的《黑奴籲天錄》（1907）則被文學史家公認為「中國話劇第一個創作劇本」，在在藝術結構、情節安排和性格塑造上，都達到相當的的藝術高度。演出「採取的是純粹的話劇的形式」，有著「反覆排練」的演出機制〔註15〕。《黑奴籲天錄》那反民族壓迫、頌揚反抗鬥爭的思想，以及移植演出《茶花女》對人格尊嚴的張揚和婚姻自主的要求，正是本世紀中國文學的兩大基本母題。曾孝谷、唐濂江發起的「春柳戲劇」率先唱出世紀文學的主旋律思想，在中國現代戲劇觀、創作模式及演出機制等方面的構建，都具有一種源頭和里程碑的意義。歸國後的曾孝谷在成都繼續推行「春柳戲劇」，對蜀中現代戲劇的興盛，起著巨大的推動作用。

在辛亥革命中作過十二天「大漢四川軍政府都督」卻自悔「迂愚妄插乾坤手」的廣安人蒲殿俊（1875～1935），字伯英，是「四川保路風潮」的領導人，辛亥革命後拒絕了北洋政府教育部長之職而與張瀾共同創辦北京《晨報》，使《晨報》成為傳播新文化思想的四大報刊之一。基於「啟蒙」需要，

〔註15〕歐陽予倩：《回憶春柳》，見《中國話劇運動史料集》第一輯，1986 年。

蒲伯英在戲劇領域辛勤開拓，以《戲劇之近代的意義》、《戲劇要如何適應國情》、《我主張要提倡職業的戲劇》等理論文章，對戲劇與社會生活的關係、話劇藝術的審美特徵、中國的強盛與新文化建設的關係等方面進行闡說，尤其是首倡「職業戲劇」以糾正「愛美劇」的混亂無序和業餘演劇的粗劣，更是對中國現代戲劇的健康發展有強烈現實意義。因而被專家讚為「這個主張有戰略眼光，它指明了深入持久地發展戲劇運動，提高新興話劇水平的正確途徑」。〔註16〕他創建的中國第一家戲劇學校「北京人藝戲劇專門學校」，造就「職業的但高尚的劇人」，系統規範地培養戲劇編、導、演、職員的現代戲劇教育思想和實踐，為中國現代戲劇教育體制的確立，開啓了先河。

蒲伯英創作的兩部劇本，在 20 世紀 20 年代劇壇上曾產生過相當的影響。六幕劇《道義之交》以豐豫錢莊老闆逼債與紳士易敏生還債為主線索，著重刻劃了一群「道義之交」知識者布設騙局鯨吞好友財產的虛偽醜惡，塑造以康節甫、白揚齋為代表的虛偽衛道者，對上流社會的黑幕和封建道德的醜惡，進行了深刻的揭露。四幕劇《闊人的孝道》將批判矛頭直指封建統治者，通過一個軍閥總長借為母祝壽而大肆搜刮錢財，其母雖死仍「照常拜生唱戲」，形成與其大講孝道的矛盾衝突，從而有力地抨擊了封建禮義和「孝道」的虛偽，體現著強烈的時代批判精神。尤其是在當時「理論的熱鬧和劇本創作的匱乏」情況下，蒲伯英的戲劇創作就體現著現代戲劇運動初期的實績。

黃吉安（1836～1924），成都人，清末川劇創作大師，曾在官府作幕賓多年，晚年從事戲曲創作和川劇改良，與 20 世紀初新興的話劇運動互相輝映。他一生創作川劇劇本 80 餘種，揚琴唱本 20 餘種，創作題材廣泛，有高度的藝術性和強烈的愛國思想，劇本和曲本被稱「黃本」，對川劇影響很大。代表作有《柴市節》、《三盡忠》、《金牌詔》、《忠烈圖》等。當時演出的劇本有《重慶獨立》、《八國議和》、《祭鄒容》、《一紙冤》（成都故事）、《炮打尹昌衡》、《國民捐》、《取大詁》、《陝西獨立》、《煙鬼現形》、《清江獨立》、《黃興掛帥》、《鬧廣州》、《半升米》、《徐錫麟刺恩銘》，還有及時反映四川保路運動「同志大王」事迹的戲等約 20 餘種，當時叫做「時裝戲」，這種時裝戲是川劇藝術隨著歷史發展而出現的新芽。〔註17〕其作品主要收錄於四川人民出版社出版的《黃吉安戲本選》（1960）。

〔註16〕陳白塵：《中國現代戲劇史稿》，第 197 頁，中國戲劇出版社，1989 年。
〔註17〕彭其年：《辛亥革命後川劇在成都的發展》，《四川文史資料選輯》第八輯，1979年。

其他如成都的《啓蒙通俗報》（1902）《通俗新報》（1909），蒲殿俊、吳虞主持的《蜀報》、吳虞、曾蘭、孫少荊的《女界報》、《女國民報》、張瀾的《民治日報》、保路同志會機關刊物《西顧報》、《白話報》更是以「日發萬份」的巨大影響，成爲民國初期巴蜀新文化思想的宣傳陣地。據四川省圖書館程祺編《中文報紙編年目錄》所列的粗略統計，自 1897 年至 1921 年間，巴蜀新文化報刊多達 140 種，並且遍佈於各州縣。如《新繁商會日報》（1913）、瀘縣《瀘縣通俗周刊》（1921）、武勝縣的《印山新聞》（1920）、達縣《蕚山鐘》（1921）、宜賓《民治報》、瀘州《新蜀日報》（1912）等。其中值得注意的還有傅樵村 1900 年創辦的數學專業刊物《算學報》，而樊孔周創辦的《四川公報‧娛閒錄》，專載文學創作作品，使吳虞、曾蘭、劉長述、李劼人、曾孝谷、李哲生、胡安瀾、何振義等人，盡情發揮其文學才華，顯示著「五四」前夕巴蜀新文學創作的實績。

《草堂》、《小露》、《威克烈》、《四川學生潮》、《新蜀報》等新文化刊物，都在民國文化界發生著一定影響。周作人在讀到葉伯和等創辦的《草堂》後，在《讀〈草堂〉》一文中讚歎道：「近來見到成都出版的《草堂》，更使我們對於新文學前提增加一層希望。」遠在異域的郭沫若更因之激起對巴蜀文化的自豪：「奉讀《草堂》月刊第一期，甚欣慰。吾蜀山水秀冠中華，所產文人在文學史亦恒占優越位置。」茅盾後來在《新文學大系‧小說一集‧導言》中也專門敘述了蜀中新文學刊物的狀況。可以說，巴金、艾蕪等人，就是在這些刊物的影響下，邁向新型人生之途。

三

歷史運行到 20 世紀，中國發生了天翻地覆的巨大變革，政治巨變後的中國一時處於混亂無序狀態。因大盆地的地理、歷史和經濟等原因，巴蜀地區在整個民國時期的運行狀態，因大小軍閥割據爭霸、自立爲王，而顯示出一種獨異的方式。即自 1918 年蜀中實行「防區制」始，巴蜀大地被分割給各路軍閥駐防，一個防區駐軍長官就是土皇帝，「舉凡官吏之任用，制度之廢置，行政之設置，賦稅之徵收，皆以部隊長官發佈命令行之。無論省府或中央政府之法令，不得此部隊長官許可，皆不得有效通行區內」。〔註18〕一個防區就

〔註18〕邱瀟雙：《論四川軍閥之病危》，《復興月刊》第 3 卷 6、7 合刊，1935 年。

是一個獨立王國，最高長官可以自立法律，任憑所為，甚至可以收取 50 年後的稅賦，為擴大地盤而爭戰不已，勝者獲取更大統治權（如作省主席），敗者退守一隅占山為王，力求東山再起。這種暗無天日的混亂現實在巴蜀民眾心理上投下濃濃陰影。因此，郭沫若的大膽反叛，巴金的憤怒控訴，李劼人、沙汀的冷峻批判，何其芳的憂鬱，陳銓的狷介憤激等，都是呼吸著這種地域風習的自然結果，蜀中戰亂和戰亂中社會民生的艱辛，就成為巴蜀作家創作反映的重要內容，其創作成就和體現的地域文化特徵，就由之而具。

此外，由於大盆地的地理、歷史和文化的「邊緣」形態，明末志士、清之義和團殘部多流入巴蜀，逐漸發展為幫會袍哥「漢留」。在辛亥革命中，蜀中幫會勢力對推翻清王朝統治起著極其重要的作用，一些乘勢而起的軍閥「草莽英雄」因舊情和新政統治的需要，有意識發展袍哥幫會勢力，借助民間力量鞏固自己的統治（甚至在 40 年代，蜀中軍政勢力調集全省袍哥力量在成都街頭示威遊行，抵制蔣介石安排摯友張群主政四川）。而另一方面，軍閥混戰、政權迭變使底層群眾難以適從，底層民眾盼望能自成團夥以保一方平安，這又促使著袍哥勢力急劇發展，以至於「遍及四川城鄉，其成員占全川成年男子 90% 左右」〔註 19〕。在現代巴蜀作家中，絕大多數都與袍哥組織有著或深或淺的關係，陽翰笙甚至將自己早年袍哥生活視為「人生啓蒙時所讀的幾本大書之一」。〔註 20〕袍哥的行為規範、價值標準和語言語義表現方式，幾乎已成為巴蜀民俗風習和人文性格模式的集中概括，它自然就成為現代巴蜀作家的創作內容和藝術審美對象（沙汀與李劼人的相互推崇，其中就包含對袍哥世界的熟悉把握），現代巴蜀文學因之而被賦予了鮮明地域文化特徵。文學是一個動態的過程，按發生學理論，文學發生是多種因素作用的結果。

對中國封建專制和封建倫理道德揭露最深、批判最力的，是蜀中「成都言新學之最先者」吳虞。吳虞（1874～1939），字又陵，新都人，曾以廖平為師從事樸學研究和跟隨吳之英研習文學，戊戌政變後，轉而研究西方的社會政治學說。他於 1905 年赴日本，就讀於東京法政大學，1907 年回國後，曾任《西成報》主編、《公論日報》主筆、《四川政治公報》主編等，先後受聘在北京大學、北京師範大學、中國大學、成都大學、四川大學、外國語專門學校（巴金曾就讀於該校）任教。

〔註 19〕 王大煜：《四川袍哥》，見《四川文史資料集粹》第 6 輯，四川人民出版社，1996 年。

〔註 20〕 陽翰笙：《出川之前》，見《陽翰笙選集》，四川文藝出版社，1989 年。

　　吳虞學說的根本內容是對封建專制的猛烈攻擊和對專制基礎的深刻揭示。他剖析了阻礙中國社會進步和社會腐敗黑暗的根本原因是封建專制，而基礎則在「孔子之學說，二千年來貽禍」，[註21] 即其在《辨孟子闢楊墨之作》中指出的：「君主之專制，鈐束人之言論，教主之專制，禁錮人之思想」，因此，要建立自由民主社會，就必須推翻專制尤其是肅清封建正統儒學思想。吳虞對中國現代思想文化的建構貢獻，在於對中國宗法制封建家族黑暗殘酷的剖析和批判。他指出：「吾國終其顛頓於宗法社會之中而不前進，推其原故，實家庭制度爲之梗也」，即「家族制爲專制主義之根據」，家族的孝、悌，正是社會忠、馴的思想基礎，要使中國走向新生，就必須徹底批判封建宗法專制思想和根除家族制度。其學說中關於政治革命、思想革命、家庭革命的內容，正是「五四」新文化思想的特徵體現，陳獨秀、胡適讚譽其爲「中國思想界的清道夫」、「四川隻手打倒孔家店的老英雄」，實因其學說鮮明而典型地體現著時代精神。其論文《吃人與禮教》與魯迅的小說《狂人日記》構成了時代的最強音，正如任訪秋先生所說：「繼《狂人日記》之後，吳虞發表了《吃人的禮教》。從此，孔學與禮教一時成爲思想界的眾矢之的」。[註22] 巴金小說創作的思想批判和題材處理方式，帶有乃師吳虞學說的濃濃印痕。

　　吳虞的文學創作形式多爲舊體詩詞，其七言絕句與律詩曾名噪一時，主要收錄於《秋水集》。南社詩人柳亞子稱吳虞與龔定庵、馬君武爲「詩界革命軍之三人」，章士釗稱其「非儒諸詩，思想之超，非東南名士所及」。作品內容多是控拆軍閥、官僚的殘暴統治，表露了廣大人民反抗的呼聲，如《辛亥雜詩九十六首》（爲陳獨秀選載於在日本東京刊行的《甲寅》雜誌）。他的著述有《吳虞文錄》、《秋水集》、《吳虞日記》、《吳虞文集》，編有《蜀十五家詞》、《國文撰錄》、《宋元學案粹語》等。吳虞的《哭廖季平前輩》（1932）可以視爲是對自己一生的總結：「四十非儒恨已遲（予非儒之說，年四十始成立），公雖憐我眾人嗤（袁世凱尊孔時，公與予步行少城東城根，勸予言論宜稍和平，恐觸忌）。門庭自闢心疑古，膽識衝天自過師。垂老名山遊興在（臨逝前數周，遊烏龍寺），橫流滄海歎誰知？益州省舊凋零盡，下馬陵高望轉悲。」

　　在小說創作上，蜀中新小說的開路者是李劼人。劉光第的兒子、同盟會

〔註21〕　吳虞：《對於祀孔問題之我見》、《家族制度的專制主義根據論》等。參見《吳虞集》，四川人民出版社，1985年。
〔註22〕　任訪秋：《新文學淵源》第199頁，河南人民出版社，1986年。

員劉長述（覺奴）描寫四川保路運動和辛亥革命事件的《松崗小史》（1915），則是現代巴蜀文學在中長篇小說體式上的初試，吳虞在《松崗小史·序》中曾稱讚其「兼宗新舊，獨條所各，枝葉扶疏，十萬餘言」，作為近代文學向現代文學過渡時期的第一部長篇代表而收入《20世紀中國小說理論資料》。吳虞的妻子曾蘭於1912年在《女界報》發表的《今語有益於教育論》，明確地主張推行「今語」白話文。她指出：「中國文字深奧得很，與語言相去甚遠」，因而限制了廣大群眾接受教育並阻礙著社會文明進步，只有「廣為扶持傳播」現代白話文而「莫笑文字淺顯鄙俚」，才「大有益於國家社會」，「也就是中華民國前途的大幸事」。這些觀點，正是胡適、陳獨秀、魯迅等後來所著重強調的「白話文學」、「平民文學」的基本內容，巴蜀巾幗敢為天下先的豪氣和建構新型文化的膽識，於茲可見。曾蘭短篇小說《孽緣》（1914），揭示了專制制度下婦女的悲慘境遇；也通過作品中其他女性的言行，批評了婦女自身的缺陷。刊發這篇小說的《小說月報》編輯主任惲鐵樵專門致信曾蘭，稱「《孽緣》敘事明晰，用筆犀利，甚佩甚佩！」曾蘭還有傳記小說《鐵血宰相俾士麥夫人傳》（1912）等，都是以現代白話文為符號載體，或塑造現代女性楷模，或揭露封建包辦婚姻悲劇，都體現著濃鬱的現代思想特色。其作品被收錄於《定生慧室遺稿》（1936）。

政治和思想文化的批判相應地伴隨著批判武器的選擇，「白話的文學」理念和對西方文學技巧手法的借鑒，成為20世紀初民國新文學的思考重心。巴蜀作家郭沫若、康白情等對現代詩歌語言符號的大膽創造實驗，「淺草——沉鐘」蜀籍青年作家對巴蜀大盆地社會狀貌和人生形態的反映，還有曾孝谷、蒲伯英等對中國現代戲劇體式的創造建構，都帶有巴蜀地域人文精神驕狂大膽的傳統性格特徵。郭沫若「汲取西方新思潮而不傷食」式對西方文化的大膽移植和創造性化取，在新詩、戲劇、心理小說及意識流技巧手法等方面的探索實踐，都對中國20世紀文學的蓬勃發展起著示範作用。巴金、李劼人在中國現代長篇小說型制的確立中，以宏篇巨製「三部曲」的創作業績，成為民國文學深入發展的標誌之一。法蘭西「大河小說」恢宏構架體式和對社會人生狀貌逼真繪寫的表現技巧，成為巴金、李劼人真實反映中國現代人生和繪寫巴蜀特有社會風情的藝術載體。而民國文學逐漸擺脫歐化的模仿，漸向民族化文學的發展趨勢，也就通過巴金對中國宗法制大家庭內部人生的表現，通過李劼人、沙汀、艾蕪、羅淑、周文等作家對巴蜀大盆地內陸型農耕文化的社會人生摹寫，而得到具體的體現。

王光祈、周太玄、李劼人、曾琦、陳毅等蜀人發起創辦《少年中國》、《少年世界》等，都以自己的文學創作以及創辦《少年中國》雜誌的努力，繁榮著中國的新文學事業。尤其是蒲殿俊、張瀾在北京創辦的《晨報》，都是「五四」時期中國新文化運動的重要陣地而為世人注目。《晨報》副刊，成為五四新文學運動的「四大副刊」之一，陳獨秀、李大釗、胡適、瞿秋白都是該報的主要撰稿人，魯迅的《阿 Q 正傳》就首發於之。魯迅的小說名篇《故鄉》、《肥皂》、周作人的《人的文學》、《新文學的要求》、《文學上的俄國與中國》、《故鄉的野菜》，郁達夫的《給一位文學青年的公開狀》、《秋柳》、《生活與藝術》、《詩的意義》、胡適的《雙十節的鬼歌》、《國語運動與文學》、《新自由主義》等，都刊發於其上。

縱觀 20 世紀上半葉的中國文學發展歷程，巴蜀作家都以自己的大膽創造和銳意進取，體現著創作的實績。無論是對外來文化和西方近現代文學的借鑒化取，還是對傳統文化優秀精華的繼承創造，不管是對時代風雲的真實表現，還是對爛熟於心的巴蜀人生形態的摹繪，巴蜀作家都進行著成功的嘗試。這就是巴蜀作家輩出不窮並產生重要影響的原因。可以說，他們的文學創作已成為 20 世紀中國文學的一種積澱，並化為一種現代文學傳統，影響模塑著後來的文學特徵。

四

「五四」時期寓居京滬的一群蜀中青年聚合為「淺草──沉鐘社」，對新文學貢獻著自己的努力。其主要發起人林如稷（1902～1976）1920 年始在北京《晨報》發表短篇小說《伊的母親》、《死後的懺悔》。前者是中國現代文學最早的「典妻」題材，它通過窮人雲兒一家的悲慘遭遇，控訴了封建地主階級為了「一年租錢，就要人家妻子作抵」的殘酷醜惡；後者用一個軍閥部隊連長的死前懺悔，批判了軍閥混戰造成的社會災難和民生艱辛，表現著人道主義的時代精神。他稍後的《狂奔》、《將過去》等七篇小說，多取材於青年學生生活，注重心理描寫以表現主人公的苦悶、彷徨、悲哀和找不到出路的憤激。這些作品大都以四川和成都為地域背景，而「深灰的沙漠」、「死亡都市」、「人與人之間的相互爭奪，相互傾軋」等藝術意象，又使其籠罩著沉重壓抑和灰暗陰冷的情感基調。其作品主要收錄在四川文藝出版社編選的《林如稷選集》（1985）。

　　陳煒謨（1903～1955）的理論文章代表著這個青年文學群體的文藝觀，他不滿於當時創作的淺薄浮躁，主張創作必須是「受過藝術的爐火所薰焰」，強調文學藝術美的本質特徵。以巴蜀人文性格特有的驕狂豪氣，他提出創作的關鍵在於自我個性的充分張揚：「沒有天馬行空的精神，大藝術不能產生；沒有艱苦卓絕的努力，新文學還是無望」。〔註23〕魯迅因此指出他們「其實也是『為藝術而藝術』的團體」，並在編選《新文學大系・小說二集》時大量徵引陳煒謨小說集《爐邊・序》中文字，更將其《狼笁將軍》、《破眼》、《夜》、《塞堡》等選入，數量之多，為別人所不及。其作品主要收錄於成都出版社出版的《陳煒謨文集》（1993）。陳翔鶴（1901～1969）的小說充滿著「人」意識，早期小說多收錄於《不安定的靈魂》中。在《see……》中主人公宣稱：「我願意做人世間一切道德禮法的叛徒，我願意毀滅早死或夭亡，然而我確不願意使我的生活動搖」，以表現時代青年的堅決抗爭。但個人反抗的無力，使他們滿眼是「荊棘荒莽的原野，四周被白霧迷漫著」，「前後左右都有人在那裡悲泣或歌歎，到最終末似乎大家都已無聲」。小說《茫然》就如此描述著「世紀末的怨哀」，顯示了「低唱著飽經憂患的不欲明言的斷腸之曲」的風格特徵。其作品主要見四川人民出版社編選的《陳翔鶴選集》（1980）。

　　「淺草——沉鐘社」的蜀籍青年群體，受自己熟悉的巴蜀人生形態制約，有意識地選取蜀中人生作為觀照對象，在繼承巴蜀華美文風傳統和營造巴蜀語風中，開始了對現代心理描寫技巧手法的嘗試，從而呈現著內視角「獨語」的敘述特徵。巴蜀大盆地混亂的現實和軍閥統治的黑暗，使他們的作品大多籠罩著陰霧迷漫的陰冷低沉，而被時潮所激醒的反叛追求，又使這些作品洋溢著鮮明的時代精神亮色。這就是魯迅所稱道的：「他們的季刊，每一刊都顯示著努力；向外，在攝取異域的營養，向內，在挖掘著自己的靈魂，要發見心靈的眼睛和喉舌，來凝視這世界，將真和美唱給寂寞的人們」。通過他們的創作，魯迅表達了對「蜀中受難之深」的深切憂慮。〔註24〕李開先小說《埂子上的一夜》在一個綁票事件的敘述中，大量使用蜀中流行的袍哥語言和蜀方言，因此被茅盾所盛讚為「這在當時也是很難得的」，「吻合人物身份的活生生的對話」，並於中看到作者「頗有說明那產生『棒老二』四川和特殊社會背景的企圖」。在受吳越文化浸潤甚深和習慣於吳儂軟語的茅盾眼中，李開先

〔註23〕陳煒謨：《胚珠》，《沉鐘》，1925 年第 1 期。
〔註24〕魯迅：《新文學大系・小說二集導言》，上海良友出版公司，1935 年。

小說的語式風格和大盆地人生狀志，就是一種「異域情調」了。〔註25〕

當時活躍於文壇上的川籍作家，創造社員鄧均吾（1898～1969）的詩歌以「清新流麗」（鄭伯奇語）、「詩品清醇」（郭沫若語）而被人注意，他翻譯過海涅詩、《歌德傳》、《人類悟性論》、《科學概論》等。其《白鷗》（1923）等詩爲人稱道，《自題》透露著其人生信念：「生來不具奴性，自審亦非英雄。收拾萬千矛盾，將來做個沉鐘」（1946），其詩作後來被輯錄爲《鄧均吾詩詞選》（1981）由四川人民出版社出版。

敬隱漁（1901～？）曾被郭沫若譽爲「創造社的中堅分子」，是第一個翻譯羅曼・羅蘭《約翰・克里斯多夫》爲中文的人，羅曼・羅蘭寫信鼓勵過他的翻譯，並在經濟上幫助這位在法國留學的年輕人。敬隱漁又是第一個將《阿Q正傳》譯成法文並在法國發表的人，還翻譯了魯迅的《孔乙己》、《故鄉》和郭沫若的《幽谷關》、《鶬雛》等，其收錄有魯迅、郭沫若、茅盾、郁達夫、冰心、落華生、陳煒謨等作品九篇並翻譯爲法文的《中國當代短篇小說家作品選》（1929），由巴黎理埃德爾書局出版，爲中國文學的走向世界，做出了不可磨滅的貢獻。敬隱漁的小說集《瑪麗》（1925）作爲《文學研究會叢書》之一，顯示著創造社「最爲活躍」（鄭伯奇語）的實績，「寫的多是日常生活，但作者十分注意寫人物的心理活動，常常有整段的人物的內心獨白。這些心理描寫或內心獨白，卻不使人有厭煩、空洞之感，而是寫得很生動，很合情理，很說明人物的性格」。〔註26〕作爲「五四」時期著名文學社團的狂飆社，「中堅的小說作者也還是黃鵬基、尙鉞、向培良三個」（魯迅語）。

黃鵬基（1901～1952）的短篇集《荊棘》（1926）是《狂飆叢書》之一，收錄短篇小說11篇，被魯迅贊稱爲「用流利而詼諧的語言，暴露、描畫、諷刺著各種人物，尤其是智者層」，「他是首先明白曉暢的主張文學不必如奶油，應該如刺，文學家不得頹喪，應該剛健的人」。魯迅在編選《中國新文學大系・小說二集》收錄了其短篇《我的情人》、《蛋》。可貴的是他回到成都後繼續推行「狂飆運動」，爲蜀中新文學的繁榮繼續努力。上海光華書局出版過他的獨幕劇本《還未過去的現在》（1928）。

20世紀中國文學的正式突破是新詩的確認，具有里程碑意義的標誌是郭沫若的崛起，而郭沫若卻是在四川同鄉康白情的詩作誘發之下開始創作的。

〔註25〕茅盾：《新文學大系・小說一集導言》，上海良友出版公司，1935年。
〔註26〕倪墨炎：《倪墨炎書話・敬隱漁》，北京出版社，1998年。

安岳縣人康白情（1895～1959）曾與北大蜀籍教授陳啓修合編《新四川》雜誌，倡導「砥礪學行，對於四川青年謀文化上的交適，以創造新四川，使其適爲『新世界』的一部份」，表現出建構巴蜀新文化的鮮明意識。作爲「新潮」詩人，其詩作最大特點是以大膽強悍的巴蜀人文精神，衝破一切規範和反叛一切舊式詩美模式的文化創新，眞正體現出「五四」文學的自由和自然文風。自 1919 年發表《雪後》、《先生和聽差》等開始步入詩壇，其作品多收於 1922年 3 月出版的詩集《草兒》中，1923 年的第三版又作增刪，是爲《草兒在前》。

康白情的詩首先表現著強烈的愛國主義感情和頌揚「五四」青年反帝反封建鬥爭，如《別少年中國》、《慰孟壽椿》、《送劉清揚往南洋》等。而《女工之歌》等，則表現了對普通勞動者的同情和歌頌，表現出人道主義自由平等思想。但他的詩最爲人注重的卻是在詩體解放和詩歌語言音節化的努力。其《送客黃浦》因日常口語化和音節自然化而被梁實秋贊爲「可推絕唱，意境既起，文情並茂」和「設色的妙手」。他甚至將四川口語融入詩中：「婆婆起來打米，哥哥起來上坡」，以體現新詩「務求解放而不作怪玄奇」（茅盾語）的話語符號體系建構。因此，朱自清在梳理中國新詩發展歷程時，在《中國新文學大系・詩集導言》第一部分曾四次就康白情詩歌創作的藝術特色、價值和地位進行分析評說，特別推崇其詩在自然景物描寫上「以寫景勝」的藝術技巧：「寫情如《窗外》擬人法的細膩，《一封沒寫完的信》那樣質樸自然，也都是新的」，甚至認爲當時對胡適新詩理論眞正進行詩體實驗的，「同調的卻只有康白情氏一人」。即使在 40 年代，朱自清還堅持認爲，在「五四」詩壇上「似乎只有康白情先生是個比較純粹的詩人」。〔註 27〕

應該說，正是蜀中四季分明、草木繁盛的自然景貌，陶冶著康白情對繽紛多彩自然美景的自覺觀照和審美自覺，其《日觀峰看浴日》、《桑園道中》、《草兒在前》等詩對自然美景的繪寫和自然清麗的口語表現，就成爲康白情與其他詩人相區別的特色。郭沫若「第一次看見的白話詩是康白情的《送許德珩赴歐州》」，就被其「眞眞正正白話，是分行寫出的白話」所震驚，〔註 28〕從而激發起「劻進新文學浪潮」的創造豪氣。因此，茅盾將之作爲「當時最能夠脫離了傳統」的典範而大加讚譽。其同輩詩人俞平伯說：「我最佩服的是他敢於用勇往的精神，一洗數千年來詩人的頭巾氣，脂粉氣。他不怕別人說

〔註 27〕朱自清：《詩與哲理》，《新詩雜話》，作家書屋，1947 年。
〔註 28〕郭沫若：《我的作詩經過》，《沫若文集》第 11 卷，第 140 頁，1959 年。

他 too mystic，也不怕人家罵他荒謬可憐，他依然興高采烈地直直地去」，「無論在哪一個方面，都有自我作古不落人後的氣息流露在筆墨裏」。〔註29〕胡適更是推崇他「這四年在新詩界，創作最多，影響最大」，「只是要自由吐出心裏的東西，他是無意創造而創造了，無心於解放而成績最大」。〔註30〕在中國現代詩歌初試期，康白情的詩創作體現著中國現代詩歌健康積極的發展方向。

康白情的新詩理論，集中體現於 1920 年 3 月《少年中國》上的萬字長文《新詩底我見》。他提出「新詩底精神在創造」，詩體形式、語言風格和情感表現都應體現「獨具的人格。詩是主情的和音樂的」，寫詩技巧在於「以熱烈的感情浸潤宇宙間底事物而令其理想化，再把這些心象具體化了而譜之於只有心能領受的音樂」。而詩的音樂應有「自然的美」，「無韻的韻比有韻的還要動人」。他主張詩創作要符合內心情緒節律：「自由成章而後有一定的節律，一任自然的音節而不拘音韻」，從而營造「不顯韻而有韻，不顯格而有格」、「讀來爽口，聽來爽耳」的完美境界。正因爲此，有學者認爲，在「五四」時期，對新詩音節理論建構貢獻最大的「當推康白情」。〔註31〕他對「把情緒的想像的意境，音樂的刻繪的寫出來，這種的作品就叫做詩」的界說，詩是「『爲人生底藝術』和『爲藝術底藝術』調和而成」的辯證視角，以及寫詩時對材料的「整理」、「剪裁」、「調整」、「使其適合尺度」的技巧方法論述，都對中國新詩的繁榮發展，有著重要影響。

比康白情略早從事現代白話詩實驗的，是赴日本學音樂後回到成都的葉伯和（1889～1945），在譯讀西方詩歌時思考著「不用文言，白話可不可以拿來做詩呢？」使他萌生了「創造一種新詩體」的變革要求，成都高師音樂教學需要又使他拋棄「典故結晶體」，「做些白描的歌，拿來一試，居然也受了大家的歡迎」。〔註32〕社會閱讀主體的「接受」熱情，激發葉伯和對現代白話詩體實驗的信心，在《嘗試集》出版兩個月後，葉伯和將自己 80 餘首「白描的歌」輯錄成《詩歌集》出版，成爲 20 世紀新詩史上第二本正式出版的詩集。他發起組織的「草堂文學研究會」及所創辦的《草堂》雜誌（1922），是蜀中當時影響最大的新文學社團和刊物，受到周作人、茅盾和郭沫若的關注和稱

〔註29〕 俞平伯：《草兒・序》，上海亞東圖書館，1922 年

〔註30〕 胡適：《康白情的《草兒》，《胡適文存》二集，上海亞東圖書館，1924 年。

〔註31〕 參見王永生：《中國現代文學理論批評史》，第 160 頁，貴州人民出版社，1986 年。

〔註32〕 葉伯和：《詩歌集・自序》，華東印刷所，1922 年再版。

譽。其詩作有著強烈的時代特色，如《牡丹》中對西方資本主義的批判，《鄉村的婦人》、《孩子孩子你莫哭》等，則是對封建軍閥統治的批判和同情群眾疾苦之作，反映蜀中軍閥混戰，田地荒蕪的民生艱辛。而其《夜泊夔門》、《春》及「心樂篇」組詩，盡情繪寫巴蜀山水秀美，被郭沫若、康白情比之爲泰戈爾。葉聖陶對其詩亦推崇備至：「與我無量之歡快，境入陶醉，竟莫能稱矣！蜀多詩人，今乃益信。」〔註33〕葉伯和的第二本詩集是《伯和詩草》，另有《中國音樂史》上冊（1922）和《葉伯和著述叢稿》出版。

民國初期的詩人中，爭議最大的是「白屋詩人」吳芳吉（1896～1932）。他以一首《婉容詞》（1919）在中國社會尤其是青年知識分子中激起強烈共鳴，其詩歌的藝術追求是「決意孤行，自立法度，以舊文明之種子，入新時代之園地，不背國情，盡量歐化」，他嚮往的「理想之詩，依然中國之人，中國之語，中國之習慣，而處處合乎新時代者」。〔註34〕其摯友、「學衡派」代表詩人吳宓批評其詩爲「夾雜俚語，毫無格律」；偏激的新詩人則罵其爲「古典詩人」，「不倫不類」。吳芳吉詩歌的藝術源泉主要來自於巴蜀民歌、民謠，尤其是對「巴人歌」竹枝詞的偏愛，主要體現爲「新歌行體」的創新試驗，如其《巴人歌》所稱：「巴人自古擅歌詞，我亦巴人愛《竹枝》。巴俞雖俚有深意，巴水東流無盡時。」他時時沉醉的是「西南山水蜀林奇，天下詩人蜀最滋，相如之賦東坡詞，子昂意氣謫仙姿」。又如《兩父女》就有這樣的詩句：「亂山間，松矯矯，亂松間，屋小小。屋前泥作牆，屋頂瓦帶草」，「冷月寒宵，風湧卷松濤。一聲長嘯，千山震撼。只地下媽媽知不知曉？」

在 1920 年發表《籠山曲‧小引》中，他明確強調：「我是四川人，所以詩中注重地方色彩。原來四川文學與中國文學之關係，其重要親切，猶如蘇格蘭的風尚，在英國詩史中之位置。」正是由於他對巴蜀地域文學傳統的過分迷戀而制約了他對外來文學觀念的吸收，對新文學運動初期「新派多數之詩，儼若初用西文作成，然後譯爲本國者」的矯枉過正，也使他對白話體新詩持審愼態度。在思想內容上，吳芳吉最突出的特色就是大量寫蜀中軍閥混戰的嚴酷現實，表現普通群眾的困苦人生。愛國主義和民族主義思想，在《紅顏黃土行》、《獨醒亭下作》等詩中表現尤著，「國恥」、「國仇」呼聲，到處可見。如《仇貨買不得》：「仇貨買不得，仇貨買不得！買了仇貨，賣了中國！

〔註33〕 葉伯和：《伯和詩草‧附錄》，成都昌福公司，1924 年版。

〔註34〕 吳芳吉：《白屋吳生詩稿‧自敘》，見《吳芳吉集》，巴蜀書社，1994 年。

休將仇貨污人格，信誓勿逾越！」。從民主主義和人道主義立場出發，他以《曹錕燒豐都行》、《歌》、《籠山曲》等詩作，痛斥反動軍閥的燒殺搶掠，甚至指名道姓地進行批判，同時又懷著深深的同情，描摹勞苦群眾的艱難生活。

其代表作《婉容詞》立足於新舊婚姻道德觀念的衝突，圍繞著傳統女性「從一而終」與留學生「結婚離婚自由」的觀念反差而展開心理衝突。它通過傳統女性婉容對留學生丈夫的思戀描寫，收到丈夫要求「離婚自由」信件時的愁怨，以及受傳統觀念制約無路可走的絕望和自殺前對生命的留戀，極力描摹人物的細膩感受。通過婉容的遭遇敘述進行著思考，這比當時及以後許多同類題材的作品，更富於情感震撼力度。《婉容詞》語言兼有通俗暢達與含蓄典麗之長，描繪心境與物境時又細緻準確，尤其是結尾處將女主角投湖自殺的動態和靜態交響，聲音與光影互襯，渲染得感人至深，體現著詩人極高的藝術表現功力。當時一些中小學將其一些代表作選入教材，成為新詩範文。

他是一個有意識在創作中凸顯地域特色的詩人，「四川山水別有境界，他的境界的表示，都是磅礡，險峻，幽渺，寂寞，及許多動心駭目之象」，「我望現今的新詩人輩，要得詩境的變化，不可不赴四川遊歷。而遊歷所經，尤不可不遍於他的疆界。」〔註 35〕吳芳吉的這些創作主張，值得我們注意。被人稱道的有《兩父女》、《護國岩詞》、《巴人歌》等。他先後擔任過西北大學、成都大學、四川大學教授，參與創辦重慶大學，自編《白屋吳生詩稿》（1929），摯友吳宓等為其編訂《吳白屋先生遺書》（1934），後有《白屋詩選》（1982）、《吳芳吉集》（1994）出版。

五

「紅色 30 年代文學」中的四川方音，是民國文學由「文學革命」發展到「革命文學」階段的饒有興味的現象。

首先，崛起於 30 年代文壇的四川滎經縣人周文（1907～1952），是以對中國西部青藏高原「川荒一隅」藏漢雜居人生形態和蜀中軍閥混戰現實的表現而一舉成名的，又因特色鮮明和寫作快疾被視為「高產作家」。

16 歲進入軍隊作文書並轉戰於川藏地區的周文，目睹著鴉片、麻將、官

〔註35〕吳芳吉：《吳芳吉集》第 110 頁，巴蜀書社，1994 年。

場爭鬥的社會黑暗腐惡，親歷著軍閥混戰的種種慘景，有著「在死的邊沿上爬過幾回」的人生體味，疑惑、憤怒，就在「五四」新思想的影響下爆發，他毅然衝出那「黑化」人生去上海，投身於新文學創作和革命鬥爭。1933 年，周文的短篇《雪地》以「西康的兵」獨特題材和彌漫著雪嶺蠻荒的雪域高原風情，尤其是對軍閥的殘忍以及士兵們抗爭的描寫，顯示出自己的創作個性並引起廣泛注意。對創作基點的準確把握，在魯迅、茅盾指導下對生活體驗的理性自覺，就使周文在短暫 6 年間貢獻出《分》、《父子之間》、《多產集》等眾多短篇集和中長篇小說《煙苗季》、《白森鎮》、《愛》、《救亡者》等，這使他成爲民國時期左翼青年作家群中成就顯著的一個。

周文對民國文學的貢獻，首先是直接揭示了蜀中軍閥混戰的現實，正面描寫了普通士兵替統治者作炮灰的人生慘景。《山坡上》表現一場軍閥混戰後兩個士兵受傷後蘇醒，從滿腔仇恨再次相搏，到終於認清彼此皆是受苦人的相憐相助，抒寫了一曲對下層士兵美好心靈的頌歌。而小說中屍橫狼籍、污血四處的慘景，與高原雪夜映照下的凄冷，野狗爭奪屍體的嚎叫與未死者痛苦的慘叫等場面，都被描繪得觸目驚心。《雪地》敘述著一支在雪山中轉戰數年的部隊換防返歸的故事，嚴寒和傷病，深隱沒膝的積雪，長官貪污導致的食物不足，都使士兵們掙扎在絕境之中。歷經苦辛的士兵們走出雪山後卻被旅長視爲非嫡系而重遣入雪山，他們在忍無可忍的情況下奮起抗爭尋求出路。小說通過軍閥營長、旅長貪污軍餉，肆意殘害士兵的罪行描寫，通過士兵們在死亡線上掙扎尋求生機而不得已嘩變的生活場景，體現著生活的真實和內容的厚重。

蜀中軍閥割據下的社會形態，在中篇《白森鎮》中得到更廣泛的展示。通過一個軍校生被派往邊陲小鎮捲入兩個縣長矛盾糾葛的經歷，小說描寫了軍閥、官吏、土匪之間爲爭奪權利財富傾軋不已而又互相利用勾結殘害人民的種種腐敗黑暗，多種矛盾的安排和眾多性格的展示，都通過主人公在白森鎮幾天時間的經歷而貫串一體，顯示著作者駕馭小說結構的藝術功力。而其巨大社會意義正如茅盾所指出的：「在中國這個最大最富庶也最黑暗的邊省裏，封建軍閥——大的和小的，曾經怎樣把廣大的幅員割裂成碎片，而且在每一個最小的行政單位（例如白森鎮）內也成爲各派軍閥暗鬥的場所」。〔註36〕長篇小說《煙苗季》以煙苗盛季來臨時軍閥之間爭奪煙務肥缺而展開矛盾

〔註36〕茅盾：《〈煙苗季〉和〈在白森鎮〉》，《學習與工作叢刊》之三，1937 年。

衝突。「旅長派」和「參謀長派」各自結成團夥，或出賣礦產換取外國勢力支持，或動用武力全城戒嚴打擊對方，在「禁煙」幌子下上演著一齣大發鴉片財的人間醜劇。巴蜀大盆地的黑暗與醜惡，於此得到淋漓盡致的表現。

周文在民國 30 年代文學創作的意義，在於表現著鮮爲人知的中國西部高原「邊荒一隅」人生形態，展示著蜀中軍閥割據的狀況，尤其是揭示出軍閥統治內部的醜惡黑暗。由於其親歷的豐厚積累和深切的體驗感味，他所表現的生活都浸潤著強烈的感情色彩，並體現著高度的眞實。而那直插天際的連綿雪峰，深厚沒膝的積雪，「灰黃的碗口大的太陽」，崎嶇彎曲山道上「方桌子似」的大馱包與艱難攀行的馱夫身影，還有在險惡條件中頑強搏擊的生存欲望，都使周文小說彌漫著一種沉重和厚深的人生意味。雪域高原、羊腸古道、險關狹谷、挑夫馬幫、軍閥土匪、山民煙客、家族傾軋、同仁暗鬥、幫派火併等藝術意象，讓當時社會閱讀界爲之矚目。40 年代，周文作爲四川文藝界中的中共領導人，倡導「通俗文學」甚力，有《唱本，地方文學的革新》、《論四川戲》、《四川話劇的提起》等理論文章，顯示著他對文學本土化、地域化方向的注重和對巴蜀文化的強調，其《談目前通俗文學的重要性》一文，更顯示著一個作家強烈的現實人生關注特點。

1928 年，從日本歸來的李初梨（四川江津縣人）、沈起予（四川巴縣人）等，以及李一氓（四川彭縣人）、陽翰笙（四川高縣人）等蜀籍中共黨員，圍繞在郭沫若身邊成爲「後期創造社」成員，聯合以蔣光赤等中共黨員組成的「太陽社」，發起「無產階級革命文學運動」，在理論和創作上辛勤耕耘，成爲中國「紅色 30 年代文學」的突出標誌。

陽翰笙（1902～1993），四川高縣人，筆名華漢，曾擔任黃埔軍校政治教官，參加過「八一」南昌起義，受黨組織委派參加後期創造社，創作了《地泉》三部曲（1930）、中篇小說《兩個女性》、《義勇軍》，短篇小說集《十姑的悲愁》和《最後一天》等，是「革命文學」初期的代表作家。《地泉》三部曲著力反映了農民暴動和農村革命的「深入」、小資產階級知識分子思想和行動的「轉換」、工人運動和革命高潮的「復興」，表現了農民面對殘酷的封建壓迫和剝削的生死抉擇，以及他們組織起來後的強大生命力。整部作品氣勢恢宏，卻帶有當時「革命的羅曼蒂克」小說圖解革命運動、表現概念化的毛病，使所描寫的革命暴動帶有很大的烏托邦性質而失去了文學應有的藝術感染力。小說表達了作者的主觀創作邏輯和理想——革命發展由深入至轉換到

復興，演變出了「革命高潮速至」的空幻理念。1930 年，陽翰笙發表《讀了馮憲章的批評以後》來對自己的創作進行檢討，並借再版《地泉三部曲》（1932）機會請人作序，希望「嚴厲無情地給這本書一個批評」。郭沫若的《一隻手》，段可情的《一個綁票匪的供狀》等小說，都屬於展現貧富對立「革命文學」的典型。

1932 年，「左聯」人士瞿秋白、茅盾、鄭伯奇、錢杏邨、華漢（陽翰笙）等為重版的長篇小說《地泉》作序，這就是著名的《地泉》五序言，通過解剖自己達到對「革命的浪漫蒂克文學」的清算，是左翼文學界有計劃清算初期革命文學創作中錯誤傾向的一個重要事例。茅盾的《〈地泉〉讀後感》指出：《地泉》作為早期革命文學的代表作之一，「失敗的原因，不外乎（一）缺乏社會現象全部的非片面的認識，（二）缺乏感性地去影響讀者的藝術手腕」，文章實際上批評了以蔣光慈為代表的早期革命文學中的「臉譜主義」、「公式主義」概念化宣泄革命熱情的非藝術傾向。陽翰笙後來被中共派往電影界開展工作，創作了《鐵板紅淚錄》、《中國海怒潮》、《逃亡》、《八百壯士》、《塞上風雲》等電影作品，以及話劇《前夜》、《兩面人》、《槿花之歌》、《草莽英雄》等，其劇作《天國春秋》問世，與《李秀成之死》（1937）等構成「太平天國史劇」的源頭。

中共文藝理論和文藝政策以組織形式集中展示，是在「紅色 30 年代」。留日歸來加入郭沫若領導的創造社大旗下的蜀籍中共黨員李初黎，以及奉命進入文學界的陽翰笙、李一氓等，在《文化批判》、《思想月刊》、《創造月刊》等刊物上發表大量理論，鼓吹無產階級革命文學。1928 年，李初黎在《文化批判》第二期上發表的《怎樣地建設革命文學》，提出作家的「轉換方向」以及「牢牢地把握著無產階級的世界觀——戰鬥的唯物論，唯物的辯證法」問題。他提出「一切的藝術，都是宣傳。普遍地，而且不可避免地是宣傳」，文學「與其說它是社會生活的表現，無寧說它是反映階級的實踐的意欲」、「一切的作品，有它的意志要求；一切的文學，有它的階級背景」。他對無產階級文學的界定是：「為完成他主體階級的歷史的使命，不是以關照的——表現的態度，而以無產階級的階級意識，產生出來的一種鬥爭的文學」；無產階級文學的形式則是：「諷刺的，暴露的，鼓動的，教導的」。

四川彭縣人李一氓是郭沫若的入黨介紹人，翻譯了《馬克思與恩格斯合傳》、《馬克思論文選譯》及馬克思的《哲學之貧困》、《新俄詩選》等。時任

左聯秘書長的四川南充人任白戈（1906～1986），有《關於國防文學的幾個問題》、《現階段的文學問題》、《科學的世界文學觀》、《「大眾語」的建設問題》以及翻譯作品《伊里奇的辯證法》、《機械唯物論批判》等論著，主要內容是闡釋蘇俄文藝政策。陽翰笙發表有《普羅文藝大眾化問題》、《文藝大眾化與大眾文藝》。郭沫若的《革命與文學》、《英雄樹》等論文，明確提出「我們的運動要在文學之中爆發出無產階級的精神」、「一個階級當然有一個階級的代言人，看你是站在哪一個階級說話」等主張。這批蜀籍中共黨員對中國無產階級革命文學理論的建樹，在後來毛澤東的《在延安文藝座談會上的講話》中可以看到鮮明的印痕。延安時期出任新華社和社長和中共中央機關報《新中華報》主編的李初黎，建國後長期擔任中國文聯黨組書記的陽翰笙，對中共文藝政策的最終成型，有著自己的貢獻。

　　重慶人李伯釗（1911～1985），筆名戈麗，1924 年考入四川省立第二女子師範學校，1925 年入上海大學學習，後赴蘇聯莫斯科大學學習，1930 年回上海再轉往江西蘇區，1932 年任「中華蘇維埃共和國」高爾基戲劇學校首任校長，改編和創作的話劇有《戰鬥的夏天》、《無論如何要勝利》、《為誰犧牲》《殘忍》、《擴大紅軍》等，成為「紅軍戲劇」的代表。抗日戰爭中，有歌劇《農村曲》以及《老三》、《母親》等話劇作品，創作有長篇小說《樺樹溝》。

　　魯迅、茅盾在為美國作家伊羅生編選中國短篇小說集《草鞋腳》時，特別推薦蜀中青年作家劉漣清的《我們在地獄》：「此篇作者是清華大學的學生，真姓名不知道，漣清，是筆名。此篇原載 1933 年出版之《清華周刊》（清華大學學生們辦的一個刊物）文藝專號中。這一篇是寫四川最近軍閥混戰時兩個敵時的軍閥爭一城市而在城內巷戰的寫真，作者大概就是四川人，而本篇所敘是他親身的經驗，所以非常真實動人。」〔註 37〕小說以四川某小縣城為場景，通過新婚的「我」和杏哥一家及其鄰居的苦難遭遇的描寫，深刻揭露了四川軍閥在混戰中拉兵拉夫、姦淫燒殺無所不為的罪行。劉漣清先後發表的小說被集輯為《黑屋》，於 1937 年 7 月由商務印書館作為「文學研究會創作叢書」第二集正式出版，共收小說九篇，即《棉襪》、《吸血鬼》、《幸福的人》、《暑假期中》、《黑屋》、《復生》（即《一個人的沒落》）、《古城一日記》、《不相識者》、《錯的推理與命運這東西》等。〔註38〕

〔註37〕參見《魯迅研究資料》第六輯，第 21、22 頁，天津人民出版社，1982 年。
〔註38〕參見劉傳輝：《〈我們在地獄〉作者之謎》，《文史雜誌》，1987 年第 2 期。

　　自貢人王餘杞早年就讀於北京交通大學，畢業前夕曾東渡日本實習，1934年參加北方左翼作家聯盟。主編過《當代文學》，與劉白羽合著的報告文學《八路軍七將領》，較早地向國人正面介紹共產黨高級領導的抗戰事迹而受到人們的熱烈歡迎。王餘杞的長篇小說《自流井》（1944），以對內陸型工業生產和蜀中工業結構形態的描寫而體現著其價值，反映富（順）榮（縣）鹽場變遷的長篇小說《自流井》，有大量民國自流井的生產生活風貌，描述了一代鹽商家族的興衰敗亡，小說在對蜀南鹽工生活遭遇和悲慘命運的全面反映中，注意從更廣闊的歷史背景上，揭示蜀中鹽業的生產規模、鹽業商貿狀況，又輔以巴蜀民俗風習的繪寫，從而體現出「巴蜀重史」的傳統特徵。

　　重慶人劉盛亞（1915～1960），以筆名 SY 發表的《在卍字旗下》，通過自己在德國的生活經歷，揭露了德國法西斯對人類的殘酷暴行，以題材的新穎和強烈的抗戰熱情而大受歡迎。短篇小說《白的笑》與中篇小說《小母親》，已經顯現出較爲開闊的藝術視野。長篇《夜霧》則以一個京劇女演員往返於北平與重慶之間，從女伶而主婦，再到重爲女伶的人生沉浮，來展現抗日戰爭給中國人生活所帶來的種種危機與重重苦難，因爲對 40 年代社會人生的反映而具有較強的現實意義。沈起予的《人性的恢復》，通過一群日本戰俘被感化恢復人性的歷程，揭示了日本法西斯主義的殘忍醜惡，展示了正義公理的必然勝利。金滿城的《中日關係的一角》，以一個愛國知識分子與日籍妻子的衝突，思考著個人利益與國家民族利益的關係問題。他們的這些作品，都體現著 40 年代巴蜀文學「世界化」的思想特徵。

　　「九葉詩派」成員、樂山人陳敬容（1917～1989），是在鄉賢郭沫若詩歌影響下而投身於文學的，但她直接師承的卻是何其芳早期詩歌的溫婉和色彩豔濃。1935 年她開始在《晨報副刊》上發表的《殘葉之一》等作品，呈現著她對「講求精鍊而意味探長的風格」的刻意追求。早期詩作的彙集《盈盈集》（1948），多以愛情、幻夢爲主要內容並充滿孤寂鄉愁，以至於一些詩作曾被人誤爲何其芳的化名之作。40 年代社會局勢的變化，促使了她詩歌風格的改變，以自我「對於現代諸般現象的深刻而實在的感受」〔註 39〕去深入現實，通過「客觀對應物」的意象塑造去寓託思想情感，達到一種「戲劇化」客觀表現的效果，這正是陳敬容及「九葉詩人」詩歌創作的突出特徵，體現於《船舶和我們》、《珠和覓珠人》、《雨後》等詩作中。《飛鳥》作爲陳敬容詩藝個性

〔註39〕成輝（陳敬容）：《和唐祈談詩》，《詩創造》第 6 期，1948 年。

的代表作，以「負馱著太陽／負馱著雲彩／負馱著風」的飛鳥，抒寫著詩人內心「卸下艱難的負荷」強烈渴求，表現著詩人「在高空裏無憂地飛翔」激情。正是以清醒的眼光汲取西方現代詩歌的藝術手法，以對現實人生獨特體味去思考和表現，注意展示自己獨特的藝術風格，陳敬容詩歌的價值和藝術魅力是以被人稱道。她出版有詩集《交響集》、《盈盈集》、《老去的是時間》等。

抗戰前出版詩集《雨景》的方敬，是以低沉憂鬱的心緒描寫開始創作的，抗戰時期詩集《聲音》在原有的細膩詩風中顯露出樂觀明快的新特點，如《路》：「前進，一切都的進著／驟蹄，車輪、足步／沿途壓下希望的花紋」。《行盼的歌》、《受難者的短曲》等詩集，都是他對抗戰時期社會人生的感味結晶，體現著濃鬱的現實主義特點。被視爲「新月」詩群成員的曹葆華，以《奮詩魂》、《落日頌》、《炎焰》、《無題草》等詩集而被人熟知，在對英國浪漫主義詩歌的借鑒和對節律音韻的注重等方面，體現出自己的藝術個性。後來又刻意追求西方現代詩藝，形成了一種「詩語碩挺，詩意幽晦，詩味冷澀」的藝術特徵。抗戰爆發後奔赴延安，新的生活使他的詩風發生極大變化，其早年受郭抹若詩風影響的粗豪雄壯又再次呈現，體現出詩人關注社會現實的巨大熱情。

成都的「華西文藝社」以及杜谷、方然、羅洛、芒甸等創辦的《平原詩叢》、《螞蟻》、《呼吸》，在重慶的鄒獲帆、姚奔主編的《詩墾地》等詩歌刊物，都彙聚著一大批蜀中青年詩人，成爲「七月詩派」的重要力量。被人稱道的有杜谷《泥土的夢》（1940）：「泥土有綠鬱的夢／灌木林的夢／繁花的夢／散發著果實的酒香的夢／金色的穀粒的夢／它在夢中聽見了……潺潺的流水／和犁牛低沉的鳴叫／和布穀鳥催耕的歌／和溫暖的池沼／劃著桔色的槳和白鵝的戀曲」，以溫婉的情感抒發著對災難深重的祖國大地的熱愛，是杜谷詩歌的藝術個性（中央電視臺 2006 年新年詩會，這首詩被作爲開首篇朗誦）。胡風曾經評論道：「杜谷底向著對象的徘徊，愛撫，原是由於他底切切低訴的心懷，因而使每一首都成了渾然的樂章」。杜谷有詩集《泥土的夢》、《好寂寞的岸》、《杜谷短詩選》出版。方然的《我知道風的方向》則滿懷激情地展望未來：「我知道風的方向／風打從冬天走向春天／我知道風底方向／我們和風走著同一道路啊」。

蘆山縣人玉杲的敘事長詩《大渡河支流》引起人們注意，全詩共八章，

反映抗日戰爭時期川西北地區黑暗社會的狀貌。作品通過女主人公瓊枝的悲慘遭遇，控訴了不合理的婚姻制度，極其廣闊地描繪了那個「毒氣四溢」的時代，表現著抗戰救亡的時代強音。沙鷗的詩集《農村的歌》、《化雪夜》、《桂林清》等，以巴蜀方言和運用巴蜀民歌調式而受到人們的注意，如《這裡的日子莫有亮》：「一個女人生在鄉下本來就命慘／做呀累呀事情一輩子也做不完／當姑娘也休想過一點情網」，「才過門丈夫就遭逼死翻起眼／她想來想去只想把李保長一口咬來吃了／要死就一路上黃泉。」強烈的現實批判和故事性，淺俗生動的方言口語，這都為當時詩壇增加了新的風景。沙鷗的方言詩朗誦也甚受群眾歡迎。與之相似的是出版《紅色綠色的歌》、《給夜行者》等詩集的煉虹，因其在成都從事「四川方言詩」朗誦而轟動一時。

第三節　巴金與巴蜀文化

一

民國文壇上，最具有社會閱讀效應的作家，是巴金。無論是民國文化的反專制體制、求民主自由，還是對家庭人生的生活體味，都使廣大讀者對巴金作品產生強烈共鳴。巴金自訴，其「作品只能說是一個年輕人的熱情的自白和控訴」，強烈的主觀熱情和政治批判態度，使他不太注重民俗風貌的描寫，以致於李健吾認為，「不長於描寫」的巴金，只能「用敘事抵補描寫的缺陷」，〔註 40〕因此有學者提出：「要研究四川文學與巴蜀文化，選擇巴金也不太合適」。〔註 41〕但是追求「創作與生活的一致」，力求「真實」地表現出自己親歷社會人生，巴金的創作必然會表現自己所處的地域人生狀貌和生存形態，體現出特定生活環境及文化背景的模塑影響，他的作品必然地要體現出一定程度的巴蜀文化特徵。

因遠離中原的「西僻之國」地理隔阻，和「天府」自給自足優勢而形成的「戎狄之長」意識，巴蜀文化長時間以「邊緣」話語與中國封建正統權威相悖。早在華夏民族初年時代，巴蜀地區就獨標一幟地張揚自己的個性，「周失綱紀，蜀先稱王，七國皆王，蜀又稱帝。是以蠶叢白王，杜鵑自帝」。在中

〔註40〕李健吾：《巴金的愛情三部曲》，天津《大公報》1935 年 11 月 3 日。
〔註41〕嚴家炎：《二十世紀中國文學與區域文化‧總序》，湖南教育出版社 1995 年。

國封建思想文化體系完型之際，巴蜀人文精神仍傲然獨立其外，「未能篤信道德，反以好文譏刺」，道家學說、易學卜筮，巫術墨俠等非正統思想一直是巴蜀文化的基本核心。佛教蜀禪更是以「活潑潑」的生命本體意識，「自心是佛」的驕狂個性，「呵佛罵祖」的反叛精神，及「當頭棒喝」的怪誕接引方式，體現著狂野大膽的地域文化特徵。

明清漸起至近代完型的川劇藝術那「三分唱七分打」的大鑼大鼓，成為戲劇活動主客體內心情感盡情瀉泄的最佳方式，響遏入雲的高腔也許意味著「走出夔門」的精神焦灼，「一唱眾和」的幫腔藝術則是使更廣大民眾參與劇情創造的民主精神體現。而川劇臺詞質白通俗、語多諧謔的「涮罈子」，尤其是思想內容上的大膽批判，是巴蜀文化精神的集中體現。城隍菩薩、判官土地和閻王都可以鞭打咒罵，王公大臣常被刻畫為卑鄙小人，特別是「帝王丑」角色塑造，川劇敢於直接將白粉塗上皇帝的鼻梁進行盡情地嘲弄批判（如《獻雞》、《大田壩》等劇目），這些都是標舉「邊緣」話語，對一切正統權威中心大膽反叛的地域文化精神的表現。

文化的活動主體是人，巴蜀文化的思想特徵通過歷代精英人物的生存方式和文化創造而表現著。巴蜀先民那種「巴蛇吞象，三歲而出其骨」的大膽和驕頑，「萇弘碧血化珠」的不屈不撓意志，司馬相如與卓文君敢於反叛封建禮法規範卻「不愧不怍」，敢於「夫子自道」（錢鍾書語）的勇氣和豪氣，都是在「西僻之國」這種特殊的地域環境中被薰染鑄造的。作為巴蜀文化的傳承者，他們首先是被既有的地域文化所模塑，同時又以自己的文化再創造豐富和發展著地域文化而澤被後來者。李白「天子呼來不上船」的狂傲，「安能摧眉折腰事權貴」的自由人生追求，陳子昂「鬥雞走狗，仗劍殺人」的墨俠行為，蘇軾嘲謔一切神聖威權，放浪形骸於江上清風、山間明月的超然和在「東坡肘子」、翠竹叢林中的現世人生自由生存方式，都對巴蜀乃至中國社會人生產生著巨大影響。由於「鄉賢」意識和地域文化心理的價值同構作用，其對巴蜀人文性格的模塑範式，作用尤烈，並成為後來者文化創造的背景和前提。

人是社會動物，個體人在社會群體中生活，其意識、思維方式、行為舉止和語音語調，都必然地被所在的具體環境所模塑。文化學家指出，個體生活的歷史首先是適應其所在社區代代相傳下來的生活模式和標準。從他出生之日起，他生於其中的風俗就規範著他的行為和體驗；到他能說話時，社區

的語法、詞彙和語音語調就成為他的語言方式；當他長大成人，並參與這種文化活動時，社區的文化習慣就是他的習慣，其文化的信仰和禁忌就是他的信仰和禁忌。可以說，自給自足又自成體系，相對遼闊又四周阻隔的巴蜀大盆地，獨異的地域文化保留得較為完整並且色彩濃鬱，影響也極為強烈。成都是巴蜀文化彙聚的核心地區，在這裡度過了十多年青少年生活的巴金，必然地要在這個千年歷史古城的諸多文化勝迹中，被前輩鄉賢的創造事迹和人格個性所薰染，巴蜀文化必然地要通過歷代蜀籍精英及地域文化典籍去影響、模塑巴金的人格個性和文化意識（如《激流三部曲》中多次描寫覺慧兄妹吟誦蘇詞的場面，《我的散文》將蘇軾作品視為最喜愛的以及他筆下人物對「俠客」的欣慕和俠士行為的描寫）。

創作心理學認為，青少年人生體驗對作家的創作至關重要。巴金青少年時期的蜀中生活體驗和對巴蜀文化的認知，是從成都的歷代名勝古迹和巴蜀先賢事迹，以及巴蜀民俗和民眾的生存形態等「顯表」圖像形式去接受、感知和積存的，這就奠定了他後來的社會認知方式和創作思維格局。童年記憶（幼年心理圖式）使巴金終生進行著對中國封建大家族內部黑暗的批判，幼年感知的心理圖式使他不追求技巧卻以真實深刻的「表現」而享譽文壇，蜀中人生、成都封建大家庭人生題材，成為他最成功的藝術創作標誌，而對封建正統文化思想道德的憤怒批判，對「幼稚而大膽」叛逆者的盡情頌揚，對美好生命的讚美，則是巴金將巴蜀地域文化精神與二十世紀民國進步思潮完美融匯的成功範例。

幼年巴金最喜歡和僕傭們在一起，如他後來所回憶：「我常常躺在老年轎夫的煙燈旁邊，聽那些講不完的充滿人生艱辛的故事，我跟這些人很親近，我喜歡他們，我覺得我連他們的心也看得清楚。我一點不瞭解我那幾位叔父，也無法跟他們接近」，當時十一歲的巴金，就在同這些勞動者的友誼交往中「學到不少的知識」。兒童心理學認為，9～12 歲的兒童是「自我動機」時期，他已開始在社會集群和成人的壓力中逐漸產生自我主見，對外部影響進行著選擇，具有初步的自我價值判斷和認知態度。特定的家庭內部構成（巴金 10 歲失母，13 歲喪父）和矛盾關係，使巴金游離於封建正統文化及載體（祖父、叔父們），棄捨封建道德倫理而認同於民間流佈的「邊緣」形態的巴蜀人文精神。他自己對此說得很清楚：「我是在下人中間長大的。在鴉片煙旁邊我聽過不少從轎夫、聽差口中講出來的故事，在柴竈前面我曾幫忙過轎夫們燒火煮飯。在這一群沒有智識，缺乏教養的人中間我得到了我的生活態度，我得到

了那近於原始的正義的信仰。我得到了直爽的性格。書本告訴我的，教師傳授給我的，都早被時間之水洗去了。只有那生活態度，那信仰，那性格還留下來，成了和我不能夠分離的東西，我徹頭徹尾是一個粗野的人」。

在《關於〈長生塔〉》一文中巴金還談到女僕們講述的巴蜀民間傳說：「她們講得有聲有色，而且很有感情，因為故事裏含有人民的共同心願，這就是：「凡是壓迫人民的都要滅亡」。也就是說曾經輝煌燦爛的巴蜀文化，隨著封建正統儒家文化的統治地位日益強化而在顯表層面退隱，卻在巴蜀大盆地中潛流不息，在民俗層面流佈運行，並不時地以其孕育的精英人物而進人顯表層面，這就是文化學家所概括的「冰山現象」，這些巴蜀精英又反作用和濃化著地域民俗文化。「原始的正義」、「直爽的性格」正是巴蜀文化和地域人文精神，通過民間民俗途徑直接作用於巴金的珍貴遺產。又例如川劇的民主性思想和對封建統治者的批判態度，都是巴金喜愛川劇的原因，川劇塑造人物形象的技巧手法，正是巴金文學創作的師法對象。他認為，許多川劇折子戲都是「很好的短篇小說。隨便舉個例子，川戲的〈周仁耍路〉……一個人的短短自述把故事交待得清清楚楚，寫內心的鬥爭和思想的反覆變化相當深刻，突出了一個有正義感的人物的性格」。通過以上分析，我們不難看到，巴金的思想性格和創作表現，都銘刻著鮮明的巴蜀文化印記。

二

在漫長的中國封建社會歷史長河中，作為一種「西僻之國」的邊緣文化，巴蜀文化曾在社會政治相對寬鬆的特定時期獲得巨大發展，巴蜀士人精英更是以大膽反叛權威，公然標舉自我個性和自由人生的追求而彪炳於世。至近代，中國封建制度開始崩潰，封建正統思想文化開始衰落，巴蜀文化在西方進步思想文化影響下再次顯示出自己的頑強生命力和獨特個性。以吳虞、郭沫若或為代表的巴蜀文化思想家，在融匯西方文化思想與地域文化傳統中，努力建構現代蜀學新體系，以徹底摧毀封建正統文化思想統治。現代蜀學，使巴金對封建統治階級和倫理道德的批判，達到一種理性自覺。

現代蜀學的第一聲號角，被史學家譽為「中國資產階級民主革命第一部宣言書」的，是明確標舉為「蜀人鄒容」的《革命軍》。作者在書一中大聲疾呼「革命！革命！得之則生，不得則死！」鄒容提出：只有徹底「掃除數千年之專制政體，脫離數千年種種之奴隸之根性，以進為中國之國民」，從而建

立「無上下貴賤之分」的民族共和國，作為參照，他熱情地介紹西方民主共和制度和人道主義、天賦人權說、法蘭西革命綱領和美國獨立宣言。可以說，鄒容〈革命軍〉最突出的思想特徵是對中國封建專制，尤其是專制根源—儒家道德倫理思想的剖析和批判，以及對民主自由的熱切呼喚。他的思想既有著留日時所受的西方進步思潮的影響，也帶有巴蜀地域文化意識的薰染作用—少年時在蜀中的鄒容，就開始反叛正統思想文化的思想，「與人言，指天畫地，非堯舜，薄孔子，無所諱」的言行，正是地域文化「邊緣」話語形態的體現。與鄒容同時的留日蜀人雷鐵崖的《警告蜀人》一文，從列強大勢、中國危急、蜀人病根、辯別主義、救亡方針等幾個方面展開論述，並重點分析蜀中社會現狀和蜀人思想病根，提出了自己的「救亡」措施，署名為「蜀人相如」的《四川革命書》和「望帝」的《四川討滿州檄》等文章，都是立足於世界格局、民族危亡大趨勢，對巴蜀人民進行反封建專制的戰鬥呼喚和思想啟蒙之作。這些文章都曾在蜀中廣為傳佈，成都又是留日的資產階級革命者活動的中心，他們的思想自然會對巴金發生影響。

但是對巴金思想性格和創作影響最為直接的，是吳虞。吳虞以深厚的國學功底，「戊戌之後，兼求新學」，東渡日本研究盧梭、孟德斯鴻、斯賓塞諸人學說，用西方民主思想重新審視中國傳統文化。其反孔非儒和對封建道德傳統的批判，既帶有歷代巴蜀精英崇尚老莊道家，張揚自由個性的地域人文精神特徵，又兼有西方現代科學理性的批判力度，其《墨子的勞農主義》、《道家法家均反對舊道德說》等，即是這種思想特徵的代表作。出於變革中國社會的需要，吳虞集中力量對沿襲千年的封建專制進行猛烈攻擊，他公然宣稱：「予唯宗法階級社會是崇，上智上愚，貴賤尊卑，劃然懸絕，民知塞遏，民德陵夷，專制至今，穢瑕充塞」，而其根本原因在於思想專制，「孔子學說，二千年來貽禍於吾人者」。

吳虞思想的深刻在於看到中國封建專制的社會基礎是宗法家庭制度：「歐洲脫離宗法制度已久，而吾國終其顛頓於宗法社會中而不能前進，推其原故，實家族制度為之梗也」，要消滅封建專制，就必須用西方民主自由思想，發揚老莊道家對「個人的道德」重視的傳統，摒棄儒學對人性的壓迫和愚民政策，尤其是要徹底消除專制主義的根本基礎家庭制度，實行「家庭革命」。〔註42〕

〔註42〕 參見吳虞：《對於祀孔問題之我見》、《家庭制度為專進度義之根據論》等，《吳虞文錄》，黃山書社 2008 年。

將政治革命、思想革命、家庭革命三者並舉，從深入剖析中國封建社會的根本瘤疾，到隻眼獨具地指出家庭制度爲專制主義的根本基礎，吳虞自己親身實踐的那場「家庭革命」及其對乃父卑劣的批判，在成都上層社會轟動一時。這些思想對其學生巴金產生著極爲深遠的影響。可以說，巴金終生從事對封建主義的批判而毫不懈怠，創作取材大多圍繞封建大家庭人生，作品充盈著對封建專制和家族制度黑暗的憤激控訴和對舊道德吃人的批判，這都是自己的生活體驗被吳虞思想學說所激活，從生活的感知而飛躍爲理性自覺的批判。

作爲「五四」精神的時代號角，郭沫若那沖決一切、創造一切的豪邁和「絕端的自由、絕端的自主」的狂飆突進，在中國社會激起巨大反響，博得廣大時代青年的強烈共鳴。在文藝美學思想上郭沫若崇尚自我表現，主張文學是作者眞情實感的自然渲瀉和張揚反理性的「直覺」，「以內心的要求爲文學活動的原動力」及「唯眞唯美的精神」等理論，都爲中國現代文藝美學新體系的建構，作出了可貴貢獻。他把創作視爲「生命的衝動」、「以自然流露爲上乘」的觀點，都在巴金後來的創作回憶文字中留有鮮明印痕，「寫作如同生活」，「爲文與爲人的一致」等主張，正是巴金對郭沫若文藝思想的回應和再實踐。可以說，郭沫若詩歌純任情感起伏而任意揮灑詞語的汪洋態肆，詩作長短隨意和詩行排列的自由靈活，不避口語俗字的明白曉暢語風，都在巴金小說中體現爲「激流奔湧」和熱情縱貫；郭沫若對青春、對生命的頌揚，幾乎貫穿了巴金的整個創作歷程，讚美青春、謳歌生命的美好，正是巴金對摧殘生命、毀滅青春的封建黑暗專制進行批判控訴的內在動因。

三

巴金對巴蜀文化的回應和表現。巴金的文學成就主要體現爲小說創作，就題材而言，有「家外人生」如《滅亡》、《新生》及「愛情三部曲」和「抗戰三部曲」，以及「家內人生」如「激流三部曲」、《憩園》等兩大類。他是在時代的苦悶和個人的鬱悶衝動下，開始以「一些場面和事件」去表現時代進步青年杜大心、李冷們的幻滅和憤激，在這些「家外人生」題材作品中，青年主人公都是一些病態而狂熱的革命者，一些熱衷於以現代俠客式鬥爭去反抗社會的個人英雄，由於巴金不喜社交的性格及社會集群鬥爭經歷的缺乏，這類題材他寫得很吃力。

還是在大哥的鼓勵下，他下決心「丟開杜家的事而改寫李家的事」，這種

創作基點的轉換意義是巨大的，抓住自己親歷並且體味最深的人生層面，正是一個作家走向成功的關鍵。找準了自己的創作基點，記憶的閥門一旦開啟，青少年時蜀中十九年的封建大家庭生活經歷，愛與恨的情感就洶湧奔騰而來，「激流」蕩滌使巴金難以冷靜客觀地描繪，筆下人物各自按照生活的邏輯和性格發展的邏輯而活動著，表現著，作者常常只是「順從一種衝動」、「不由自主地」隨著作品人物去生活、受苦、掙扎。巴金在眾多創作回憶文章中，對自己創作過程中的情感衝動和無意識現象解說甚多。但既然是寫人的命運和遭遇，就必然地要體現特定人生的生存方式和所處社會形態，這就決定著巴金作品自然地呈現著某種程度的巴蜀文化特徵。

作為一種現實記錄性質的文體，小說的敘事、描寫，必然要展示人的生存狀態和環境狀貌，巴金小說代表作「激流三部曲」表現的封建大家庭內部形態，人們那種「中世紀」的愚昧、麻木的精神狀態，都帶有四周阻隔、交通閉塞的大盆地內陸農耕文化圈的特點；「山高皇旁遠」的地理使蜀中軍閥割據混戰不息，「成都巷戰」、「徵用高寓」，防區軍閥任意征稅甚至收取 30 年後糧稅等細節和場面描寫，都真實地反映了當時蜀中的社會現實。

如果說，即使是偏僻的江浙農村，已出現了小火輪、抽水機一類現代物質文明事物（如茅盾《春蠶》、洪深《五奎橋》等所描寫的），而在內陸大都市成都，大街上仍奔行著帶有府第宅名標誌的燈籠和轎子——巴金在小說中多次描寫過這種場景；客觀的存在使魯迅、郁達夫、老舍自然地描畫著近代城市的產物「洋車」，而巴金 1922 年的短篇小說《最可愛的人》中對普通勞動者的人道主義同情，卻是借助於轎夫形象去傳達的；克安、克定爭奪家產和在公館外另租私宅的行為，似乎也是被宋代兩個皇帝頒令禁止過的「別籍異財，早分金諸子」等巴蜀民俗的流風再現；蜀中巫風盛行，通過巴金筆下的「血光之災」、驅鬼、喪葬等情節和場面得到表現；而人們對川劇藝術的喜愛，元宵節龍燈舞獅和「燒炮」的狂歡民俗場面，都體現著巴蜀特有的粗俗和狂蕩特點。總之，巴金小說並不刻意追求巴蜀民俗風習的繪寫，但要真實地表現人的生活及如實地表現人們的生存狀態，就必然地會展現一定的地域文化色彩。

此外，創作是一種形象思維，藝術形象的選擇，變形和改造，都必然地以原有生活積累為基礎，蜀中十九年封建大家庭生活的深切體驗，尤其是青少年記憶圖式的巴蜀特徵，都使巴金小說自然地呈現著一定的巴蜀文化色彩。

　　巴金對自己的創作取材後來曾從理性角度進行概括，從而體現著地域文化意識的自覺，他說：「我寫了一般的官僚地主家庭的歷史。川西盆地的成都正是這種家庭聚集的城市」，「成都正是寄生蟲和剝削鬼的安樂窩，培養各式各樣不勞而獲者的溫床」。〔註43〕他是把「激流三部曲」中的人生視作「中世紀」封建社會的標本去進行剖析和描寫，四十年代的《憩園》、他晚年《隨想錄》關於「高老太爺還在馬路上散步」的喻譬，都是基於這種意識的理性自覺。他對覺新「作揖主義」的批判，應該有鄒容《革命軍》對奴隸主義精神枷鎖批判的影響。

　　昊虞在《家庭苦趣》中憤激指出：「家庭之沉鬱黑暗，十室而九，人民之精神志趣，半皆消靡淪落於極熱極嚴酷深刻習慣中」，巴金對覺新的「健忘」，對姚國棟意志消沉的描寫，都是吳虞這種批判的形象化表現（巴金通過覺慧兄弟對話，多次談到吳虞的學說思想，琴就對芸推薦過吳虞的《吃人的禮教》）。巴金筆下的時代青年總是以狂熱、浮躁、偏激甚至帶有神經質的性格去反叛社會，似乎正是歷代蜀中先賢那種「資偏躁」性格傳統的遺存；杜大心、李冷、陳眞那殺身成仁、捨生取義的壯舉，亦帶有蜀中豪俠的地域性格特徵；巴金對無政府主義的熱情，正是由於其童年價值心理圖式的同構感知所致，正如其承認的：在無政府主義理論中「我找到了我的終生事業，而這事業又是與我在僕人轎夫身上發現的原始的正義的信仰相符合的」。巴蜀文化的「邊緣」話語方式，「戎狄之長」的驕狂人文精神等的薰染和地域「集體無意識」，使巴金對無政府主義「憎恨中央集權，深愛個人與公社自由」主張產生心理價值共鳴。其實，以蜀籍人士為主體的「少年中國學會」尤其是吳玉章、周太玄、曾琦、李劼人等一度熱衷於無政府主義學說，都有著地域文化的歷史背景。

　　巴金曾創作了一組神話題材的短篇小說，故事來源於他童年時代女僕們所講述。關於巴蜀神話，袁珂先生指出：「在所有的地域神話中，巴蜀神話可以說是一個泱泱大國，也是唯一可以和中原神話比肩並論的地域神話」。〔註44〕在巴蜀大盆地流傳的神話通過民間的途經傳遞給巴金，他承認：「我只是把我小時候聽慣了的，而且一直使我的心非常激動的故事忠實地記錄下來」，例如〈隱身珠〉等就是「根據古老的四川民間故事改寫的」。

〔註43〕巴金：《我與文學》，上海書店，1984年影印版。
〔註44〕袁珂、岳珍：《簡論巴蜀神話》，《中華文化論壇》1996年第3期。

巴金對自己的情感表現方式和語言風格，在《激流·總序》中有譬喻說明：「常將生命比之水流。這股水流從生命的源頭流下來，永遠在動蕩，在創造它的道路，通過亂山碎石中間，以達到那唯一的生命之海」，這使我們自然聯想到蘇軾「自評文」所稱自己「滔滔淚淚」、「隨物賦形」語言風格的概括；他關於「無技巧就最高的技巧」的美學主張，正是李白「清水出芙蓉，天然去雕飾」觀點的現代版本；在藝術表現上他受郭沫若影響甚深，如其自訴，對郭「印象最深的是他的真誠。他談話、寫文章沒有半點虛假。我想說他有一顆赤子之心。五十年前我讀他的《鳳凰涅槃》讀他的《天狗》，他那顆火熱的心吸引著我，好像他給了我兩隻翅膀，讓我的心飛上天空。〈女神〉的詩篇對我的成長是起過作用的」。從巴金終生追求「講真話」和創作的真誠；其情感熾烈的語言風格等方面看，巴金這段話絕非虛妄之詞。此外，巴金小說還大量使用蜀方言，甚至不惜以注釋去溝通其他方言區的讀者，如：「這一年我的體子不行了」自注為：體子，即身體；「手藝溫」自注為：溫，壞；「把亮『車』小點」（把燈光旋弱）；「開消」（開除，趕走）；「他們愛國就索性讓他們一次鬧『傷』了（傷，因過分而感無味）；其他如「慣使」（驕縱）、「出脫」（損失）、「消夜」（晚餐）、「棒老二」（土匪）等，都是巴金有意識使用的蜀方言詞彙，以求獲得一種地域人生的原汁原味表現。

四

我們從梳理巴蜀地域文化及現代蜀學著手，根據人是存在的產物，人是文化的產物等原理，去審視巴金與巴蜀文化傳統的關係，我們認為，成都的文化勝景和蜀中人生狀態及民俗，以顯表形態影響著巴金的心理感知格局並形成他認知生活的心理圖式；轎夫僕人傳遞的地域人文精神，鎔鑄他的思想性格；蜀中近現代文化思想家的學說理論，促使他達到理性的自覺；而青少年時期蜀中生活的深切體驗，正是他終生受用的藝術意象源泉。據此，我們就找到了對巴金創作個性、藝術風格和思想性格進一步深入把握的正確途徑。他始終保持了蜀方言習慣，終生喜愛川劇藝術，推崇李劫人為「成都的歷史家，過去的成都復活在他的筆下」等等行為表現，都正是巴蜀文化薰染下形成的價值判斷的具體顯現。因此，我們認為，無論從理論的邏輯，還是從巴金的思想性格，創作表現和價值標準來看，巴金與巴蜀文化都有著天然的緊密聯繫，他的成功，離不開巴蜀文化的影響。

第四節　論李劼人小說的巴蜀文化元素

一

　　民國文學史上，李劼人以「外省」視角特行獨立於浮躁喧囂的文壇之外，用自居「邊緣」的言說立場，顯示出自己文學個性。換句話說，李劼人在藝術創造活動中，表現出一種強烈的和極為清醒的對鄉土文化的皈依態勢。他的代表作《死水微瀾》、《暴風雨前》和《大波》最突出的特點，就是對蜀中風情、鄉土景貌和民俗特徵的精細描摹。作品中的人物性恰、生活語言、服飾起居，無不帶有蜀地特徵，成為一部近代的巴蜀風俗史。

　　在現代蜀籍作家中，李劼人的創作，無疑地是具有巴蜀文化色彩的。這首先是因為他具有明確的創作意識——他要用小說的形式，像常璩寫《華陽國志》那樣，去表現巴蜀地域生活和文化現象。同時，他還創辦、主編過如《蜀風》、《華陽國志》、《風土什物》等專門研究巴蜀地域文化現象的刊物，撰寫過約 15 萬字「近似地方志」的《說成都》等一類研究文章。這種清醒而強烈的鄉土文化意識，自然地影響、制約和規範著他小說的藝術特點和風格。

　　毋庸諱言，李劼人的小說（主要是指《死水微瀾》、《暴風雨前》、《大波》，即「辛亥三部曲」），表現較明顯的特點，是對法國文學的學習借鑒。20 年代，李劼人是以一個法國文學的研究和翻譯家的身份而被人熟知的。他崇奉過巴爾箚克的創作觀和小說技巧。對左拉小說的藝術特徵，尤其是處理社會生活材料的方法手段，李劼人更是給予過極大關注。在他看來，「左拉學派之所以成功，自是全賴科學實驗的方法，所以寫成一個錢商，亦必進入市場，置身於市儈中持籌握算，然後下筆」，[註45] 這樣才能反映出歷史社會的本來樣子並達到文學反映的準確細膩。總之，法國文學尤其是 19 世紀法國批判現實主義和自然主義小說家的創作觀念和技巧手法，確實對李劼人的小說創作產生著影響，並在一定程度上制約著他的藝術特點的表現。

　　但是，這並不意味著留學法國五年的李劼人，完全背離了自己的民族文化傳統或徹底拋棄了民族文化心理對他思想行為的鑄造，而成為一個法國文學的複製工匠。我們認為，李劼人的創作觀念乃至小說的技巧手法，在根本意義上是有著本民族母體文化的強烈作用的。

〔註45〕李劼人：《法蘭西自然主義以後的小說》，《少年中國》三卷十期，1920 年。

人是文化的產物。人與動物的根本區別，在於人能夠一並且是本能地通過學習去掌握前人積累的各種經驗，而不管是有意織的學習還是無意織的摹仿，其對象和範例，都只能是所在具體的社會環境和其中世代相襲的行爲方式。換句話來說，在特定地域中所產生的特定文化，一旦形成，就代代相沿，不斷積澱、固化並體現於該文化圈內的社會群體特徵和個體行爲表現上。可以說，任何一個具備一定人生體驗積累的人，他必然地已經被其所在歷史傳統和文化意識乃至行爲模式所鑄造，其思維方式、觀念形態和性格行爲，都必然地表現著其母體文化的相應特徵。

作爲一個飽受中國文化尤其巴蜀地域文化薰陶的知識分子，作爲一個民族精神文化的傳遞者和創造者的作家，李劼人也不例外。赴法留學時的李劼人，年齡已經 29 歲，具有較豐富的中國文化知識素養，並已具有相當的寫作和小說創作經驗積累，乃至於在創作個性上已有一定程度的定型。在這之前，李劼人的短篇小說，已表現出「實寫人生」的藝術個性特徵。孫少荊在《成都報界回想錄》中指出，李劼人的小說，「人人都稱讚他好得很，因爲這是實寫社會的緣故」。這種藝術個性，受到蜀中社會的讚許，而蜀中廣大讀者審美趣味的「接受」，又進一步導引、規範和制約著李劼人這種藝術個性的固化、鮮明化。

李劼人回憶道，第一篇小說發表時，他專門到讀報欄下去觀察群眾的反映。從廣大讀者的閱讀興趣和熱情中，他更堅定了自己的藝術傾向和固化了自己的藝術個性圖。〔註 46〕也就是說，李劼人藝術創作的開端，就體現出一定程度巴蜀文化的形態和地域觀念意識，這恰好能滿足蜀中讀者在相同文化模式鑄造下形成的審美期待；而廣大讀者對李劼人小說藝術個性的讚賞「接受」，又導引、固化和強化了他的小說藝術個性。沃爾夫岡·凱塞爾解釋過這種「接受」原理：「盛行的風格規律，公共的嗜好，代表性的規範，世代，時代等等，它們統通過對創造作品的作家發生影響，正如選擇的類別本身已經對他們發生影響一樣。它們抓住了作家，把他帶到這裡來，對他施加暴力」。〔註 47〕於此，我們就把握了李劼人留法之際已有的創作個性及其形成的文化背景。

〔註46〕《李劼人談創作經驗》，《草地》1957 年 4 期。
〔註47〕沃爾夫岡·凱塞爾：《語言的藝術作品》第 373 頁，上海譯文出版社，1984 年。

　　帶著本民族濃重的文化因襲和悠久的社會歷史心理所鑄造的價值觀念和思維模式，李劼人置身法國社會各種思潮、各種文學現象紛呈的新的文化環境中，新鮮、強烈而令人眼花繚亂的西方民族形態，與李劼人既有的人生經驗和熟悉的民族生存方式形成巨大的反差，這種「跨文化交流」（CrosseulturalCommunieation）迫使他去尋找一種平衡方式以求調整和適應，皮亞傑發生認識論認爲，認識主體在受到外來刺激時，總是會用自己原有的知識和經驗去對刺激進行同化，並同時調整自己的行爲心理方式去適應之，以達到一種對外來刺激的順應，最後取得主體既有模式與外來刺激之間的一種平衡。但是，這種調整和平衡絕不會徹底改變主體原有結構模式。因爲，「一個結構所固有的各種轉換不會超越結構的邊界之外，只會產生總是屬於這個結構並保存該結構的規律的成分。」〔註48〕於是，帶著本民族尤其巴蜀地域文學的文化美學結構規範和自身原有的人生——創造經驗及情緒，李劼人去感知、認識、判斷和選擇，並認同了法蘭西批判現實主義和自然主義文學。

　　我們之所以使用「認同」這個概念，是爲了強調作爲一個具有相當的人生體驗積累的成年人，和作爲具有較深厚的民族文化因襲的知識分子，李劼人在「跨文化交流」中受到的母體文化和歷史傳統的制約規範作用。也就在說，李劼人對法國文學的觀照，具有「他山之石，可以攻玉」的強烈主體意識。李劼人對法國近現代文學那重實證、重風俗描寫尤其是注重從自然環境、社會風習和鄉土民情對人物性格的作用等方面去表現人生的技巧手法，之所以能夠產生心理敏感，發生興趣與認同，正有著自身創作實踐的經驗情緒的作用，更有其所在社會歷史氛圍和地域文化模式的制約規範。

　　因爲，沒有認識主體客體的感知、認識、把握，對象客體就不可能化爲主體的心理因素，更不可能通過主體的活動得到表現，而這種對客體的敏感、認知和把握，往往又要受主體先前的經驗情緒——尤其是青少年時期的人生體驗方式的制約和限定。這就是丹納所指出的：「當民族性格和周圍環境發生影響的時候，它們不是影響於一張白紙，而是影響於一個已經印有標記的底子」。〔註49〕蜀中社會生活所形成的經驗和情緒，個人經歷中形成的人格旨趣和民族文化的素養，使李劼人對波德萊爾式「巴黎的憂鬱」視而不見，聽而

〔註48〕皮亞傑：《結構主義》第 18 頁，商務印書館 1986 年。
〔註49〕丹納：《英國文學史・序言》，見伍蠡甫主編：《西方文論選》，上海譯文出版社 1979 年。

不聞。他棄捨了正風靡世界的世紀末文學那極端的孤獨和冷漠，拒絕了洶湧沖激的西方人生那苦澀絕望的滯沈，而認同了巴爾箚克、福樓拜和左拉對社會人生狀貌的眞實描幕，藉以反映出特定歷史時期中巴蜀社會的政治、經濟、軍事和人生形態。

由於疆域的遼闊，地形的複雜，也由於亞細亞生產方式的制約，生產力的落後，華夏大地各區域之間社會發展極不平衡，致使華夏文化呈多元狀態。巴蜀地域文化，就正是中華民族文化中的一個重要組成部份。在獨特的地域條件所形成並不斷沉積的巴蜀文化，強烈地影響鑄造著蜀人的思想意識和性格行爲方式，將自身的模式特徵，深深地烙刻在本文化圈內所有的人的生存實踐中。被巴蜀地域文化所影響鑄造的李劼人，在其人生實踐和藝術創造活動中，表現出一種強烈的、極爲清醒自覺的對鄉土文化的皈依態勢，這在整個民國作家乃至在現代巴蜀作家群體中，表現也是極爲突出的。

李劼人的小說，尤其是「辛亥三部曲」，最突出的特點就是對蜀中風情、鄉土景貌和民俗特徵的精細描摹，作品中的人物性格、生活語言、服飾起居，無不帶有蜀地特徵。其結構的恢宏浩大，歷史狀貌和風土人情，尤其是特定歷史條件下社會政治鬥爭激蕩和錯綜複雜的人際關係描寫，都體現出一種獨特的藝術個性。可以說，李劼人的小說創作，無論是構架的壯大，體物繪形的細膩，還是對蜀地自然景貌的描繪，人俗風情的展示，以及對極具個性的蜀人性格的刻畫和力圖使自己的藝術思維「走進 50 年前的古人社會」的努力，都表現著巴蜀地域文化模式的影響和巴蜀文學審美形態的制約規範。

遠在魏晉時代，蜀人常璩的《華陽國志》就以注重地域景貌、鄉土風物和民俗風情並以之去透視人的精神性格特徵，開創了一種新型的中國歷史體裁。這種獨特的史識眼光和史筆方式，對巴蜀文化的發展和模式的形成，有著深遠的影響。宋代蜀人郭允蹈作《蜀鑒》，「凡千百年蜀事」盡錄其中，並注重描繪「地形之扼塞，中川之險阻，通雍而鄰荊者」的區域位置，表現出清醒的巴蜀文化意識。明代寓蜀學者曹學荃「入鄉隨俗」，在濃鬱的巴蜀文化氛圍影響下，以一部《蜀中名勝記》有意識地探討蜀地山川景貌、風情習俗對人性格精神的影響及其對文學藝術發生的作用。明代「第一大才子」楊愼更是以一部《全蜀藝文志》，對巴蜀歷代英傑，創作著述，民俗風情，山川地理和歷史掌故，備加搜錄，考證甚詳，可以說是巴蜀文化的集大成者。清代大詩人李調元，於經史、音韻、文字、方言、戲曲、碑刻、地理民俗，無不

涉及，輯錄自漢迄明蜀人著述一百五十種，是爲《函海》……，歷代巴蜀學者都極爲注重山川地理，風情習俗與人文性格的關係，注重實地考察，博考文獻和言必有據的治學方式，這就是被人們概括爲「蜀學」的文化現象和模式。

「蜀學」的實證態度和治學模式，在李劼人小說創作中表現甚顯。例如，「辛亥革命雖然是他的親身經歷，又有直接的聞見，但他爲了資料的眞實，仍努力搜集檔案、公牘、報章雜誌、府州縣志、筆記小說、墓誌碑刻和私人詩文。並曾訪問過許多人，請客送禮，不吝金錢。每修改一次，又要搜集一次，相互核實，對所見所聞，天天還寫成筆記，小說中的人物，又整理有『人物紀要』。」〔註50〕正因爲這樣，他的「辛亥三部曲」被人們作爲歷史書籍看待，許多典章掌故，民俗淵源的描寫，被人們當作辭書。當然，作爲一個文學家，李劼人更主要的方面，還是對巴蜀文學美學的繼承和光大。

巴蜀文藝美學的特點，是汁重色彩的豔穠和描寫的細膩精美，汁重表現人生的原生狀貌，力求表現一種自由自然的人文性格精神，遠在千年之前。華美豔穠的顏料「西蜀丹青」，就雄居全國之首而成爲向秦始皇中央政府進貢的獨特產品。〔註51〕漢代「蜀布」的黃潤細密，更是中外人士喜愛的珍品，遠銷印度、西亞各國乃至歐洲。漢代漆器（廣漢成都產）形制的精美和色彩的濃重，稍後的蜀錦、邛三彩等色澤的豔麗華美和工藝的精細，都可看出蜀人對色彩、形制、材料和製作藝術的喜愛和生產所達到的極高水平。這些巴蜀地域文藝美學意識的表現和沉積物化，就成爲後世巴蜀文藝創作觀念的範例和準則。

在文學創作上，司馬相如首次以蜀人那種沖決一切的豪氣，以巴蜀文藝美學所規範的價值標準，開創了漢賦的華麗、壯大和體物賦形的精緻細密等新型美的形式，並帶動了一批蜀籍作家如王褒、揚雄、李尤等躍上文壇。司馬相如的賦論，標誌著巴蜀文學美學意識的自覺和定型化。所謂「合綦組以成文，列錦繡而爲質，一經一緯，一宮一商，此賦之迹也」，就正是從文學創作的形式和結構（綦組、經緯）、語言色彩美（錦繡）、語言藝術的音韻美（宮商）等方面，闡述了文學本體性質。他的《子虛》、《上林》，以「苟馳誇飾」，「虛用濫形」的語言藝術技巧，「極盡麗靡之辭，閎侈鉅衍，竟於使人不能加

〔註50〕張秀熟：《李劼人選集·序》，四川人民出版社，1980年。
〔註51〕參見李斯：《諫逐客書》。

也」的浩博壯美，〔註52〕爲巴蜀文學創作提供了成功的範例。揚雄《方言》對巴蜀語言音韻的研究，王褒《洞簫賦》對文學創作音樂感的探索實踐，也爲巴蜀文學美學的發展壯大作出了相應的貢獻。後之西蜀花間詞人發展了巴蜀文學對市井人生、世情風習和現世享樂精神的觀照態度，正所謂「《花間》一集，簡古精潤，事長則約之使短，意廣則滯之使深，及夫當時之服飾、習語、風俗、地域，在其時則人人口熟而耳習之者」。〔註53〕西蜀詞人那體物精細，工筆繪寫力求華美，及注重對生活原生狀貌展現的美學意識和技巧手法，被歐陽炯表述爲：「鏤玉雕瓊，擬化工而迴巧；裁花剪葉，奪春豔以爭鮮」，「名高白雪，聲聲而自和鸞歌；響遏行雲，字字而偏諧鳳律。」〔註54〕蘇軾極爲注重文學的再現和描摹的準確，提出「隨物賦形」並追求形眞神具的「大似」審美創作理論，同時也強調「言文行遠」的形式美。李白、陳子昂、蘇軾、李調元等創作中表現的那種不遵禮法，大膽叛逆的人文性格和豪俠精神，以及對美麗自然的描繪歌頌，還有那幽默機趣的「涮罈子」式巴蜀語言的使用，都從不同方面豐富和強化了巴蜀文學美學的內容和特徵。

這些，就是作爲一個獨具風格的藝術家李劼人得以產生的社會歷史規範和文學美學前提。任何一個有獨特風格尤其是有較高文化品位的藝術家，都有其濃厚而深遠的文化傳承淵源。他的創造，必然地帶有其所在環境和歷史文化的鮮明印記，必然會有意識或無意識地要表現母體文化的地域特徵，這就是丹納指出的：「整個時代都對他有幫助，以前的學派已經替他準備好材料，藝術是現成的，方法是大家知道的，路已開闢。教堂中的每一個儀式，屋子裏的家俱，聽到的談話，都可以對他尚未找到的形體、色彩、字句、人物，有所暗示。經過千萬個無名的人暗中合作，藝術家的作品必然更美，因爲除了他個人的苦功之外，還包括周圍和前幾代群眾的苦功和天才」。〔註55〕身處巴蜀文化氛圍最濃鬱的成都，飽受「蜀學」文化精神和創作模式的影響鑄融，出身市民家庭而致的與廣大社會生活層面的廣泛聯繫，以及作報社記者的特殊經歷，李劼人的創作，必然地不同於生活於封建大家庭高牆內的巴金，也區別於在僻陋川西北農村形成人生性格的沙汀，甚至和來自「嘉州山水甲天下」的郭沫若也不相似。

〔註52〕 班固：《漢書·揚雄傳》。
〔註53〕 顧隨：《花間集注·敘》，商務印書館，1935 年。
〔註54〕 顧隨：《花間集注·敘》，商務印書館，1935 年。
〔註55〕 丹納：《藝術哲學》第 82 頁，安徽文藝出版社，1998 年。

　　成都平原那物產豐足所養成的人文性格，成都市區那眾多名勝古迹等文化美學積澱物的薰染刺激，市井茶樓酒肆中的說書、道情、清音等民俗藝術的影響，鑄造著李劼人的藝術個性。而轟轟烈烈的四川保路運動，辛亥革命中各種政治勢力紛紛登臺表演等社會狀貌，又為李劼人的創作提供了豐厚的生活積累。優裕的巴蜀地域文學美學的規範，身處中國歷史激變動蕩最猛烈中心的人生體驗和感受，個人獨特的身世和經歷，還有自身的主觀努力，如此種種，都融匯而成為李劼人的藝術個性。他開闢了中國現代長篇小說的一種新類型——按魯迅的劃分，是「博考文獻，言必有據」的歷史小說，並且又是風俗史小說。由於巴蜀地域條件的局限，交通的閉塞，農耕型文化的閉鎖性，異型文化交流碰撞的機會極少，因而巴蜀鄉土文化的特徵保留得較為完整，地域文化形態較為穩固，這又恰好表現為文學藝術的一種特異。在漫長的封建社會，許多作家一旦跨出夔門，就以獨特的人文精神展現和獨異的文學形態而聲震於世，並以自己的巨大成就，發展衍化，為巴蜀文學提供了豐蘊的美的形態範例。這正是現代蜀籍作家的審美傾向偏重於鄉土文化源的原因。

　　李劼人等現代蜀籍作家以清醒的地域鄉土文化意識，準確而凝煉地描繪了封閉、落後、愚昧、固執的巴蜀社會形態和人們生存方式，揭示了具有中世紀特徵的中國社會結構形態和人生狀貌。這是他們對所生存的客觀現實的真實描繪，同時也用巴蜀人生狀貌去透視中國社會形態的普遍表現。在李劼人作品中，巴蜀社會那「山高皇帝遠」的民間叛逆精神，地處僻陋不遵禮法，「未能篤信道德」「薄於情禮」的人文性格和價值觀念都集中凝注在袍哥形象上。〔註 56〕作品人物那蔑視官府，自立社會規範，公然與現存政權相抗衡的社會意識和價值觀念，正是巴蜀古代「蠻夷風」的殘存表現。站在已經嚴密規範化的文明世界的立場，斯達爾夫人對人類這種古代價值觀念作如是說：「在古代英雄主義中，人們對肉體的力量給予很大的尊重。在決定人的價值時，體力占的地位，有過於道德的榮譽感。對弱者的尊重，這些都是以後幾個世紀更為崇高的思想。」〔註 57〕

　　我們看到，無論是羅歪嘴的「霸佔人妻」和設置陷井「燙毛子」，還是顧天成借助教會勢力復仇，以及蔡大嫂先後依附於三個男人，都表現為一種「力」

〔註 56〕　參見班固：《漢書‧地理志》、長孫無忌：《隋書‧地理志》。
〔註 57〕　斯達爾夫人：《論文學》，《古典文藝理論譯叢》第 2 輯，1961 年。

的價值觀念。蔡大嫂敢於以「生人妻」身份改嫁顧天成，其價值觀和道德意識正是：「有錢有勢的人，為什麼不嫁？」即如蔡傻子，也懂得：「他老婆喜歡的是歪人，他自己並非歪人，只好退讓了罷。」在禮教道德意識中視為「惡」的東西，在巴蜀社會中卻顯得自然而平常──20世紀80年代的凌子風把《死水微瀾》改編為《狂》，並對這種「惡」盡情歌頌，可謂把握住了原著精髓，復現了巴蜀人生的心理意識和精神性格。

辛亥三部曲那「洋洋宏文」（郭沫若語）的壯大氣勢，「大河小說」式的恢宏構架，其中所描繪的轟轟烈烈的盛大群眾運動場面，以及對人物生肖口吻、起居服飾風貌和房屋陳設的精細描摹，確實體現了司馬相如賦作那鋪張揚厲、隨物賦形、氣勢磅礴的「大美」特色。而揚雄《解嘲》等和蘇軾詩文的風趣詼諧，也明顯地表現於李劼人小說對巴蜀語式語風的使用技巧上。李白、陳子昂那鮮亮的人文性格和作品表現的「仗劍殺人」的豪俠風習，被李劼人融化在羅歪嘴、昊鳳梧一類袍哥形象上。西蜀花間詞人對市井生活的精細摹繪，對女性那追求現世享樂的大膽的頌揚，通過蔡大嫂、劉三金、黃瀾生太太以及郝香芸等形象塑造，而獲得淋漓盡致的再現。李劼人創作的意義，就在於真實地反映了客觀存在的現實，尤其是揭示出一種地域的人們的生存方式和心理。按人類文化學理論，任何個體行為和心理，都是其所在群體的行為心理的體現，一個作家所創造的人生圖景，只是其所在環境和歷史文化結構網上剪下的一小塊。

巴蜀文化元素對李劼人小說創作的作用，除了前面論及的先賢創作的範式導引，蜀中社會生活的形象化饋贈，地域風習民俗的浸潤默化等，還包括對李劼人心理思維的「巴蜀式」特徵規範鑄造。例如，在四川保路鬥爭風潮中，廣大群眾的洶湧熱情，卻遭到清王朝政府的殘酷鎮壓，激憤難已的李劼人，提起筆來，其藝術思維的聯想方式和表現「興象」，卻是李白的詩：「長安一片月，萬戶搗衣聲。秋風吹不去，總是玉關情」。30年代，為了反抗反動軍閥的暴行，李劼人毅然辭去大學教授職務，租了一間鋪面開設飯館，號為「小雅」，夫妻親自掌廚，這應是司馬相如和卓文君「當壚」故事在他頭腦中的疊印所致。具體的現實人生形象導引產生創作動因，在體驗過的情緒激發之下，所經歷過的事件，深感過的性格形象紛至沓來，推動著形象間的聯結、組合、重疊，從而形成藝術形象。李劼人對此有所論及：「蔡大嫂這樣的典型我看得很多，很親切，她們的生活、思想，內心、境遇，我都熟悉。我是從

很多蔡大嫂身上取出一些東西，加一點東西，這樣捏成一個面人。」〔註58〕
如其自訴，在寫羅歪嘴性格時，生活中所熟悉的袍哥「鄺瞎子」的事迹和性
格就自然湧現出來。可以說，辛亥三部曲中那群眾湧激的場面，正有著「天
下未亂蜀先亂」和「蜀中鬥絕，易動難安」等傳統文化元素的無意識地複製
原因。

　　從李劼人的小說創作，我們可以得出一個結論，一個有遠大理想追求的
作家，要使自己的作品具有生命力和一定的藝術品位，除了對外來文化的學
習借鑑外，更要立足於本民族的優秀傳統承繼。因為，文學藝術最需要的是
民族性和獨特性。李劼人小說所表現的社會生活的歷史化，人們生存狀態的
風俗化，特定時代的心理化等特色，正是李劼人小說愈益受人推崇的根本原
因，而這些，都建立在他自覺地皈依本民族文化傳統的追求上。

第五節　論何寡母形象及其巴蜀文化意蘊

一

　　沙汀四十年代的長篇小說《淘金記》，被公認是作者思想和藝術風格的代
表作和其個人獨特風格的集中體現。一般人都認同作者自己的說法：《淘》是
一部揭露批判國統區社會黑暗、諷刺和鞭笞國民黨反動統治的作品——這個主
題思想，主要是通過對白醬丹、龍哥等反動分子形象的塑造而體現。其實，《淘》
與當時眾多進步作家的批判揭露之作最大的差異，還在於其表現的清醒的鄉土
——巴蜀文化意識和強烈的藝術造型意識。二十世紀中國宗法制社會的特點，
那落後、保守、鬼魅當道的黑暗腐朽，在四川這個內陸區域的鄉鎮社會中表現
得甚為集中。半封建社會的人生狀貌和古老中國兒女們在現代世界進步大潮蕩
滌下的沒落感和絕望情緒，都被沙汀精鍊地概括濃縮於何寡母形象之中。

　　我們不贊同如下看法，說《淘金記》「似乎都沒有設置特別突出的主人公，
而是讓好幾個人物都佔有同樣重要的位置」。〔註59〕其實，小說中著墨最多、
作者花大力氣抉幽發微地深入人物內心深處進行刻畫的、最豐滿的，還是何
寡母形象。《淘》共26章，其中就有12個章節集中筆墨正面描寫何寡母；此

〔註58〕李劼人：《李劼人選集》第五卷，第540頁，四川文藝出版社。
〔註59〕王曉明：《沙汀艾蕪的小說世界》第83頁，上海文藝出版社，1987年。

外，除了開頭三章，小說的其他章節，幾乎都或隱或顯地浮現著她的身影，這是《淘》中任何一個形象都未享受過的殊遇。從何寡母形象的探討入手，重新認識沙汀小說的一些特點，尤其是把握其涵蘊的巴蜀文化意蘊，是很有必要的。

一貫以筆法簡約、重視白描、以冷峻、樸實和客觀寫實手法見長的沙汀，卻採用了濃墨重彩、精雕細刻的技巧，去這樣描繪何寡母：「何寡母是個身材瘦小、膚色白淨的中年女人。因爲很會保養，樣子看來只有三十五六；雖然已經四十幾了。她喜歡整潔，隨時都擺出一副深識大體的太太模樣」，「她的生父是城裏的拔貢，所以多少讀過點書。但因此也就更加自負，自覺非常尊貴。她穿著一件狐腿旗袍，濃黑髮亮的頭髮上翹著一枝黃金挖耳」，「爲了保持自己的身份」，顯示其富於教養和地位的尊貴，她手中時常托著一隻細小的描金茶壺。如果話題不投機，她就會「沉默下來，欣賞似地摩挲著手裏的茶壺」。她的夫家，是北斗鎮第一個舉人老爺的後代。舉人老爺曾憑藉自己的政治權勢經營燒房製酒而成爲當地首富，其後雖政治失勢而其富不減。何寡母就在這樣的家世和環境中養成其自負和矜持。正如所有的名門小姐和富紳太太一樣，她的生活方式是極爲奢侈和講究排場的，其生活用具，絕不許旁人觸摸。由於其所在生活環境的薰染、所受文化模式的訓練，她有著一整套與北斗鎮頭面人物那粗鄙俚俗生活方式截然不同的特點。這使她當然地鄙夷破落地主白醬丹和土匪出身的政權首腦龍哥，也看不起土老肥式地主彭胖以及流氓氣十足的袍哥首領林么長子。出身、文化教養、祖上的餘威和顯赫的財富，形成了她的封建地主階級本性，她很自信地面對外部社會的動蕩：也不過「多花幾個錢就抵住了」。

小說著重展現了她性格中最突出的東西：精明和才幹。作爲一個封建地主階級的典型代表，何寡母對待農民的殘忍和狠毒，表現甚爲鮮明。她時常外出巡視自己的田產和收成情況，一旦發現農民的日子稍好過一點就立即加租金，或因爲在某件事上吃了虧（如因吸食鴉片被白醬丹、龍哥等敲詐），也要把負擔轉嫁給農民。她很有策略。對佃戶的不服，她重點壓迫帶頭者。由於其手段的陰狠，「便連那個她自認爲難於對付，異常調皮的張二，也都破例地服服貼貼地履行了他的全部義務」。小說第九章用了一個細節來表現其毫無人性：一群佃戶前來申訴艱辛，哀求她「留條路」，但她冷酷地表示：「不對，你們退佃好了，租不出去就讓它空起」，以至於農民們哀號道：「唉，這不是活埋人麼？」

對待孤苦無告的農民群眾，何寡母的手段是威逼欺壓，但對北斗鎮的頭面人物，她使用的是另一種方式，致使蠻橫如龍哥、奸詐如白醫丹乃至於無賴子林幺長子等，也只能盡量避免和她直接交鋒。他們只能費盡心機、布置陷阱、趁何寡母外出而誘使其兒子何人種上鉤。第七章寫到，何寡母巡視歸來，發現白醫丹等在家作客，馬上就警惕起來，復從對方「有點不安的神氣」中感到一種危機。但她卻若無其事地應酬著，同時巧妙地詢問僕人：「大少爺怎麼不出來陪客呢？」以求盡快弄清原委。她的精明表現為，內心雖懷戒備卻熱情張羅，「而且措辭異常得體，不讓白醫丹他們感覺得難為情」。因為，「十年以來，她已經認識到這種張羅的價值」──「她所散佈的應酬的種子，將來總會多少有一點收穫。這個並不困難，只要他們在派款時客氣一點，也就叫她高興了」。又如第九章中，她對林幺長子的突然造訪，雖然「多少有些吃驚」卻能不露聲色，在摸不清對方來意時把話題引到租佃糾葛，並巧妙地利用對方去壓服不滿的佃戶。針對林的直率，她採用迂迴曲繞手法，委婉地拒絕了林的誘勸。而對踵林而來的白醫丹，針對白的奸狡和專門「放爛藥」害人的心計，她則用直截了當的方式，徑直把話題引向「淘金」，並且毫無商量餘地地明確表示反對。她的這種冷靜、精明和對付各色人物的才幹，確使其他人難望其項背。相比之下，即如白醫丹這樣老辣和富於心計，在城裏宴席上突然看到趕來的何寡母，也不免手足無措，甚至「正像一個白癡一樣」，「忙亂」、「吃驚」，說話也結巴起來。可以說，在北斗鎮眾多男人中，沒有一個人，其精明、心計和才幹能與她相抗衡。

二

何寡母的才幹、手腕和心計，更集中地表現在對親侄兒丘娃子的態度上。對於從破落子弟進而淪為乞丐的親侄兒，何寡母素來鄙視，一般情況下，是徑直將其趕出門外不予理睬，心情不好時則「叱嚷著，像趕一條癩皮狗」。但為了利用之，她又能一反常態，派人去將其尋回，好言相撫。沙汀曾經多次描繪了她對丘娃子的「變臉」，真實地多側面地展現其性格。

但何寡母卻非一個純粹的女強人，她也有著痛處和弱點。正如所有的精明強幹的女人一樣，她對獨生子何人種甚為溺愛、嬌慣。作者從特定的社會環境和生活矛盾衝突的角度，深刻而細膩地揭示了其內心精神世界。出於母愛，更出於自己的文化教養和性格行為方式，她極力按照自己的文化模式，

要把兒子培養成為封建正統文化道德的繼承人。面對外部世界的動盪、變移，她感到極度驚恐，擔心社會的變化會誘使兒子背離自己的人生模式。於是，她把兒子從學校召回家，牢牢地控制兒子的思想和行為，要把兒子鎖在金絲籠中餵養。她甚至不顧母親的尊嚴和富紳太太的身份，在兒子新婚時偷聽新人的談話。在她看來，世界越來越不可捉摸，社會上到處充滿危機，既定的傳統道德和生存模式日漸消亡，封建宗法制社會行將崩潰的絕望感充斥著她整個內心世界。在無可奈何之中，她過早地替兒子娶親，用勸誘、親情感化甚至用眼淚作武器，去桎梏兒子的思想和行為，乃至於勸誘兒子吸鴉片，使其與外界社會隔絕——適得其反，她終於把兒子培養成一個廢人。生活在這種腐朽沒落的人生模式中，何人種的結局必然地要變成第二個丘娃子！

何寡母的愚昧和殘忍，反映了封建地主階級的共性，而其精明和才幹，那種逆時代潮流而行的「補天」欲望，尤其是她對世道變移，傳統倫理道德和價值觀念崩潰的惶惑和驚恐，正是適逢末世的中國封建階級沒落感、危機感的體現。作者以二十世紀世界發展大潮為參照，將何寡母置於四十年代蜀中社會和風習環境中描繪，並深入揭示其內在精神狀貌，致使這個形象具有極強的歷史認識價值和文化意蘊。更重要的是，作者以強烈的內心情感體驗融入形象塑造，使之彌漫著濃鬱的詩情，並於此顯示出自己的創作個性，這正如黑格爾指出的：「通過滲透到作品全體而且灌注一氣於作品全體的情感，藝術家才能使他的材料及其形狀的構成體現他的自我，體現他作為主體的特性」，「因為外在的事物，只有情感才能使這種圖形與內在自我處於主體的統一」。〔註60〕

沙汀曾說過，由於從來對女性「抱敬重態度」的原因，他的作品「很少寫女人」。導致他工筆重彩且飽含感情地塑造何寡母形象的原因，在於其生存的巴蜀文化背景的制約和影響，以及其爛熟於心、深有所感的蜀中社會人生方式的情感體驗。我們不妨從巴蜀文化的「女性原型」著手去探尋。

人類在史前社會的蒙昧狀態中，出於對大自然各種災害現象的迷惘、恐懼和人生理想追求，創造了神話。「女媧補天」正是當時人們渴望戰勝自然的精神嚮往體現。四川雅安城歷來被稱為「西蜀漏天處」，城頭現赫然高聳著手托五彩石補天的女媧塑像。這是根據初民傳說，女媧在蜀中煉石補天（女媧呈人首蛇身圖形，正是巴蜀先民圖騰形象），力竭而逝，未曾補完的雅安上空

〔註60〕黑格爾：《美學》第一卷，第 359、339 頁，商務印書館 1979 年。

因而時常「天漏」，號爲「雨城」。這個「創造女神」的豐功偉績在蜀中流佈傳誦，又不斷地融入、變移，並積澱著遠古巴蜀女性那種自強自立的精神性格——應該說，它已經是融鑄巴蜀女性人文性格和精神特徵的「神話原型」。

因爲「神話是一種隱形思維，它具有極強的擴散力，以致能成爲某一族類意識的普遍模式」。它一方面反映著先民對客觀世界的認識，積澱著人們的觀念意識和生存行爲方式，同時又在不斷地影響制約著後人的思想和性格行爲。先秦時期的巴地寡婦清，則正是其最好證據。《史記·貨殖列傳》載：「巴寡婦清，其先守丹穴，而擅其利數世」，這個名爲「清」的巴地寡婦，以過人的才幹管理著幾代人經營而不斷擴大的礦業和偌大家財，這就是《史記·貨殖列傳》所說的「能守其業，用財自衛，不見侵犯，秦始皇以爲貞婦而客之，爲築女懷清臺」。一個寡婦，居然能管理經營一個全國聞名的礦業，指揮一大群工匠和僮僕，這需要何等的才幹和精明！任何傑出的歷史人物，都有其生成的環境風習、社會心理背景和文化模式的土壤，巴寡婦清正是當時眾多巴蜀女性精神性格特徵和生存方式的集中和濃縮，這就是人類文化學家所稱的「冰山現象」。作爲一種精英文化，史籍是對當時豐厚的世俗文化原生狀貌的濃縮和提煉，文化典籍所載的個體行爲，正是生活中群體行爲模式的結晶體。

三

在漫長的中國歷史長河中，這種巴蜀女性原型在不斷地循環和重複著。漢代奇女卓文君，以過人的識見和勇氣，超常的才幹和精明（如「窺宴」、「聽琴」、「夜奔」、「當壚」等）創造著自己的幸福生活；唐代才女薛濤，以傑出的文學才華和聰慧性格，屹立於群星璀璨的唐代詩人群體之中；前蜀女傑黃崇嘏「不願低頭在草莽」的頑強進取和自強精神，「行止堅貞比澗松」的人格力量，煥發著熠熠光華。元明間被譽爲「四川花木蘭」的韓娥，女扮男裝在軍旅中征戰十二年，表現了「中幗不讓鬚眉」的豪邁氣概；而明代女英雄秦良玉，在北方戰事危急關頭，毅然率家鄉子弟奔赴疆場，致使崇禎皇帝感激不已，是有《平臺賜詩》贊之：「蜀錦征袍手裁成，桃花馬上請長纓，世間多少奇男子，誰肯疆場萬里行」。其他如明代楊愼妻黃娥，清代張船山夫人等蜀中才女，都以其才幹和性格精神被人稱道。

人類在其漫長的生存鬥爭實踐中，改造著外部自然，同時也改造著自身，並逐漸形成一整套習俗規範、觀念意識和價值標準以及審美取向，這就是文

化。文化一旦形成，又成爲影響制約後來者生存方式的規範，塑造著後代人的性格精神。古代巴蜀女性那堅韌、剛強和精明的性格特徵，我們不難從現代生活中的胡蘭畦、江竹筠等革命女性、從李劼人母親、郭沫若母親、沙汀母親、從女作家羅淑以及當今的電影演員劉曉慶等人身上看到。從以上所論，我們不難理解，爲何現代巴蜀作家筆下的女性形象，是那樣富於個性，其頑強的性格精神，是那樣煥發異彩！這正是文學對客觀存在的反映所致，是巴蜀文化的性格原型的作用。「因爲一位具有特殊藝術才能的作家，他的精神生活所具有的集體性，通常都遠遠超過個人性」。下面我們還有必要更進一層探討何寡母形象的生活原型。

在沙汀的生活中，有兩個女性對他影響極大：岳母黃敬之和母親鄭氏。黃敬之是一個知識女性，丈夫死後（注意：這是一個寡婦）毅然挑起撫養三個孩子的生活重擔，進入社會而成爲一個職業女性，並在生存鬥爭中逐漸顯示出才乾和精明。她「社交很寬」，具有「火辣辣的性格」，「極能幹，極開朗」，曾作過灌縣女校的校長。她多才多藝和過人的文學才華、精巧的女紅和烹飪技藝，如魚得水地周旋於當時的上流社會。她的識見和膽略還表現在，對女兒與有婦之夫沙汀的私戀，並不像世俗者那樣禁止，反而「暗中默許」和放縱——她看到的是沙汀的抱負志向和才華，欣賞沙汀不同於一般公子哥兒的傑出人格和奮進精神。這種女中豪傑式性格，是對作者塑造何寡母形象有著潛意識影響的。不過，我們認爲，何寡母形象中更多的還是沙汀母親的印記。

沙汀母親鄭氏，經外祖母蕭氏操持家務的訓練，形成自強的個性和管理家務的精明。丈夫死後（又是一個寡婦！），鄭氏接手管理一百多畝田產和兩進大院房產，撫養兄弟鄭慕周和沙汀兄弟二人。於是，「她從小鑄就的男子氣魄，現在有了施展的機會」，她甚至要重振家世，恢復和光大楊家原有的盛況（她後來果眞購進一座碾房）。雖然她「識字不多，不會記帳，但擅長管理，事事要強」，並且「極有主見，做事麻利、乾脆」，巴蜀女性的性格特點和精神風貌在她身上表現得相當突出。因爲兒子尚幼，她爲了要培養兄弟出人頭地，出手闊綽地廣結人緣，變賣家產購買武器，終於幫助兄弟成爲一方豪傑（鄭慕周後來受招安，官至旅長）。她特別偏愛小兒子，對沙汀，她表現出極端的慈愛溫情，甚至百依百順。她喜歡喝酒，也縱容沙汀喝酒；她又篤信佛教，經常吃齋、請人誦經，家中經堂常設……這些，《淘金記》都給予了細膩的、飽含感情的描繪。

何寡母的性格和精神風貌，家庭陳設和起居服飾，她對兒子的百般柔情，及其不良嗜好與精明才幹，都在作者飽含生活體驗的情感浸潤下，顯得那麼具體、生動和感人。可以說，一個作家的藝術魅力，來自於他對外部人生所擇取的特殊視角，來自於他對筆下人物的內在體驗及真實感受的程度——如果他體驗到的是別人未曾體驗的情感，其作品就會充滿強烈的個性特性，就自然具有濃烈的情緒感染力和擴張力。沙汀的身世、經歷和教養以及由之形成的認識感知、判斷選擇和貯存聯想等審美思維方式，以及對生活的特殊體驗，使他能夠成功地塑造出何寡母這一個獨特形象。

作為小說家的沙汀，其巴蜀文化意識和藝術造型意識是極為清醒、自覺的，他將之表述為：「我不打算接觸更多的生活，但我願意在一個狹小的範圍內看得更深一點，更久一點」，他甚至不無偏頗地宣稱：「與其廣闊而浮面，倒不如狹小而深入」。他所擇取的這個「狹小而深入」的對象，就是對爛熟於心且深有所感的巴蜀社會人生狀貌、對「鄉土氣氛的看重」。幾乎從開始創作起，他就關注著——帶著一種近乎固執、保守和偏頗的蜀人性格方式，關注著四川社會尤其是川西北故鄉的人生原貌，「只寫自己所熟悉的」，這正是一種巴蜀文化性格的表現方式。

四周阻塞，交通艱險的巴蜀盆地，一直呈現著典型的大陸型農耕文化形態。其中居民，世代繁衍生息於這塊相對封閉的疆域中，自給自足的封閉式生活，養成蜀人的「夜郎自大」式偏執和驕狂，又由於氣候溫濕宜人，土壤肥沃，物產豐足，而形成蜀人「安土重遷」的保守性格，這就是文化學家錢穆所說的：「農耕可以自給，無事外求，並必繼續一地，反覆不捨，因此而為靜定的、保守的」。〔註61〕就現代眼光看，這種封閉式大陸型農耕文化意識及在此基礎上形成的精神性格，對經濟、商業和科技事業的發展極為不利，但就文學藝術事業而言，「蚌病成珠」，藝術創作最需要深刻和獨創，最需要民族特點和地方特色，尤其需要作家的獨特體驗和感受方式——雖不免失之偏頗，但它又表現為深刻和獨創。沙汀藝術實踐的價值，在於他以巴蜀老農式的執著和精細，在屬於自己的一塊生活領地上精耕細作，在於他有意識地對一種極具特色的蜀中人生原態的真實摹寫和強烈的情感體驗融鑄。應該說，他的成功，有著故鄉的文化背景的影響，他的藝術風格，有著巴蜀文化因子

〔註61〕錢穆：《中國文化史導論》，上海三聯書店，1989 年。

的規範和制約。他自己對此深有認識：「所謂一方土養一方人，這個『人』，包括地方文化形成的地方性格」。

四

人是文化的產物，任何個體行爲都必然帶有其所在文化傳統的印記；人又是生活在特定而具體的時空環境中，其思想意識和價值標準，必然帶有所在環境的特點。還是丹納說得好：「藝術家不是孤立的人，我們隔了幾世紀只聽到藝術家的聲音；但在傳到我們身邊來的響亮的聲音之下，還能辨別出群眾的複雜而無窮無盡的歌聲，像一大片低沉的嗡嗡聲一樣，在藝術家四周同聲齊唱。只因爲有了這一片和聲，藝術家才成其爲偉大。」〔註62〕

沙汀小說體現出強烈的造型意識。特殊的人生經歷形成沙汀的性格，長期的藝術實踐又將其性格衍生爲審美思維定勢。任何外來的信息刺激，他曾是帶著童年的記憶、個人情感體驗的認同方式和故鄉人生形態的聯想，去感知、認識、判斷和擇取。如其自認：「我小說中出現的社會生活和人物，則大多是我一向、包括童年時代就熟悉和比較熟悉的」四川鄉鎮人生。〔註63〕他曾經爲自己小說「所有的故事、人物、背景，都已經取材於四川」和注意寫人這個「頗有意義」的轉變而自豪。即使身在華北，縈繞於心的仍是故鄉的風習和人生，創作的仍是反映蜀中生活的「堪察加小景」。也由於故鄉情結的情緒閥作用，他寫賀龍，還是因爲賀龍那「中國夏伯陽」式傳奇經歷和豪爽性格，勾起了他對舅父鄭慕周一類俠義袍哥事迹的潛意識記憶。他明確承認：「對西北、華北的風土人情太不熟悉。我之所以寫賀龍，並樂於寫他，他的語言和四川無大差異，可說是原因之一」。而描寫華北抗日生活的「《闖關》之所以單薄，也可以由此去找原因」。對這類藝術現象，黑格爾解釋爲：「這種主觀方式之所以產生，是由於藝術家對自己的時代的文化的驕傲，他認爲只有他那時代的觀點、道德和社會風俗才有價值，才值得採用，因此對任何內容都不能欣賞，除非那內容是用他那時代的文化形式表現出來的。」

地方惡勢力代表白醫丹施展各種計謀，串聯各方當權者，以達到巧取豪奪金礦的目的；袍哥首領林ㄠ長子則肆無忌憚地搶先偷採金礦；因係祖先風水所在，地主何寡母堅決抗拒，致使矛盾緊張激烈；聯保主任龍哥卻以國家

〔註62〕丹納：《藝術哲學》第 45 頁，安徽文藝出版社，1991 年。
〔註63〕沙汀：《這三年來我的創作活動》，《抗戰文藝》7 卷 1 期，1941 年。

抗戰的名義，在縣裏的支持下強行開採。國民黨專制政權、袍哥幫會、地方富豪、社會惡勢力就在金礦「試金石」矛盾焦點上，貪婪本質得到了淋漓盡致的表現，各種性格展示得充分而鮮明。白醫丹的陰狠與詭計多端、林ㄠ長子的率直橫行與粗鄙凶頑、土匪出身被招安的聯保主任龍哥、精明能幹的地主何寡母、儒弱無能的少爺何人種及破落無賴子丘娃子等，都以鮮明的個性而使人難忘。

在結構安排上，小說以湧泉居、暢和軒、何家大院為主要矛盾方，其中又輔以白、龍和彭胖的矛盾，林與袍哥兄弟夥的矛盾，何家母子及丘娃子之間的家族矛盾，從白、林明爭偷挖衝突，何人種受騙加入開採，到丘娃子索要金礦產權，小說情節發展三起三落，張弛有序，結尾處何寡母同意加入開採金礦，尤其是萬事皆備後，人們卻棄之轉向更有時效的囤積投機冒險的情節，更是在令人驚奇中達到強烈的諷刺效果。小說中那封閉、保守、愚昧落後的社會狀貌，黯淡陰鬱的世情民風，精細準確的人物外貌和心理活動繪寫，以及客觀冷峻敘述中讓人物自行表現的形象塑造手法，還有那濃鬱的巴蜀民俗場面和大量巴蜀方言的使用，都使小說在強烈的時代內容和鮮明獨特的藝術形象中，呈現著濃鬱的民族本土化和巴蜀地域文化色彩。

四十年代國民黨政權的腐敗，不顧民生疾苦而大發國難財的黑暗，激發了沙汀的創作衝動，而一旦進入創作思維活動，童年的記憶，飽含個人情感體驗的生活積累聯想，以及潛意識中的「戀母情結」，使他把筆墨集中於何寡母形象的塑造上，而一些本來準備作為重點的反派丑角，反而淡化了（如彭胖），這正是沙汀創作眞實性所在。他的全部生活存儲，從童年直到構思期間的見聞，決定著人物存在的方式。福斯特說得好：「人物是按照作者的召喚出場的，但他們總是充滿叛逆精神」，「他們想過自己的生活，結果往往超越小說的主要設想，而經常『離開正道』，弄得『無法控制』，但是，「當小說家對人物瞭如指掌時，人物就顯得眞實」。〔註64〕

沙汀小說《淘金記》所蘊含的以及何寡母形象所體現的巴蜀文化意蘊，在於作者從特定文化視角，去眞實地展現四十年代蜀中社會的政治、經濟、社會組織結構方式和風俗人情，尤其是以蜀人的情感體驗方式，去深入人物內心，去揭示在特定時代和具體環境中的思想意識、價值觀念等精神文化形態。可貴的是，沙汀把這一切，放置於二十世紀中國社會發展的政治文化大

〔註64〕愛‧福斯特：《小說面面觀》第58、55頁，花城出版社，1984年版。

背景下去觀照，這就使小說和人物形象具有強烈的歷史認識價值和獨特的文化審美意義。

第六節　現代派與地域文化傳統：論何其芳

一

在民國文壇上，何其芳創作的數量很少，但其早期詩歌和散文，至今仍獲得社會閱讀層面的喜愛，已經積澱爲民國文學一個經典。其中原因，當然是時潮的衝擊、外來文化的影響和傳統文藝美學融合，又與因個體獨特人生境遇而形成的個性氣質的化融所致。這裡不打算跟隨學術界談論的話題再作復述，而僅就何其芳與中國傳統文藝美學中某一具體現象的關係作一思考。

因爲被指責爲「舊美學的新起的掙扎」，何其芳這樣爲自己進行著「辯護」：「公平的說法是我當時接受了一些 19 世紀後半期的思想和文學作品的影響」，也在「幾位班納斯派以後的法蘭西詩人的篇什中找到了一種同樣的迷醉」，「更喜歡 T.S.愛略特的那種荒涼和絕望，杜斯退益夫斯基的那種陰暗」，這其實是出於一時的憤激之語。何其芳後來在《星火集・後記》中承認：這些話「也顯露出來了我當時那種頑固地留戀舊我的壞習氣，對於過去沒有嚴格的批判而只是辯護」。〔註65〕可惜人們常常引用這些話來說明他所受到的西方現代派影響，並將之劃爲「現代主義」作家。

但大家往往忽略了這些話中還強調了一個前提條件：何其芳是帶著一種既定的價值標準一種已有的心理思維格局，對洶湧而來的西方文化美學思潮進行著感知、判斷、認同和選擇的，是帶著一種既定的價值評判標準去「找到」與自己既有文學思維的「一種同樣的迷醉」方式！

李健吾當年在《讀〈畫夢錄〉》中，一方面強調何其芳在創作上「別自開放奇花異朵」的獨特藝術魅力，另一方面針對當時人們簡單地將何其芳劃歸現代主義作家而提出何其芳的藝術創作「來源不止一個，而最大的來源又是他自己」。這實際上已經開始覺察到何其芳藝術個性形成的複雜性及其文化背景的多元性，並且指出，「他缺乏卞之琳先生的現代性，缺乏李廣田先生的樸

〔註65〕 參見何其芳：《夢中道路》、《給艾青先生的一封信》等文，人民文學出版社，1982 年。

實，而氣質上，卻更其純粹，更是詩的」。〔註66〕我們不難看到，何其芳創作
藝術呈現爲「詩的」關鍵，就在於其題材和藝術意象往往是「凋殘的華麗的
古代夢」，「充滿了哀愁和愛情的古傳說」，在於其藝術思維方式的想像性和虛
構力。詩人艾青在 1937 年，更是極端地強調何其芳對中國文化美學傳統的迷
戀，批評何其芳在「紅牆黃瓦的宮闕裏，而賡續著廉價的感傷」，是「舊精神
的企圖復活，舊美學的新起的掙扎」，甚至指斥其爲對「新文學的本質的一種
反動」。艾青是這樣歸納何其芳早期創作的藝術意象系列的：〔註67〕

　　　被遺忘的悲哀
　　　對於出嫁了的少女的繫念
　　　衰落與凋零所引起的傷感
　　　不可挽回的東西的眷戀
　　　運命的哀述

作爲現代詩人，艾青飽受西方文化的浸潤，又在創作中表現出濃厚的中國本
土詩歌特色（用「歐羅巴的蘆笛」述說著「北國人民的悲哀」），以一種比較
文化的眼光，艾青對何其芳藝術意境的把握是準確的。何其芳在早期詩歌和
散文中刻意追求色彩、圖案之美，後來執著地提倡新格律詩，這都使他成爲
20 世紀中國文學史上極富魅力的作家之一。他「追求著純粹的柔和、純粹的
美麗」，刻意營造著「精緻」的形式美。由此我們自然聯想到歌德在《自然的
單純摹仿、作風、風格》一文中，對「藝術所能企及的最高境界」提出這樣
的標準：「奠基在最深刻的知識原則上面，奠基在事物的本性上面，而這種事
物的本性應該是在我們看得見觸得到的形式中去認識。」「看得見觸得到的形
式」是藝術與其他意識形態的最大區別，用克萊夫・貝爾的話來說，藝術就
是「有意味的形式」！順便說說，何其芳雖然自謂對哲學不感興趣，但大學
的哲學專業學習要求，使他必然地要受到哲學思維的訓練，必然會有意無意
地從「最深刻的知識原則」等哲學思維層面去感知「事物的本性」，何況他選
擇哲學專業的本意，本來就立足於「從事文學的人應該瞭解人類的思想的歷
史」這樣的立場，並且他明確地說過：「比較寫文章，我更是一個愛思索的人。」
所幸的是，他採用了「聲音、色彩、圖案」等「看得見觸得到的形式」去表
現自己對客體世界的認知方式──即使在 50 年代，他還強調：「一篇可以無

〔註66〕李健吾：《讀〈畫夢錄〉》，《文季月刊》一卷四期，1936 年。
〔註67〕艾青：《夢・幻想與現實》，《文藝陣地》1939 年 3 卷 4 期。

愧於被稱為詩的作品，我想總要具備這樣兩個條件：首先要有能夠感動人的詩的內容；其次，要有相當優美的詩的表現形式。」〔註68〕何其芳在藝術上的成功，還應該從這個角度去認識。

文如其人。先說何其芳的個體人格構成。從文化發生學的角度說，一個文化人的意識和價值取向，是在特定的生產勞作形態中產生的。因為，特定的客觀環境（自然地理及氣候條件所決定的生產與生存方式，以及在此基礎上形成的社會構成形態、民俗風習）決定著人們的思想意識特徵。而這種思想意識又決定、制約著人們的生活方式和生產方式，以及在此基礎上形成的人的價值觀念。也就是說，人們的一切都必然地帶著其所在環境的印記，「個體生活的歷史首先是適應由他的社區代代相傳下來的生活模式和標準。從他出生之日起，他生於其中的風俗就塑造著他的經驗與行為。到他能說話時，他就成為自己文化的小小創造物，而當他長大成人並能參與這種文化活動時，其文化的習慣就是他的習慣，其文化的信仰就是他的信仰，其文化的不可能性就是他的不可能性』。〔註69〕地域文化（regional curture）風習和地域人生歷史的浸染，是個體人格形成的重要原因。

再說作為一個作家的藝術個性來源。文學是一種形象思維和具象表現過程。作家在「前創作」期對文學的閱讀接受等創作準備過程，以及創作主體的構思和表現，都是建立在自身的人生體驗和情感傾向的基礎上——這就受制於民族、尤其是地域人生漫長歷史積澱所形成的生活模式，因而必然要體現一定的民族化特徵和地域文化風習。文化學家指出：「在任何人類社會中，社會生活是繫於地域上的集居，好像市鎮、鄉村及鄰舍。社會生活是有它的地方性，有一定的界限，這界限聯繫著種種經濟、政治及宗教性質的公私活動。在一切有組織的動作中，我們可以看到人類集團的結合是由於他們共同關聯於有一定範圍的環境，由於他們住在共同的居處，以及由於他們進行著共同的事務。他們行為上的協力性質是出於社會規則或習慣的結果。這些規則或有明文規定，或是自動運行的。」〔註70〕作為「人學」的文化創造，作家的創作常常自覺或不自覺地成為其地域人生的表現者和所在地域社會群體精神性格的塑形者。

〔註68〕何其芳：《關於寫詩和讀詩》，作家出版社，1956年。
〔註69〕R‧本尼迪克特：《文化模式》第2頁，北京三聯書店，1988年。
〔註70〕馬林諾夫斯基：《文化論》第7頁，中國民間文藝出版社，1987年。

　　我們的話題實際上已經轉向詩人的巴蜀地域文化背景，尤其是他直接承繼的晚唐西蜀「花間詞」。

二

　　何其芳在回顧自己如何走上創作之路時，講到他的「前創作」期的藝術準備：「我記得我有一個時候特別醉心的是一些富於情調的唐人的絕句，是李商隱的《無題》，馮延巳的《蝶戀花》那樣一類的詩詞。」這句話中留有一個伏筆，「那樣一類的」就包含了許多不便明言的內容。在進人創作時，他的藝術思維方式是，「我不是從一個概念的閃動去尋找它的形體，浮現在我心靈裏的原來就是一些顏色、一些圖案」，「只是爲這樣一些形象、情緒和氣氛所縈繞」並難以自禁而開始創作。他的這些話實際上已經涉及到創作心理學的一個重要內容，即對一個作家來說，青少年時期心理格局和形象思維的形成，是後來創作思維方式表現的關鍵。對此，何其芳也有所說明，「我孩童時翻讀著那小樓上的木箱裏的書籍以來就墜人了文字魔障。我喜歡那種錘鍊，那種色彩的配合，那種鏡花水月。我喜歡讀一些唐人的絕句。那譬如一微笑，一揮手，縱然表達著意思但我欣賞的卻是姿態」。「前創作」期的藝術閱讀積累和表現欲望，一旦被外界特定的人事、景物等現象所觸動，就會「天籟」般地湧激出來：「黃昏時候我踟躕在廢圮的城牆上，半夜裏我聽著萬馬奔騰似的江水的怒號，或者月夜裏獨自在那滿是樹葉和花枝的影子的校園裏走著，有了一點感觸，就把它們寫在本子上」。〔註71〕

　　何其芳在《畫夢錄・扇上的煙雲（代序）》中告訴我們，他「想把它們細細地描畫出來」的一些夢就是，「在一個圓窗上，每當清晨良夜，我常打那下面經過，雖然沒有窺見人影卻聽見過白色的花一樣的歎息從那裡邊飄墜下來」，這其實就是「星斗稀，鐘鼓歇，簾外曉鶯殘月。蘭露重，柳風斜，滿庭堆落花。虛閣上，倚闌望，還是去年惆悵。春欲暮，思無窮，舊歡如夢中」（溫庭綺：《更漏子》）的翻版。餘如「花半訴，雨初晴，未卷朱簾，夢殘惆悵聞曉鶯，宿妝眉殘粉山橫，約環縈鏡裏，繡羅輕」，還有「竹風輕動庭除冷，珠簾月上玲瓏影，山枕隱檾妝，檀綠金鳳凰。兩蛾愁黛淺，故國吳宮遠，春恨正關情，畫樓殘點聲」等晚唐西蜀「花間詞」的典型意象，都在何其芳的創

〔註71〕何其芳：《寫詩經過》，見《何其芳文集》2卷，人民文學出版社，1982年。

作中得到大量的複製。這就是詩人方敬所說的：「追求形式，講究所謂藝術完美，以綺麗的辭藻和獨特的風格在獨語，在畫夢。」〔註72〕

我們還得回到晚唐西蜀「花間詞」的形成及其基本意象的由來原因這個話題。

人言：「蜀之位坤也，煥爲英采必爛。」「天下之山水在蜀」的美麗自然風貌，色彩繽紛、繁花似錦的自然美之觀照物，陶冶、鑄造著巴蜀人的美感心理機制和審美價值取向，形成著巴蜀文藝美學對形式美偏好的特徵。在中華民族眞正達到完美融合的漢代，「漢代文章兩司馬」的司馬相如就以自覺追求華美豔穠的形式美而「卓絕漢代」（魯迅語）；李白繼以豪放不羈的超凡想像力和自我個性的鮮明表現成爲盛唐文藝大合唱的領唱歌手；自漢代「黃潤細密」的蜀布、色彩豔麗的漆器引領，唐代的蜀錦、邛三彩，無不以色彩豔穠爲世人矚目。這些地域文藝美學傳統的積澱，加上「笙歌入雲」的世俗享樂風習，就是「花間詞」產生和流佈的溫床。其於對文學本質特徵的意識自覺，「花間詞派」代表作家歐陽炯認爲，作爲一種藝術，詞的描寫技巧應達到的境界是「鏤玉雕瓊，擬化工而迴巧；裁花剪葉，奪春豔以爭鮮」，追求一種既源於生活又高於生活的藝術表現。況且，文學作爲一種審美藝術的關鍵就在於美的形式追求，因此應該以「文抽麗錦」、「拍按香檀」的華美形式建構，去營造「清絕」、「妖燒」的藝術效果，從而突出文學形式的美感效應。他們也看到了詞體文學作爲一門語言藝術的特點，文學的發生本基於人類語言的語音生理機能的形成，源自於人類語言生理機能與情感宜泄的和諧共振，也正是這種和諧共振關係，使詞的語音節奏「唱雲謠則金母詞清，挹霞醴則穆王心醉；名高白雪，聲聲而自和鸞歌；響遏行雲，字字而偏諧鳳律」，要求以詞的音樂美去形成一種令人「心醉」的情感共振。歐陽炯同時也清醒認識到，「花間詞」華美風格的產生原因，正在於蜀中人生風習和地域審美價值取向——「家家之香徑春風，寧尋越豔；處處以紅樓夜月，自鎖嫦娥」。〔註73〕

在《花間集》中我們可以看到，對佳景難再、歡樂易逝的憂慮，渴望得到再次體驗歡悅的焦灼，從堂前雙燕親昵樣子所產生的聯想又常常化爲人生情愛不自由的悲涼。這又反過來促使詞人們更緊迫地關注那短暫的美好，甚

〔註72〕方敬：《緬懷其人，珍視其詩文》，見《何其芳選集》第 1 卷，四川人民出版社，1979 年。

〔註73〕歐陽炯：《花間集‧敘》。

至不惜極盡誇飾鋪張地描寫性行為場面，以彌補現世生活中的諸多不足，作為人生欠缺心境的補償性實現，文學作為「白日夢」的功能於此得到淋漓盡致的體現。這種特殊的人生觀照態度正是他們的創作選材集中於深閨生活的原因，其情感基調和形式色彩特徵也由之而具。那鏤金錯彩、錦羅繡襲的深閨場景，正是詞人們對人類最基本的生命活動環境和性愛實現條件等價值標準的強調，也可以說，這也是人類與一般動物在性活動方式上的最基本的區別之一。

深閨的擴大，就是紅花朵朵、綠陰簇簇、青苔芳草、鶯燕呢喃的庭院，詞人們竭力薈萃大自然一切美景並將之濃縮於男女主人的情感和性愛關係中。巴蜀大盆地「未能篤信道德」的地域文化精神，「尚奢靡，性輕揚」的生活風尚和民俗，「頗慕文學，時有斐然」的華美文學審美傳統，以及「花城」「麗錦」的客觀現實存在，都是晚唐五代巴蜀詞人創作特色和藝術成就形成的根本原因。畫屏溢彩、弄妝敷粉、珠簾鴛被，與柳嫋桃紅、蜂舞花豔、豔陽皓月交相輝映，文學的形式之美被表現到一種極致境界。而閨閣情深、床第之歡、兩情相悅、思戀至深的情愛生活頌讚，更成為中國文學史上一朵競豔的奇葩。值得注意的是，《花間集‧敘》有意識地認同著巴蜀文化美學思想，其喻譬的神話意象見自《山海經》「軒轅之國，在北窮山之際，其不壽者，八百歲鸞鳥自歌，鳳鳥自舞」，又見自陳子昂詩「鳳蘊仙人錄，鸞歌素女琴」，並將詞體文學的直接源承指歸為「李太白之應制清平調四首」，認為花間詞是在李白詞作的影響下形成和發展的。正是出於這種有意識的認同，使花間諸人的驕狂豪氣也體現得尤為強烈，「邇來作者，無愧前人」，以顯示一種大膽創造、勇於開拓和藝術上自成一格的膽識。

於此，我們就可以看到，「設若少女妝臺間沒有鏡子，成天凝望懸在壁上的宮扇，扇上的樓閣如水中倒影，染著剩粉殘淚如煙雲」這樣的意境，實際上化自毛文錫《漁歌子》中「夢魂驚，鐘漏歇，窗外曉鶯殘月」的藝術意象，亦帶著蜀後主孟昶《玉樓春》「冰肌玉骨清無汗，水殿風來暗香滿，繡簾一點月窺人，敧枕釵橫雲鬢亂。起來瓊戶啓無聲，時見疏星渡河漢，屈指西風幾時來，只恐流年暗中換」的藝術手法。餘如「林葉和夜風的私語」、「麋鹿馳過苔徑的細碎的蹄聲」、「虛閣懸琴，久失去了親切的手指；黃昏過風，弦猶顫著昔日的聲音」、「螢火蟲飛在朦朧的樹陰」、「綠藤懸進你窗裏」、「金色的小花墜落到你髮上」、「琉璃似的梧桐葉，流到積籍的瓦上」等藝術意象，以

及《夏夜》、《夢後》、《哀歌》、《羅衫怨》、《秋海棠》、《鴿笛》等詩文標題及內容，完全就是現代白話版的「花間詞」。還是艾青說得準確：「他永遠以迷惘的、含著太息的、無限哀怨的眼睛，看著天上的浮雲、海上遠舉的船帆、空中掠過的飛鳥；把思緒寄託於飄忽，捕捉閃影。」清人陳廷焯在《惠風詞話》中推崇《花間集》「婉轉纏綿，情深一往，麗而有則，耐人玩味」的藝術風格，實際上就正是何其芳早期創作的獨特所在。

三

　　何其芳藝術個性「最大的來源又是他自己」！青少年時期生活在巴蜀大盆地中的何其芳，其四川口音到老未改，這是人所共知的事實。但巴蜀文化對何其芳創作的影響，卻是很多人未能注意的。人是文化的產物，任何個體行為都必然帶有其在文化傳統的印記；人又是生活在特定而具體的時間環境中，其思想意識和價值標準必然帶有所在地域環境的特點。一種文化，必然是在特定的空間，並且經歷了一定時間的流變而逐漸積澱形成的。也就是說，一個特定個體人的衣著服飾、生存方式和生存形態、語言特徵及其語音表現，還有價值觀念、思維習慣、對事務的認知方式等，都是在特定的時間和空間範圍內，受到所在地域的文化影響，更是被該地域文化所模塑的。在從「自然人」進化為「社會人」之後，每一個個體人都成為其文化的負載體，他的一切創造活動都體現著其文化的鮮明印痕。

　　誠如文化學家丹納所說：一個大藝術家的出現，有其必然生活前提和美學思想背景，「以前的學派已經替他準備好材料，技術是現成的，方法是大家知道的，路已開闢。教堂中的一個儀式，屋子裏的傢具，聽到的談話，都可以對他尚未找到的形體、色彩、字句、人物，有所暗示。經過千萬個無名的人暗中合作，藝術家的作品更美。因為除了他個人的苦功與天才外，還包括周圍和前幾個時代群眾的苦功與天才」。「藝術家不是孤立的人，我們隔了幾世紀只聽到藝術家的聲音；但在傳到我們耳邊來的響亮的聲音之下，還能辨別出群眾的複雜而無窮無盡的歌聲，像一大片低沉的嗡嗡聲一樣，在藝術家四周同聲齊唱。只因為有了這一片和聲，藝術家才成其為偉大。」〔註74〕前面提到，「花間詞」的產生是基於巴蜀地域文化風習，何其芳藝術個性的形成

〔註74〕丹納：《藝術哲學》第 45 頁，安徽文藝出版社，1991 年。

及其對「花間詞」的感知認同和藝術繼承，同樣基於地域文化的「集體無意識」作用，這種現象絕非僅僅體現於何其芳。

在文藝美學意識達到自覺的 20 世紀，郭沫若對「文藝的全與美」的強調和「爲藝術而藝術」的追求，何其芳創作思維中浮現的那些「色彩、圖案」等豔麗意象，李劼人、沙汀對巴蜀人生具象，尤其是對地域人文形態民俗風習的注重，都是這種根深蒂固的地域美學積澱的有意識或無意識的復現。「人們自己創造自己的歷史，但是他們並不是隨心所欲地創造，並不是在他們自己選擇定的條件下創造，而是在直接碰到的、既定的、從過去承繼下來的條件下創造的。」物產的豐裕使巴蜀文化發展有著優越的經濟基礎，使巴蜀人士有充裕的條件去冶鑄青銅器物（如廣漢三星堆出土文物）和精雕細刻地創造出（漢代）漆器、（唐代）蜀錦等形式精美、色彩豔穠的文化藝術品，這些又與蜀中美麗多姿、繁複多樣的山水花草景觀，共同冶鑄著巴蜀文人的審美心理機制，養成著巴蜀文人對文學形式美的偏愛和藝術性審美價值取向的特徵。位居西南一隅卻經濟實力雄厚的自然地理條件，使巴蜀人雖遠離北方中原政治文化中心卻不甘心常居「邊緣」地位，他們總是尋找機會去大展才華，以大膽的沖決、創造的豪氣而常常成爲中國文學的一代霸主。

這種地域人文性格正是巴蜀作家層出不窮且彪炳一代的內在原因。同時也正是基於這種地域文化性格，巴蜀文人才常在歷史劇變、文化轉型和文學變革轉折階段奔突而出，成爲一時俊傑，甚至開創一代新風。正是由於普遍而強烈的審美消費需求，才有對精緻、華美、豔穠形式美的追求。綿竹、梁平年畫以豔麗色彩而行銷各地，也正說明著這種地域審美價值標準的廣泛性和深入性。雖然，何其芳只能含糊地承認自己「在某些抒寫和歌詠的特點上，仍然可以看得出我們民族詩歌的血緣的」。

青少年時期是人生價值心理格局形成的關鍵期，青少年心理格局又是一個作家創作思維的主要閾限，何其芳在故鄉的早年生活，是他從顯性的物質層面具體感知巴蜀文化，並將之化爲內心深處積澱的關鍵。我們不妨再微觀一點，《四川通志》記載：「萬縣西五十里，羊飛山。相傳有道士令童子牧羊，戒使勿放。一日，童子放之，其羊衝天而去。」按《蜀鑒》「羊飛山下，有羊渠縣，即此。」唐刺史馬冉詩云：「南溪有仙澗，咫尺非人間。冷冷松風下，日暮空蒼山。」這類神話和傳說，應該成爲他構築「虛無縹緲的國度」的無意識藍本。陳子昂《萬州曉發放舟乘漲還寄蜀中親朋》「空滾岩雨界，爛漫曉

雲歸……遠岸孤煙出，遙峰曙日微」等歷代文人詠歎夔門之作，是何其芳藝術想像力和創作虛構能力的激活酵母。

這些文學積澱，或通過出版物典籍（「從童時翻讀著那小樓上的木箱裏的書籍」）的形式，或通過鑴刻於碑（如黃庭堅《西山記》）、石（如「太白岩」刻石）等顯性形態，也通過民間口耳相傳的隱性方式，附麗於當地的山川、地名沿革等自然景觀和人文風習，模塑著何其芳文學思維、創作心理，形成了他對題材選擇、藝術形象塑造指向、情劇頃向和思想表現的價值判斷所在。其「更其純粹，更是詩的」藝術個性，以及「彩筆」般的藝術風格，都可以從這裡去把握。他作品的特色，就在於此。組詩《憶昔》中「曾依太白岩邊住，／又入岑公洞裏遊，萬里寒江灘石吼，幾杯旨酒曲池浮」、「蔥郁山青環鬧市，飄零李白騁高詞」等句子，還有《夢中道路》對故鄉的描畫「在那枝葉覆陰之下有著青草地，有著莊嚴的墳墓，白色的山羊，草蟲的鳴聲和翅膀」等等，都表達出詩人對「文采風流地」——故鄉的驕傲。這正如他所說的，「我要曠大的曠大的天空……我的故鄉是能夠給我的，我聽見了被允許的聲音」。

四

其實，何其芳曾經說過一段被多數研究者忽略的話：「我讀著晚唐五代時期的那些精緻的冶豔的詩詞，蠱惑於那種憔悴的紅顏上的嫵媚」，並且明確說過「喜歡」溫庭筠的詞作。這種藝術形式上「精緻的冶豔」、題材和內容上描寫「紅顏上的嫵媚」，正是世人公認的「花間詞」風。只不過，由於中國正統文化一直排斥以性愛為描寫對象的作品，尤其是《花間集》，何其芳不便明說而已。何其芳未能明說的潛意識層面，還有「夢中彩筆」——巴蜀文化美學的華美豔穠等傳統。他的思維常常被這樣的藝術意象所縈繞：「分明一夜文君夢，只有青團扇子知」。對「前創作」期美學準備情況，他所徵引的卻是：「我的同鄉揚雄曾經說過：『能讀千賦則善賦！』」

也就是說，何其芳「夢中彩筆」式的「善賦」，正源於對《花間集》「千賦」的細讀（即其自謂：「兒時未解歌吟事，種粒多埋春復蘇。」這是其「聲聲天籟新」的「借得」所在）！何其芳的創作思維、藝術評判的價值取向，常常自然地、也是無意識地指向於巴蜀文化美學（他說過：「我從陳舊的詩文選擇著一些可以重新燃燒的字，引用著一些可以引起新的聯想的典故。」這是其常自愧「歎無腳力追前迹」之所在）。對此黑格爾解釋為：「這種主觀方

式之所以產生，是由於藝術家對自己的時代的文化的驕傲，他認爲只有他那時代的觀點、道德和社會風俗才有價值，才值得採用，因此對任何內容都不能欣賞，除非那內容是用他那時代的文化形式表現出來的」，「因爲一位具有特殊藝術才能的作家，他的精神生活所具有的集體性，通常都遠遠超過個性」。〔註75〕這裡不過多地強調何其芳自然形態的憂鬱個性，就是將之放在「人是文化的產物」這個角度來思考的。

　　「夢中彩筆」何來？詩人爲什麼能長葆藝術魅力？「何其芳」的命名就是這樣的間題。這裡，我們可以試作解答：「夢中」是潛意識的外顯，任何潛意識就其本質而言，其實就是「集體無意識」的自然表現。巴蜀文化和文藝美學從顯性和隱性兩個層面薰染、鎔鑄著何其芳的人格個性和藝術思維格局，巴蜀地域文化的積澱和運行作爲一種族群記憶，已經深伏在其內心深處，成爲一種潛意識，由於歷史和時代局限，他未能、也不能從理論角度去認識（他最多只是將其歸納爲「帶著零落的盛夏的記憶走人荒涼的季節裏」）；在巴蜀大盆地特定的文化氛圍中產生的「花間詞」，就是故鄉饋贈給詩人的「彩筆」（他說過：「『夢中彩筆』寫出一行字給我看：「分明一夜文君夢，只有青團扇子知！」）只不過由於中國正統文化觀念的拘囿，他難以明說而已。確實，甚至到 20 世紀 80 年代初，貴州人民出版社首次出版〈花間集〉時，不是也面臨著很大的壓力嗎？

　　本書話題的目的還不僅僅限於此。在全球化浪潮洶湧激蕩的今天，西方文化憑藉著資本、傳媒技術的優勢，引領著全球文化的「同一性」方向，在世界文學的全球大合唱中，如何以自己特有的方式爲全球文學的繽紛多姿作出貢獻，這既是中國文學界要思考的，也是每個文學從業者必須面對的問題。如何在堅持自我個性的前提下化融外來文化，如何汲取外來文學優秀之處來豐富自己而又不被其所消解，何其芳帶著本土傳統文化的思維方式，以自我既有的評判標準（「一種同樣的迷醉」）去認知和「找到」——經過一番選擇再「接受」和化取外來文化——再豐富爲自己「夢中彩筆」的創作，已經給我們提供一些可貴的經驗。最後，我們用何其芳的《回答》作結：

　　　　我們現在的歌聲卻多麼微茫，

　　　　哪裏有古代傳說中的歌者，

〔註75〕黑格爾：《美學》第一卷，第 359 頁，商務印書館，1979 年。

唱完以後，她的歌聲的餘音，

還在梁間繚繞，三日不絕？

第七節　還珠樓主：一個值得注意的文化現象

一

在民國文壇上，社會閱讀效應的最爲明顯的，是現代武俠小說。其中，還珠樓主（1902～1961）李壽民（原名李善基，因爲是「四川長壽縣一小民」而改名），也許是最能體現中國傳統文化特色的作家，以儒、佛、道的精神哲理，融合神話、志怪、劍仙、武俠於一體，又充分運用 20 世紀現代科技知識，輔以民國文化建構的成果即現代白話暢達的語言運用，以「仙幻玄怪」特徵受到世人的普遍歡迎，成爲 20 世紀武俠文學的集大成者和開啓後來者。現代科學知識與想像幻想的奇妙結合，驚心動魄的場面展示與優美的巴蜀山水景物描寫融會一體。在通俗娛樂中寄託著作者對人生、民族的嚴肅思考。在民國文學史上，說到高產、說到最受讀者歡迎並且其藝術生命力常履常新，恐怕就要數「還珠樓主」了。

1922 年，《紅雜誌》創辦、1923 年《偵探世界》雜誌問世，昭示著民國時代的武俠文學開始勃興。1932 年，環珠樓主的《蜀山劍俠傳》在天津的《天風報》上連載，標誌著中國文學一個獨有品種的再次勃興。借助民國的印刷科技條件與新型媒介載體等現代技術，輔以商業化運作的現代意識，利用城市化大規模市民的接受優勢，現代武俠小說從而獲得前所未有的發展空間。一方面，中國大陸的「現代文學史」乃至於香港的司馬長風和美國的夏志清等的「文學史」，都沒有正視民國時期武俠文學的存在。但另一方面，在 20 世紀 90 年代「20 世紀華文小說一百強」的評選中，還珠樓主卻位列第 55 名。

還珠樓主一生創作三十六部武俠小說，如《青城十九俠》、《雲海爭奇記》、《兵書峽》、《蠻荒俠隱》、《峨眉七矮》、《長眉眞人專集》、《北海屠龍記》、《武當七女》、《冷魂峪》（原名《天山飛俠》）等，爲世人所熟知。它如《柳湖俠隱》、《大漠英雄》、《武當異人傳》、《邊塞英雄譜》、《俠丐木尊者》、《青門十四俠》、《大俠狄龍子》、《女俠夜明珠》、《皋蘭異人傳》、《龍山四友》、《獨手丐》、《鐵笛子》、《翼人影無雙》、《黑孩兒》、《白骷髏》、《黑森林》、《黑螞蟻》、

《萬里孤俠》、《虎爪山王》等，也是人們喜愛的作品。50 年代始，隨著時代審美思潮的轉型，他先後編寫了《雪鬥》、《白蛇傳》、《岳飛傳》等劇本，仍然被人稱道。〔註76〕但最能代表他成就的，首推《蜀山劍俠傳》。

有人如此描述著其小說風靡當年的盛況：〔註77〕

> 在每一集出版的三四天內，一萬冊之數，一搶而空。早晨開出門來，就有顧客望門而候了。那許多顧客，以擺設書報攤的小販為多，一個人要買好幾本，買去不是完全靠賣出，而是以租出為主。現在上海以「租借小說」為營業的書店報攤，幾於無不備有《蜀山劍俠傳》，讀者之多，在上海已足驚人。說到多產作家，還珠樓主大概可以當得起……顯示了天縱奇才的大氣魄，為中國小說界的千古奇觀。對後世武俠作家影響巨大，幾乎無人可以企及，如臺灣武俠泰斗古龍，就曾說到他受還珠樓主的影響頗深。他的神怪小說，在中國神怪小說史上，開創了一條新路，這條路，據我個人所見，以前未曾有人走過。他把近時的物理，融化入於他的玄想之中，構成作品的特殊風格，和前人與近人所著的神怪小說絕然不同；欽佩他的『玄思冥想』，以及文筆方面的「恣肆汪洋」，特別是對於幻境的創造，有著如有神助一般的筆力。

海內外華文文學圈極負盛名的作家白先勇盛讚道：「我小時候最喜歡看的武俠小說是『還珠樓主』，他寫的一部是《蜀山劍俠傳》，當年是武俠小說的經典。還珠樓主想像力豐富，他的文字之優美，我覺得他是鼻祖，所以當時也看很多他的小說。我覺得中國的武俠小說也是獨樹一幟」，〔註78〕「還珠樓主五十多本《蜀山劍俠傳》，從頭至尾，我看過數遍。這真是一本了不起的巨著，其設想之奇，氣魄之大，文字之美，功力之高，冠絕武林，沒有一本小說曾經使我那樣著迷過」。〔註79〕唐魯孫在《我所認識的還珠樓主——兼談〈蜀山〉奇書》文中是這樣為還珠樓主畫像的：「風采雍穆，操著四川口音」，「他看的書涉獵極廣，除了佛經、道書、練氣、禪功之外，還喜歡研究性命、星象之學」，「書一應市，就被搶購一空」，當年他拒絕侵略者的拉攏，被關進日本人

〔註76〕參見周清霖、李觀鼎編校：《還珠樓主小說全集》，山西人民出版社、北嶽人民出版社，1998 年。

〔註77〕徐國楨：《還珠樓主論》，上海正氣書局，1949 年。

〔註78〕《白先勇：一個民族一定要有精英文化》，人民網，2005 年 4 月 8 日。

〔註79〕白先勇：《驀然回首》，見《白先勇文集》第一卷，花城出版社 2000 年。

的監獄，卻因為其小說的影響力而幸免，「幸虧華北駐屯軍軍部有幾位『蜀山迷』，好在他的罪名又是莫須有，糊裏糊塗又把他放了」。許寅的《當代武俠小說之王還珠樓主》告訴我們：「北京學術界幾位前輩，擬成立『還珠樓主研究會』，並計劃在年內召開國際研討會；中國第一多產作家，也可能是世界第一多產作家，乃還珠樓主。世界最長的小說，即其傑作《蜀山劍俠傳》，有五百萬字」，「《蜀山》當然精採，描繪細膩，想像豐富，開創了武俠小說與神話結合的新紀元」，「人物個個生龍活虎，個性鮮明；《蠻荒俠隱》，寫『蠻荒』風土人情，融入柔腸俠骨，情景並茂」；民國著名學者和社會活動家許寶駒就曾經告訴家人：「街上看到還珠樓主的書，不論什麼，都給我買回來」。

有人在網上評價說：「許多人都談到他們曾受還珠樓主的影響，摒去神魔的怪誕，運用現代思維將其合理化，赫然是一個武俠武功的新境界。自有俠文化以來到還珠樓主而登峰造極」。〔註80〕當代政治家毛澤東也許正是基於還珠樓主小說的奇思妙想，有利於開發思維能力，給兒子開的閱讀書目就有《蜀山劍俠傳》。〔註81〕著名學人賈植芳的《〈獨手丐〉等武俠小說總序·記還珠樓主》回憶起自己當年看到的情況：〔註82〕

> 當時的大小書攤上，還珠樓主的作品如《青城十九俠》、《雲海爭奇記》等等，也總是被排列在顯眼的地方。這些反覆重疊的印象，使我形成了這樣一個認識，這位叫還珠樓主的武俠小說作家是個福星高照，走紅運的作家。他的作品不僅以書刊形式和廣大讀者見面，而且用戲曲的形式深入民間。

> 他作為中國現代通俗文學的一個有重大影響的作家，是不應該被這麼埋沒下去的。他的作品也還有其一定的社會歷史意義和藝術欣賞價值。

還珠樓主的貢獻是，直接影響著「當代港臺新武俠小說」的興盛和運行特徵。古龍在《多情劍客無情劍·代序》中就明確地承認自己的藝術傳承所在：「我們這一代的武俠小說，如果真是由平江不肖生的〈江湖奇俠傳〉開始，至

〔註80〕 http://www.paipaitxt.com/r4711159/
〔註81〕 《毛澤東給兒子開的書單曾經推薦武俠小說》，《中華讀書報》2007 年 6 月 25 日。
〔註82〕 參見賈植芳：《記還珠樓主——〈獨手丐〉等武俠小說總序》，上海《文匯報》1988 年 6 月 24 日。

還珠樓主的《蜀山劍俠傳》到達巔峰。」〔註83〕甚至成為一種評判標準，因為臥龍生武俠小說的貢獻甚至就在於：「第一，他成功地運用了還珠樓主的神禽異獸、靈丹妙藥、玄功絕藝、奇門陣法」——甚至有人認為「古龍的激動人心就源於此」。金庸也承認：「還珠樓主對我也有影響」。確實，《蜀山劍俠傳》第92回的一個場面：「伸手往那少年獵人胸前一扯，撕下一大片來，又把自己胸前衣服撕破一看，兩人胸前俱有一個肉珠，頂當中一粒血也似的紅點」，這個場景，確實就被《天龍八部》的「蕭峰父子重逢」所複製；金庸筆下丐幫幫主洪七公的形象，也有著《蜀山劍俠傳》中怪叫化凌渾的性格鮮明印記。

香港著名導演徐克，就是以拍攝《蜀山傳》而成名的。在舊版《蜀山傳》中（1983），徐克已經開始積蓄能量；畫面意境奇詭、氣勢凌厲，視覺高潮一浪高過一浪。徐克正是由片此確立了自己香港新武俠申影的宗師地位，以至於成為所有的華人武俠電影模仿的對象。20 年後，徐克再次拍攝《蜀山傳》（2001），又耗資 4000 多萬港幣，聘請好萊塢 4 家電腦特技公司和同屬世界頂級動畫影像特技公司的香港動畫科技公司，調用 100 多臺電腦花了一年時間才完成。影片的特技鏡頭絕對是視覺盛宴。從《新蜀山劍俠》到《蜀山傳》，徐克兩度拍蜀山題材，前後相隔 20 年，這說明還珠樓主小說本身的無比魅力。在今天。還珠樓主的小說作為一種文化產業資源，已經被當下最風行的卡通、動漫、影視等藝術吸納為故事主題和表現方式。

今天享有盛譽的「新銳青春武俠」女作家步非煙，就明確說過：自己「最喜歡的武俠作家是還珠樓主」。〔註84〕

二

還珠樓主的代表作，是《蜀山劍俠傳》。主要情節是寫三英二雲求師、學藝、得寶、成道、斗妖、除魔、成仙的經過。他們的師傅齊漱溟及師母荀蘭因則是他們的有力後盾，一些峨嵋派的散仙或道友，如東海三仙、嵩山二老、神駝乙休、怪叫化凌渾、短叟朱梅、追雲叟白谷逸以及餐霞大師、極樂真人李靜虛、玉清大師等也不斷給他們以幫助。還珠樓主小說中，足以示範如「峨嵋仙府」，布置得五光十色，麗豔無匹，勝於人間皇宮萬倍。他布置了一個「出世」的仙境，同時在這仙境中，又容納了「世俗」的豪華。

〔註83〕 參見劉賢漢：《古龍武俠小說散論》，《世界華文文學論壇》1997 年 3 期。
〔註84〕 《步非煙：最喜歡的武俠作家是還珠樓主》，新浪視頻，2009 年 2 月 5 日。

　　小說描寫的許多旁門散仙，更大的追求在道家的逍遙自在，盡情享受人生的美好，這些人優游無慮於海外地角、山巔水涯。他們嚮往的是這樣地奇妙的居住環境：「那潭大抵十畝，四面俱是危崖，團團圍裹，逐漸由寬到窄往上收攏，到極頂中間，形成一個四五尺的圓孔。日光從孔中直射潭心，照在其平如鏡的潭水上面，被四圍暗色一襯，絕似一片暗碧琉璃當中，鑲著一塊壁玉。四壁奇石挺生，千狀百態」（127 回）。從這裡，我們自然會聯想到巴蜀先賢李白「三杯通大道，一半合自然。但得酒中趣，莫爲醒者傳」（《酒歌》）所體現的世俗享樂精神。

　　文學最本質的特點是想像和幻想。在還珠樓主的筆下，狐狸可以修煉成人——天狐寶相夫人雖然出身異類，卻有千年道行，又經極樂眞人點化，參透玄機轉換爲人；神雕、猿猴（袁星）等動物亦皆可修練成人，袁星道：「我們猿猴猩猩本與人類同種分化，橫骨一化，便通人言」（第 100 回）；一個千年成形的芝馬和人形靈芝，可以直接與人溝通感情（第 125 回）；「洞外去觀瀑，看那金眼逆魚力爭上游，偶爾有一條僥倖沖瀑而上，便化成翠鳥飛去」（第 96 回）。小說甚至還給我們展示出如此的怪事：「南明礁金鬚奴，得天地乾明離火之氣而生。一出世來，便遭大難。幸天生異稟，長於趨避，修煉已歷數百餘年，迭經異人傳授，能測陰陽萬類之妙」（147 回），最後脫皮洗骨轉換爲一個美男子；那金猱母女本是獸類，與人通婚，情深義重（138 回）。

　　小說中有著大量關於功夫奇幻、亦人亦獸怪魔的描寫：「生得人首獅面，魚背熊身。三條粗若樹幹的短腿：兩條後腿朝下，人立而行；一條前腿生在胸前。從頭到腿，高有三丈。頭上亂髮紛披，將臉全部遮沒。兩耳形如盤勘，一邊盤著一條小蛇，紅信吞吐，如噴火絲」；而「大鵬灣鐵笛拗的翼道人耿鯤，素來恃強任性，脅生雙翼，頃刻千里，精通秘魔大法，行蹤飄忽，窮極變化。更擅玄功地遁、穿山過石、深入幽域、遊行地肺，眞是厲害非常」（133 回）；「生得面如冠玉，齒白唇紅，眸若點漆，晶光閃爍，長眉插鬢，又黑又濃。背後雙翼，高聳兩肩，翼梢從兩脅下伸向前邊，長出約有三尺，估量飛起來有門板大小。身材高大，略與神駝乙休相等。上半身穿著一件白色道家雲肩，露出一雙比火還紅的手臂。下半身穿著一件蓮花百葉道裙，赤著一雙紅腳，前半宛如鳥爪」，是乃母受大鳥之精而生，介於人禽之間（133 回）。「一隻鳩形怪鳥口吐紫焰，周身具有五色煙光圍繞，兩翼橫張，長約數丈，瞪著一雙奇光幻彩的怪眼，鐵爪箕張，形相獰惡，正與二老的劍光相鬥，那樣厲害的

雷火，並沒傷著它」（183 回）；這些詭怪奇異的描寫，爲讀者帶來了巨大的審美震驚和情感衝擊力。人類超越現實的企盼，是通過神話來體現的。

小說的奇幻還在於：「不論相隔千里，只消將書信穿在飛劍上面，想叫它送給何地何人，從無錯誤，也不會被別人攔路劫去」（第 76 回）；有人的功夫甚至可以練到超音速的程度：「附聲飛行，聲音入耳，人便立至」（202 回）；神駝乙休的縮天透影之法是如此地奇妙：他「將口一張，吹出一口罡氣，只見碧森森一道二三丈粗細的青芒，比箭還直，射向前面雲層之中。那雲便如波浪衝破一般，滾滾翻騰，疾若奔馬，往兩旁分散開去。轉眼之間，便現出一條丈許寬的筆直云衢」，百十里路的景物如在目前（131 回）；在還珠樓主的眼中，大自然的阻隔完全可以被突破：有人「施展法術，直鑽下去，穿石行土，彷彿破浪分波，並無阻擋」（127 回）；「媖姆眞非常人。我們用無形劍遁在空中飛行，她在相隔千里的盤鳩峰頂上，竟能看見，這雙神目，眞是舉世所稀了」（165 回）；所練出的寶貝的神奇功能在於「那鏡光竟能照透地面很深，手越舉得高，所照的地方也越大。鏡光所照之處，不論山石沙土，一樣毫無阻隔。那深藏土中的蟲豸，一層層的，好似清水裏的游魚一般，在地底往來穿行。再往有樹之處一照，樹根竟和懸空一般，千鬚萬縷，一一分明」（138 回）。

在作者的藝術想像中，人類沒有做不到的事：「身在雕背上穿雲御風，憑臨下界，經行之處，俱是崇山大川，一些重岡連嶺，宛如波濤起伏，直往身後飛也似地退去。有時穿入雲層，身外密雲，被雕翼撞破，緩魂氳氤，滾滾飛揚，成團成絮，隨手可捉。偶然遊戲，入握輕虛，玉纖展處，似有痕縷，轉眼又復化去，只餘涼潤。及至飛出雲外，邀翔青冥，晴輝麗空，一碧無際，城郭山川，悉在眼底，蟻垤勺流，彷彿相似，頓覺神與天會，胸襟壯闊」（第 112 回）。這簡直就是當今乘坐飛機在天空飛行的感受。

這就是有人指出的，還珠樓主的小說，超越了現實的一切羈絆：〔註85〕

> 海可以煮之沸，地可以掀之翻，山可以役之走，人可以化爲獸；天可以隱減無迹，地可以沉落無形。而且天外還有天，地底還有地，水下還有湖沼，石心還有精舍；大自然波譎雲詭，變幻無窮。人的生活形態亦與現實社會迥異：不食可以無饑，不衣可以無寒，行路可縮萬里爲咫尺，談笑可由地室達天庭。至於人仙妖魅之千奇百怪，

〔註85〕徐國楨：《還珠樓主論》，上海正氣書局，1949 年。

更是匪夷所思。人可以修煉成仙，鳥獸蟲魚也可以成精成妖成仙。

靈魂可以離開肉體，身外可以化身，自殺可以逃命，借屍可以復活。作爲一個 20 世紀的現代作家，還珠樓主創作非凡想像力，有著現代科學知識涵蘊和作用，聲、光、電、磁等等原理，轉化成爲作者的奇幻想像，這就是他與過去武俠作家的最大差異所在。如其作品有大量這樣的描寫：「在汪洋大海的水面壓平海波，逼成金銀砂的晶牆甬道，立在甬道之上，由那甬道衝波疾馳而進」；「千百萬丈一片灰白色的光霧，中雜轟轟怒嘯……內中翻動起千萬層的星花，狂潮一般，朝前湧來，壓力震力之大，簡直無可比擬」；「玄冥界本是一片橫長冰原，自從三千年前北極發生亙古未有的大地震，陷空老祖偶在無意中發現北極磁光變幻靈異，光中有暗赤條紋閃爍如電，並作殷殷雷鳴之聲」等。

也就是說，現代科學知識成爲作者文學幻想的酵母，爲小說的人物和事件展開提供著更大的想像空間。北極的描寫，地火、火山、地震等描寫，海南島五指山、涼山彝族、太平洋島嶼、藏羌雪山——都是現代信息爲還珠樓主小說創作提供的條件，如「將預先備好的一張桐油布展開，用幾根鐵棍支好，再用強索捆紮一番，做成一把沒柄的傘蓋。夫妻二人各用雙手抓緊上面鐵棍，將必要的兵刃衣服紮在身上，天書藏在曼娘懷中，尋一塊突出的岩石，雙雙往下面便跳。那油傘借著天風，撐得飽滿滿的，二人身子如淩雲一般，飄飄蕩蕩往下墜落」（第 93 回）；還有寫雪崩：「忽然一陣大風吹起，先是一陣輕微爆音，接著便是驚天動地一聲大震。定睛一看，對面那座雪峰竟平空倒將下來，直往側面冰谷之中墜去。那峰高有百丈，一旦墜塌，立時積雪紛飛，冰團雹塊，彌漫天空，宛如數十百條大小銀龍從天倒掛，四圍都是霧縠冰紈包擁一般。那大如房屋的碎冰塊紛紛墜落，在雪山深谷之中震蕩磨擊，勢若雷轟，餘音隆隆，震耳欲聾」（139 回）；「風被珠光一阻，越發怒嘯施威，而且圍著不去，似旋風般團團飛轉起來。轉來轉去，變成數十根風柱，所有附近數十里內的灰沙林木，全被吸起。一根根高約百丈，粗有數畝」（134 回）等。

對眞實人性的展現，是 20 世紀中國文學的一大特點，也是還珠樓主作品與以往武俠小說的區別所在，小說告訴我們：「乙休、韓仙子二人，乃散仙中數一數二的人數，不特道行高深，法術精微，性情尤爲古怪，偏重情感」，這才是「人」的眞實寫照。而其作品思想的關鍵在於，武俠精神的根本在於入

世：「人非太上，孰能忘情？修道人多情，易惹世緣，那麼誅邪除害，總該分所應爲吧？」（201 回）這就是我們把握還珠樓主創作的基點。

三

　　一個有特色的作家，往往是有著深厚而獨特的文化背景，還珠樓主小說藝術的獨特，多得益於巴蜀地域文化的哺育。巴蜀講災祥、重律曆、喜占卜、求仙術等地域文化積澱，是成爲道教產床的眞正原因，這也就是還珠樓主所說「西蜀神權最盛」的根據。還珠樓主在日記中多次提到自己「三上峨眉」、「四登青城」的感受。他在這兩座名山中前後生活了十八個月，並把那裡的名勝古迹都詳盡地寫了下來，還畫了遊覽圖。那裡的一草一木彷彿都跟他結了緣，他和那些道士、和尚多年來一直保持著書信往還，﹝註86﹞可以說，「蜀山情結」成就著還珠樓主的地位和影響。如《蜀山劍俠傳》第一回的回目爲：「月夜棹孤舟，巫峽猿啼登棧道；天涯逢知己，移家結伴隱名山」，就選取了月夜、孤舟、巫峽、棧道、猿啼等富有巴蜀特色的景觀構成藝術意境。

　　巴蜀神話、傳說、民俗風習和前代鄉賢的文化創造積澱，成爲作家藝術想像和幻想的土壤以及文化創新的源泉，如：「那妖婦又高又大，臉似烏金，一頭烏灰色的亂髮披拂肩背之上。兩邊鬢腳垂著一蓬白紙穗，穗下垂著一掛紙錢。生就一張馬臉，弔額突睛，鼻孔深陷，兩顴高聳，闊口厚唇，血也似紅，白牙森列，下巴後縮。長臂赤足，手如鳥爪，掌薄指長。身穿一件灰白色的短麻衣」，這就是蜀中流傳的勾魂使者雞腳神、無二爺形象；《長眉眞人專集》第三回：「時已半夜，月明星稀，碧空澄霧，銀河渺渺，玉宇無聲。雖然天際高寒，因值夏秋之交，船中諸人多係道術之士，均不覺冷。船迎天風疾馳，時見朵雲片片，掠舟而過，其去如飛。俯視大地山河，城郭田野，均在足下，培塿蟻坏，彷彿相同，但都披上一層銀霜。憑臨下界，極目蒼穹，四外茫茫，無邊無際，均覺夜景空明，氣勢壯闊。賓主六人身在舟中，臨風對飲，望月談心，俱都拍掌稱快」，我們不難於之看到蜀中先賢蘇軾《前赤壁賦》所表現的意境。

　　蜀中美麗的自然景觀和獨特的民俗，尤其是還珠樓主家鄉緊靠長江三峽的景觀民俗，被具象化在謝琳、謝瓔經過巫峽上空時（34 集第 1 回）一段描寫：

﹝註86﹞ 參見李觀承：《關於我的父親還珠樓主》，《南北極》1982 年 9 期。

　　偶然目注下方，瞥見層崖夾峙，江流如帶，那麼蕭森雄奇幽險的川峽，空中俯視，直似一條蜿蜒不絕的深溝，水面既厭，當日天又晴和，江上風帆，三三兩兩，絡繹不絕。過灘的船，人多起岸，船由縴夫拉著。搶上水，動輒數十百人拉一條長纖，盤旋上下於危崖峻壁之間，看去直似一串螞蟻在石邊上蠕動。那船也和兒童玩具相似……這一臨近，才看出那些縴夫之勞，無異牛馬，甚或過之。九十月天氣，有的還穿著一件破補重密的舊短衣褲，有的除一條纖板外，只攔腰一塊破布片遮在下身，餘者通體赤裸，風吹日曬，皮膚都成了紫黑色。年壯的，看去好一些；最可憐是那些年老的和未成年的小孩，大部滿面菜色，骨瘦如柴，偏也隨同那些壯年人，前吆後喝，齊聲吶喊，賣力爭進，一個個拼命也似朝前掙扎。江流又急，水面傾斜，水的阻力絕大，遇到難處，齊把整個身子搶僕到地上，人面幾與山石相磨。

如果不是親生經歷和對之的感觸極深，是無法寫出這種「川江行船」生動場面的，作者在靠近三峽的長江邊家鄉生活的積累，還有他多次「川江旅行」的經歷，使這些場面和情景表現得極爲具體形象和生動感人。

　　作品告訴我們：「西蜀神權最勝，山上的廟宇寺觀不下數百」（第 1 回）。作爲中國本土宗教道教的發源地和大本營，「巴蜀半道」、「俗好巫鬼」和注重現世享樂的地域文化積澱，是還珠樓主小說的思想內容、價值判斷和藝術表現特徵的根本制約所在。「青城道士」杜光庭《洞天福地嶽瀆名山記》所記載的蜀中「洞天福地」，就成爲作品的主要描寫內容：如「峨眉仙府」就布置得五光十色，麗豔無匹，勝於人間皇宮萬倍；在深山大澤中採來巨蟒大蚌腹內藏的明珠經多年修煉而成的「十數顆明星照得合洞光明如晝」，「玉床玉幾，錦褥繡墩，陳設華麗到了極處」，「兩間極大的石室，四壁光潔如玉，裏面石床、石幾、石桌、石墩之類，俱如羊脂玉一般細潤。再加上若蘭愛好天然，把洞外奇花異卉移植了不少進來，更顯得幽靜之中，別有一種佳趣」，「洞內千百間石室，自分門戶，到處都是金庭玉柱，宏大莊嚴，光華照耀，亙古通明，眞稱得起洞天仙府」（第 95 回）；「廣大石室，洞壁如玉，當中一座黑石丹爐，雲床石鼓，設備齊全。石壁上懸嵌著栲栳大一團銀光，照在四壁透明鐘乳上面，眞個是金庭玉柱，錦屏珠纓，五色迷離，莊嚴華美」，「忽見清波阻路，噴珠飛雪，奔流浩浩。兩面俱是萬丈峭壁，排天直上，中腰被雲層隔

斷青旻，偶從閒雲卷舒中，窺見一點點天日。陽光從雲縫裏射入碧淵，宛如數十條銀線，筆直如矢，隨雲隱沒，時有時無」（第 111 回）。

這種現世的享樂態度，蜀中先賢李白早有表現：「蘭陵美酒鬱金香，玉碗盛來琥珀光」（《客中行》）。可以說，正是這些描寫，使作品具有美文般的欣賞價值。作者強烈的巴蜀故土情結，制約著作品的價值評判指向，小說多次不無偏激地渲染「青城、峨嵋同是玄門正宗」，其他門派要參正果，必需「歸入正教」，以至於各正派人士「對峨眉更起了嚮往之心」。小說存在著大量諸如「那五臺、華山兩派，何等兇惡姦邪，橫行不法」（第 38 回）的描寫，如「五臺、華山門下許多有名劍仙，竟會遭那樣慘敗，死的死，傷的傷，逃的逃，沒有一個占著絲毫便宜，損折了無數飛劍法寶。峨眉教下前一輩的固然厲害，他們這些後起的乳臭孩子都是個個厲害無比」（第 76 回），「武當門下各收各的徒弟，各有各的教規，各不相下，濫收男女門人，縱容他們為惡，當師長的還加護庇。本是一家，卻分成許多門戶，勢同水火，日久每況愈下，竟互相仇殺起來」（第 99 回），「五臺、華山這些日暮途窮，大劫將臨的人」（205回）等，以反襯峨嵋、青城等蜀中武林的正大光明。又如《青城十九俠》開頭對都江堰的描寫：

> 話說灌縣（今都江堰）宣化門外，有一座永寧橋，是竹子和粗麻索做的。這橋橫跨江上，長有二三十丈。橋下急流洶湧，奔騰澎湃。每當春天水漲，波濤電射，宛如轟雷喧豗。人行橋上，搖搖欲墜。不由你不驚心動魄，目眩神昏。及至一過對岸，前行不遠，便是環山堰，修竹干霄，青林蔽日。襯上溪流縈繞，綠波潺潺，越顯得水木清華，風景幽勝。（第一回　白雪麗陽春　奇峰由地平湧起　青芒搖冷月　故人自天外飛來。）

有趣的是，後來的港臺新武俠小說，或是為了擺脫還珠樓主的影響，或是為了顯示自己的「開宗立派」，「同仇敵愾」地把蜀中武林描繪成陰險毒辣、性情古怪且招式詭異、令人恐怖的邪門歪道。1949 年後的「紅色話語大潮」遏制著武俠小說的發展，還珠樓主與當時極大多數已經成名的作家一樣，面臨著創作的轉型以適應紅色話語的新時代要求。他在朋友賈植芳的建議下，把目光轉向了農民起義題材，是為小說《獨手丐》。其創作的基本動因，還是因為張獻忠與四川的關係。他說，因為他是四川人，張獻忠和四川關係很深，後來就在成都建立了王朝，最後又死於四川，他聽來的口頭材料，實在大多

了。從這裡我們仍然可以看到，作家的巴蜀情結，制約著其對作品題材的選擇。

四

「有華人的地方就有武俠」。《山海經》所展示的人們對超越自然的亟盼和奇幻想像，春秋戰國時代的武俠思想，被司馬遷展現於史冊，明、清時期對社會正義的渴求以「小說者流」風行於民間。中國小說的成型是「唐傳奇」，金庸認為「武俠小說的始祖」就是唐代「青城道士」杜光庭《虬髯客傳》。武俠文化總能與當時社會最敏銳的文化機體水乳交融。如明、清的評書、戲曲，20 世紀 70 年代以後的武俠電影及稍後的電視連續劇、20 世紀後期開始的武俠題材的各種藝術以及網絡遊戲；以及第一次征服歐美的李小龍影片、第一次得志於好萊塢的《臥虎藏龍》等，我們可以看到，武俠文化在當今世界已演繹成為最具中國特色的文化符號。

多災多難的 20 世紀中國讓文學承擔著太多的社會責任，啟蒙與救亡思想的表現程度，成為 20 世紀中國文學的優劣評判標準，武俠作品屬於通俗文學類，所以一直被忽略。其實，20 世紀中國文學的開拓者魯迅早就看到：通俗文學「主在娛心，而雜以懲勸」，作為一個偉大的人道主義者，魯迅告誡過我們：「在實際上，悲憤者和勞作者，是時時需要休息和高興的」。但是在極左思潮泛濫的時代，有人甚至這樣評價還珠樓主的小說：「《劇孟》只能稱為『荒誕』的武俠小說。他的荒誕之處在於內容完全脫離了歷史的真實，過度的渲染打鬥，把俠客的武藝神奇化」；「我們竟然發現了這樣的事情：有一個中學的一部分學生因為互相借閱武快小說而結合成一個小集團，武俠小說中個人英雄主義的思想，把這些青少年的思想毒害得和社會主義現實生活格格不入，這個小集團最後竟變成了反黨小集團」。〔註87〕也就是說，還珠樓主的小說巨大影響力，似乎可以產生「反黨」的巨大社會功能。

20 世紀末中國文學的研究開始回歸本位，以純學術觀點對還珠樓主的創作進行專題研究並具有代表性的，是袁良駿先生，他首先肯定：「20 世紀三、四十年代民國武俠小說創作的新高潮。其中，作品最多影響最大的是還珠樓主」；「還珠樓主的《蜀山劍俠傳》，集劍仙神魔化武俠小說之大成，其想像力

〔註87〕參見涂樹平：《小說劇孟》，《讀書月報》1958 年 3 期。

豐富、怪譎，令人歎爲觀止；文筆佳妙；寫打鬥則層次井然，高潮迭起；寫風光歷歷在目，如詩如畫」；「作者想像極爲豐富，不僅設計了眾多劍仙，而且遨遊天地之間，任意驅遣天地鬼神、風雨雷電、山河湖海、珍禽異獸……還氏最奇特的想像在於他對自然力、爆發力的想像。在這方面，他的《蜀山劍俠傳》徑直可以看作『科幻小說』，其想像力絕不亞於什麼《超人》與《星球大戰》之類」；「民國最走紅的武俠小說家」，「是劍仙神魔化武俠小說的集大成者」。

但是，袁先生又批評其「糅合了神魔、武俠奇情等諸多通俗流行元素，熔儒、釋、道三家思想精義爲一爐，而予以高度哲理化、藝術化之發揮，縱橫恣肆、驚世駭俗，最大程度地迎合了市民階層的心理需要。俊男美女的劍仙組合、脾氣怪異的奇人隱俠、兇殘暴戾的邪道魔魁、巍峨瑰麗的仙府秘境，在還珠樓主的生花妙筆下構成了一個奇幻迷離的劍仙世界，令無數讀者沉迷其中難以自拔」；尤其是「民國武俠小說泛濫成災，總字數高達三億，還珠正起了不可低估的壞作用」。〔註88〕

對此，另一位專家反駁道：「《蜀山劍俠傳》在你看來是胡編亂造，不食人間煙火味等等。武俠小說中本有一種仙魔派，它生來就與煙火味無關，情節也是要編造的，因爲作者沒有到過仙界或魔界去體驗生活」。〔註89〕

還珠樓主小說確實屬於通俗文學，但其中仍然充盈著嚴肅的社會思考和人生價值關懷。一方面作品有著「霞舉飛昇，注籍長生，與天同壽」、「許多仙人，都是雙修合籍，同駐長生」（第78回）、「神仙中夫妻盡有的是，休說劉桓、葛鮑，就拿眼前的掌教師尊來說，竟連兒女都有三個，雖說已轉數劫，到底是他親生，還不是做著一教宗主」（129回）等內容，都是傳統道家學說的體現。但苦行修道卻常常被轉化成爲最美妙的人生形態：「便命神雕、神鷲連日出外獵取猛獸。肉由英瓊、芷仙、若蘭三人醃臘。皮由米、劉二矮持往城市變賣，連同英瓊昔日遺留的銀兩帶去，備辦米糧和應用物品。山中有的是黃精首烏，異果野菜，只須袁星每日出外採取。洞中又有芷仙平日用奇花異果釀成的美酒甚多」（130回）。這種世俗精神，是民國文化「人的發現」的自然結果。

〔註88〕袁良駿：《還珠樓主蜀山劍俠傳的成敗得失》，《黃河科技大學學報》2004年4期。

〔註89〕范伯群：《「兩個翅膀論」不過是重提文學史上的一個常識——答袁良駿先生的公開信》，《文藝爭鳴》2003年3期。

　　小說第 141 回，通過一個烏托邦式的國度描寫，展示著作家的政治理想：「那地方雖是一個荒島，卻是物產眾多，四時如春，嘉木奇草，珍禽異獸，遍地都是。眾人到了以後，便各按職司，齊心努力，開發起來。伐木爲房，煮海水爲鹽，男耕女織，各盡其事。好在有的是地利與天時，只要你有力氣就行。不消數年，居然殷富，大家都有飯吃有衣穿，你有的我也有，縱有財貨也無用處。有方良作首領，訂得規矩又公平，雖因人少，不能地盡其利，卻能人盡其力。做事和娛樂有一定的時期，互爲勸勵，誰也不許偷懶，誰也無故不願偷懶。收成設有公倉，計口授糧，量人給物，一切俱是公的」。

　　作者對中國社會的現狀與未來的憂慮，也通過一個人種退化的小人國得到體現：「深山之中，竟有這等小人種族生長，人種雖小，卻與大人一般能幹，有的竟比大人還要靈巧。無論禽言獸語，俱都通曉，休看他們人小，因爲肯用心思，同心合力，不恤煩勞，頗能安居樂業，爲供合族中的臣民鑒賞，一齊懸在外面，並不秘藏起來，也從無盜竊之事發生」；「並說傳聞他們萬多年前的祖先，也和世間大人一般。在幾千年當中，不特文治武功，禮樂教化，號稱極盛；便是起居服食之微，也是舉世無兩。同樣和中朝一般，擁有廣土眾民，天時地利，眞可稱得起泱泱大國之風。只爲後世子孫不爭氣，風俗日衰，人情日薄，那自取滅亡之道，少說點也有幾千百條，以致國家亡了。人種因耽宴適，萬種剝削，到了末世，休說像中古時代那種身長九尺多的大人沒有，便是七尺之軀也爲希見。後來逐漸退化到今日地步，再不能與別的大國一較長短。同時人種也受了許多殘殺壓迫，實在沒法再混下去，只得遁入深山」（176 回）；「只爲亡國的前一兩世，一班在朝在野的渾蟲只知標新立異，以傳浮名，把固有幾千年傳流的邦家精粹，看得一文不值。流弊所及，由數典忘祖，變而爲認賊作父。幾千年立國的基礎，由此根本動搖，致於顛覆，而別人的致強之道，並未學到分毫。起先專學人家皮毛，以通自己語言文字爲恥，漸漸不識本來面目，鬧得本國人不說本國話，國還未亡，語言文字先亡」，「所傳文王八尺，湯交九尺，大概古人稟賦至厚，所以軀幹要長大些。後世人心日壞，嗜欲日多，人身本來脆弱，長一輩的受了侵奪剝削，自然遺毒子孫，一代一代傳將下去，年代一久，自然人種便日趨矮小」（177 回）。這些都是 20 世紀中國思想界的「亡國亡種」危機意識的體現，對國家和民族現狀與未來的深深憂慮等現代精神，就通過作者的這些描寫而展示出來。

　　作者關於中國社會「忠孝仁義等，號稱美德，其中亦多虛僞」的批判，

亦是民國思想界反封建的最基本內容，而將這種批判「寄於小說之中，以期潛移默化」的武器選擇，正是對梁啟超、魯迅等思想界先驅者「新民」、「改造國民性」努力的傳承。

還珠樓主對自己的創作基點和寫作特色，也有過說明，他在給朋友徐國楨的的信件中說：「惟以人性無常，善惡隨其環境，惟上智者能戰勝。忠孝仁義等，號稱美德，其中亦多虛偽。然世界浮漚，人生朝露，非此又不足以維秩序而臻安樂。空口提倡，人必謂之老生常談，乃寄於小說之中，以期潛移默化。故全書（《指蜀山劍俠傳》）以崇正為本，而所重在一情字，但非專指男女相愛。又：弟個性強固而複雜，於是書中人乃有七個化身，善惡皆備」，〔註90〕這些，都可以為我們更好地認識還珠樓主，提供一個研究的切入點。

還珠樓主在外部強大壓力之下自廢武功之際，港臺的「新武俠」小說卻接踵而至。這是以梁羽生和金庸興起於香港為標誌，後來又有臺灣的古龍加入，時稱「新武俠三大家」。而到了 21 世紀，一個更年輕的作者群體大張「川派武俠」的大旗，吸引著社會閱讀層的目光。

第八節 一枝「寂寞的野玫瑰」：陳銓

一

陳銓（1905～1969），筆名有唐密、陳大銓、陳濤西等。四川富順人。父親是候選儒學訓導且家業甚豐，其獨特之處還在於讓陳銓在新式小學學習的課餘，還要到私塾學習古代詩文，從而達到傳統文化與現代文明兼修的效果，這就是陳銓有較為實在的傳統文化修養的重要原因，同時又有完整的現代教育經歷，如在富順縣讀完新式小學後，進入省城就讀成都的省立第一中學，再升入清華大學留美預備班，1928 年 8 月出國，先後留學於美國、德國，學習哲學、文學和外語，1933 年在德國克爾大學獲博士學位等。

1925 年，清華學生陳銓以「大銓」、「記者」、「濤每」和「編輯」為名，從創刊號到第四期的《清華文藝》共發表作品 38 篇；1925 年《學衡》第四十八期，也有他翻譯雪萊的《雲吟》發表，第四十九期又有他和吳宓、張蔭麟、賀麟、楊昌齡合譯的羅色蒂（Mrs. Rossetti）的《願君常憶我》，1926 年第五

〔註90〕 參見徐國楨：《還珠樓主論・五》，上海正氣書局，1949 年。

十四期有他翻譯 Keats 的詩作《無情女》，第五十七期有他翻譯歌德的兩首詩。截止 1949 年，他創作出版了近十部中長篇小說，如長篇小說《天問》（上海新月書店，1929）、《彷徨中的冷靜》（上海商務印書館，1935）和劇本《野玫瑰》（重慶商務印書館，1942）、《藍蝴蝶》（桂林文化供應社，1942）都是他的代表作。陳銓的長篇小說還有《革命的前一幕》、《死灰》、《戀愛之衝突》、《再見冷荇》、《歸鴻》、《狂飆》……等多種，此外還有大量的短篇小說散見各處，如《重題》、《瑪麗與露茜》、《旅伴》、《一句話》、《花瓶》、《支票》、《臘梅》、《訂婚》、《婚變》、《風波》等等，但只收錄短篇小說集《藍蝴蝶》（重慶商務印書館，1940）一本出版。

　　陳銓最初開始文學寫作，是從翻譯歐美詩歌和創作新詩開始的。陳銓兒時就在私塾裏學會了做舊體詩。但他平時做的那些以抒發私人情感為主的舊體詩幾乎從未發表過（僅在短篇小說《漱成》的結尾附有三首七律）。他的譯詩大多發表在《弘毅》月刊、《學衡》和《清華文藝》上，遵循清華導師吳宓「以新材料入舊格律」的詩學理論，陳銓初期主要以整飭的五言或七言律詩的格式翻譯濟慈、歌德、雪萊、彭斯等名家的名作，給西方詩歌的意境染上了濃鬱的中國古典色彩。而這種譯詩的方法完全沒有保存原詩的風貌，在很大程度上就是文學再創造或者說是「意譯」。在創作中國舊體詩和以中國舊體格律詩形式翻譯西方詩歌的基礎上，受到時代浪潮的影響，陳銓開始了新詩寫作。

　　陳銓的新詩創作可以大致分為前後兩期，20 年代在清華求學期間和 40 年代倡導民族文學運動時期。這兩個階段的新詩作品個性鮮明，有不同的主題和風格。在清華園初露鋒芒時期，1925 年，22 歲的陳銓主持了校園刊物《清華文藝》的編輯工作，他在以「記者」署名寫的《清華文藝》第 1 卷第 1 期的導言中，聲明了該刊的宗旨：「注重中國舊文藝的整理」、「注重西洋文藝的翻譯和介紹」、「注重時下作品的批評」、「注重清華生活的描寫」、「登載有趣的筆記笑談」等。他的創作正是從這些角度開始的，在《清華文藝》發表九首新詩，標誌著他在文學的領域裏邁出了第一步。

　　1929 年，著名學者浦江清在其日記中專門談到了學生輩的陳銓，由此可以想見作為清華學生的陳銓當時已具有一定的作家知名度和影響力：〔註91〕

　　　　讀陳銓君《天問》（長篇小說）。前半部尚佳，後半部則人格之

〔註91〕浦江清：《清華園日記・西行日記》第 28、29 頁，北京三聯書店，1999 年。

轉變，不大自然，且文筆益漫率矣。陳君爲此間留美預備部學生，去夏赴美者。其人讀哈代之小說甚多，且至美國後立意研究西洋小說，且從事創作，前途殊不可量。《天問》則無甚好處。其中插許多議論，有孩子氣，有一段且告人以作者尚未結婚，可笑之至！陳君是四川人。其所寫多四川風味，亦雜以四川土語。書中云「抄手面」，余問之旭之，始知「抄手」即「餛飩」。又川人罵人有云「龜兒子」，書中甚多。又書中所云川戲《絳霄樓》，即京劇中之《梅龍鎮》。

二

被稱爲「奇人」的陳銓，首先是以小說顯示出他那狷介狂傲、凌厲奮進的藝術個性。中國新文學史學科建設的開山朱自清先生，1929 年在其《中國新文學史綱要‧陳銓的小說》專節中，指出陳銓小說具有「舊小說的影響」、「結構的謹嚴」、「感覺主義」、「情節有過巧之處」、「技巧的注意」、「文筆之流麗」六大特點。〔註92〕

長篇小說《天問》（1931）以民國初年川南富順縣作者家鄉人生爲背景，在雄渾而綺麗的蜀中山水的繪寫與草莽競雄、軍閥混戰的展示中，塑造了一個從藥店學徒頑強進取官至旅長的林雲章形象。圍繞著林雲章私戀老闆愛女，自慚地位懸殊而從軍，終於官至旅長，又設計殺夫騙取老闆之女張慧林愛情，終至姦情敗露而自戕的情節線索，表現著獸性與人性的衝突。在這個三角戀情中，作者思考著人生終極意義並抒發著生命多舛的悲哀。林雲章自小失怙卻心存大志，投軍之後施展各種手腕而登上高位，爲騙取張慧林愛情而支使人構陷其夫並殺害之；婚後卻發現苦心追求的愛情亦不過是平常人生，又在混亂現實中失去權力，他平生崇尚的「醇酒、寶劍、美人」只剩下「對酒當歌」的無奈，只得在坦白自己罪惡之後自殺。林雲章以頑強的毅力對待生命中一切榮辱沉浮、悲歡苦樂，在人生旅途中不斷追求、奔波、抗爭、掙扎，作者以之展示人類生存的困境，是生命個體在現實存在中追求與失落的永恆矛盾。

作者塑造的張慧林的形象其實就是「美」和「善」的化身，在作品中以她的人性之美襯托出林雲章的人性之醜惡，她的毀滅，也增強了小說的悲劇

〔註92〕朱自清：《中國新文學史綱要》，《文藝論叢》第 14 輯，上海文藝出版社，1982年。

性效果。稍後問世的《彷徨中的冷靜》（1935）、《欣迎》等長篇，都是以作者故鄉富順縣爲人物活動空間，將人物置放於愛情或三角戀愛衝突中，以表現個人性格與人生理想追求之間巨大反差形成的衝突，展示著人物自身追求的合理性與客觀存在否定性之間不可調和的悲劇性矛盾。這就使陳銓小說帶有浪漫悲劇的濃鬱感傷和對人生意義深沉思考的悲涼特徵。小說主人公那狂傲不馴的人生博擊經歷和亦正亦邪的性格表現，最終失敗的生命終結，都給人造成一種強烈的心靈震撼。這就是後來有學者指出的，「在對客體的追求中，展示了人性的墮落與醜惡，顯示出生命個體在現實存在中追求與失落的永恒矛盾，由此突顯出深刻的生命悲劇意識」。〔註93〕

這種藝術表現，根源於陳銓將文學創作視爲「生命衝動」的藝術觀，也正是對「文化文學」的自覺探求，這使他的小說有著大量的蜀南山水風物的繪寫。蜀中民俗風習、婚嫁喪葬場面，與沱江急流險灘、飽經風雨剝蝕的大佛崖像等，既是人物活動的空間背景，又成爲觸發人物情思的歷史文化積澱物而化合參與人生悲歡。蜀中社會軍閥混戰和民生艱辛也通過人物的生命歷程而體現著。陳銓曾借《彷徨中的冷靜》人物之口表示自己的藝術追求：「文詞可以堆積，風格可以做作，但是要創造故事，卻非有偉大的想像力不可。」爲了表現人物「生之意志」和悲劇性衝突，他常將人物置放於劇烈而不可調和的矛盾中，以營造一種情緒的沖激震撼強力，這就使他的小說往往表現著「情節上有過巧處」（朱自清語）。

其《革命前的一幕》、《死灰》、《狂飆》等取材蜀地之外的作品，中心內容仍是對人生終極意義的「天問」叩擊，並體現著其狂放不羈、浪漫傳奇的藝術風格。正因如此，30年代朱自清在構築中國新文學研究體系時，在其《中國新文學史綱要》中就專門設立「陳銓浪漫的愛情悲劇和社會人生的哲理思考」一節進行分析。香港文學史家司馬長風的《中國新文學史》，把陳銓列爲中國現代文學中「長篇小說七大家」之一。陳銓的這種人生哲理思考，在40年代被發展爲抗戰與愛情犧牲和對「恐怖、狂歡、虔恪」的強力意志的狂歡。陳銓以戲劇的藝術形式，再度表現出鮮明個性而成爲一種褒貶不一的現象。作爲一個戲劇家，陳銓以《野玫瑰》爲代表，連續推出《金指環》、《藍蝴蝶》、《黃鶴樓》等描寫抗戰戰爭的劇作，張揚起「浪漫悲劇」的旗幟。「浪漫」作爲一種「人生理想的無限追求」的表現，被陳銓聚焦於「力人」形象的塑造上。

〔註93〕謝泳：《由常風的經歷說起》，《南方文壇》，2003年第1期。

代號「野玫瑰」的女特工夏豔華爲了國家民族利益，棄捨了愛情、青春，嫁給漢奸頭子爲妻，在敵僞統治的核心從事秘密抗日工作，忍受著仇敵伴陪和戀人的誤解，並以超人的才智和強力意志成爲秘密工作中令人景仰的「天字第一號」人物。而在她與劉雲樵、曼麗的三角矛盾中，劇作更渲染了她爲所愛的人，盡力幫助促成其美好姻緣的高尚，劇作那感傷情調也就通過爲國家作出巨大犧牲卻落得個淒涼孤獨結局的夏豔華體現著。《野玫瑰》情節的成功在於劇情的緊張與懸念，關目緊湊，戲中有戲，虛實相輔相生，雙線結合。複雜、多面性的人物塑造，也爲劇作增色不少。當時的批判者們也承認「情節劇味道很濃」、「比較能抓住觀眾」。而「在昆明大戲院裏上演，場場爆滿，反響強烈……在昆明的西南聯大、雲南大學及一些高中學生中的戲劇社團也開始排演《野玫瑰》，似乎一開始就得到地下進步組織的支持」。

據當年昆明抗敵文化協會理事范啓新先生回憶說：〔註94〕

> 當時陳銓教授很有知名度。幾所高校都請他講德國文學和戲劇知識。知道他是「戰國策派」骨幹，也知他遭到批判。大概是皖南事變前幾天，昆明的中共人士張子齋在《雲南日報》發表批評「戰國策派」的文章，指名陳銓宣揚尼采哲學和超人英雄，說他貶低廣大抗日群眾作用，言辭嚴厲。但這絲毫不影響《野玫瑰》演出。首場上演在昆明唯一的一家昆明大戲院，非常火爆，一票難求，我是通過西南聯大劇團的朋友才挖到票的，演出當天，報上發大廣告，後幾天正面評價較多。

時任中共南方局文藝秘書的張穎後來回憶過該劇當時的演出盛況，又說到在周恩來主持的中共南方局文委會議上，曾專門討論對《野玫瑰》的應對辦法：〔註95〕

> 我記得在會上討論時，一致認爲國民黨中宣部支持此劇演出，我們無力阻止，爲了表示對此劇的反對，可以組織進步的戲劇工作者罷演罷導，並可組織批判文章。

> 應該說（《野玫瑰》）當時演出，相當成功，演出十數場，觀眾過萬人。以後在四川多地也廣泛演出了。

《金指環》以國軍守城旅長之妻尚玉琴爲主人公，將之置於丈夫與昔日戀人的

〔註94〕參見徐志福：《抗日「救亡」運動中的陳銓》第90頁，巴蜀書社，2009年。
〔註95〕張穎：《有關話劇野玫瑰——抗戰中的一樁公案》，《百年潮》2002年9期。

敵軍軍長衝突之間，在個人利益與民族利益的矛盾中，尚玉琴以超人的意志協調著丈夫與昔日戀人的矛盾，又借金指環之毒以死來感化眾人進行抗戰，這與特工題材的《藍蝴蝶》可謂異曲同工，都是對新型「力人」民族性格翹盼的產物。《藍蝴蝶》劇首有言：「世界是一個舞臺，人生是一本戲劇，誰也免不了要粉墨登場，誰也不能夠在後場休息。」從政治到文學、從文學到政治，陳銓的民族主義理想始終如一地由時代的「大政治」尋求國家的「政治統一」及政治生存。這些文學性的話語表述，實際上就是陳銓對人生、國家民族的思考結果，在《浮士德的精神》一文中。陳銓把「浮士德精神」概括爲「對於世界人生永不滿意」、「不斷努力奮鬥」、「不顧一切」、「感情激烈」和「浪漫」。他翹盼著處在新「戰國時代」的中華民族應該秉有這種「浮士德的精神」。後來，陳銓又強調「浮士德精神」就是「力」，而「力」乃是「善」之外化。

三

1940 年 4 月至 1941 年 7 月，陳銓同林同濟、雷海宗等一批教授在昆明創辦《戰國策》半月刊，1941 年 12 月到 1942 年 7 月又在重慶《大公報》上開闢《戰國副刊》，從而形成了被批判近半個世紀的「戰國策派」，其中五位核心人物中就有富順縣陳銓、金堂縣賀麟兩位蜀人。陳銓是一個在民族生死存亡關頭深度自審，有濃烈憂患意識的文人，他的所有創作和理論都應該從這個角度去理解。其博士論文《中德文學研究》是研究中國文學對德國文學影響的奠基之作，也使他成爲中國比較文學研究的先驅者之一。他先後擔任過清華大學、西南聯大、中央政治大學、同濟大學、復旦大學、南京大學等校的教授。

在編輯《戰國策》半月刊、《大公報·戰國》副刊期間，陳銓發表的主要論文有：《浮士德的精神》、《叔本華的貢獻》、《論英雄崇拜》、《德國民族的性格和思想》、《尼采的思想》、《尼采與女性》、《尼采的政治思想》、《尼采的道德觀念》、《狂飆時代的席勒》、《尼采的無神論》、《文學批評的新動向》、《指環與正義》、《歐洲文學的第四階段》、《政治理想與理想政治》、《再論英雄崇拜》、《民族文學運動》、《民族文學運動的主義》、《狂飆時代的歌德》、《民族文學運動試論》等，專著有《從叔本華到尼采》。陳銓還著有劇本《野玫瑰》、《藍蝴蝶》、《金指環》、《婚後》、《黃鶴樓》、《衣櫥》等。〔註96〕概而言之，中國文化的重

〔註96〕 參見於潤琦編選：《陳銓文集》，華夏出版社，2000 年。

構、民族精神的張揚、引入德國文化尤其是尼采思想的「輸血」等，成爲陳銓的「戰國策派」活動的基本價值指向。國難當頭之際對民族命運的憂戚與關懷，再造中國文化的期盼，使陳銓從尼采哲學和德意志文化中汲取養分。

在經歷了 20 世紀 50 年代以來一邊倒的眾口一詞地批判「戰國策派」之後，用當時親歷者陳白塵的話來說，就是「今天看來，這一批判，政治聲討重於藝術論爭，對戰國策派劇本的批評沒有與實事求是的藝術分析結合起來」。

近來有學者認爲：以陳銓爲主心骨的「戰國策派」所有的文化創造活動，「中心命題仍然是如何摒除傳統文化的積弊，著眼點卻在於從世界文化競存的角度進行文化重構，企圖以此喚發民族生機與強力」，「其理論個性正突出體現於對五四以降各種新文化構想的超越，中外文化比較的視野使他們具有較完備的思想系統，而戰時所集中暴露的文化積弊又促使他們增強了理論的鋒利批判力」。〔註97〕確實，陳銓們用「文化形態學」來解釋中國歷史文化和世界格局，批評中國柔性主義文化傳統和國民劣根性，大力倡導尚力精神和英雄崇拜，主張恢復戰國時期文武並重的文化，以適應激烈的民族競爭，其文化重建思想和對世界局勢的判斷具有思想史價值。其實，這也是對民國前夜魯迅呼喚「立意在反抗」「指歸在動作」的回應。

陳銓其實並不「反共」，他曾經給學生編導過成都省立第一中學的同窗、中共文藝界領導人陽翰笙「反內戰、反投降」的劇本《前夜》，重慶的中共南方局《新華日報》，在 1942 年 3 月 6 日到 9 日、7 日到 9、15、18 日，多次刊發《野玫瑰》的演出廣告詞：「故事——曲折生動；布景——富麗堂皇」、「客滿，場場客滿；訂座，迅速訂座」；具有中共背景的「中華劇藝社」就演出過《野玫瑰》。大約，這就是他在 1949 年拒絕被「搶救」去臺灣的一個重要原因。但幾乎在這同時，其作爲一個學者的學術生命也被終結，他不得不進入「後臺休息」。據許多相關研究材料透露：陳銓在 20 世紀 50 年代還有《德國文學概論》、《科利奧蘭納斯的改編問題——從普魯塔克、莎士比亞到布萊希特》，甚至還有黑格爾的《精神現象學》斷卷殘篇，但不能繼續進行，更不能出版。〔註98〕

〔註97〕溫儒敏、丁曉萍：《「戰國策派」的文化反思與重建構想（代前言）》，《時代之波——戰國策派文化論著輯要》，中國廣播電視出版社，1995 年。
〔註98〕葉雋：《江山詩人情——作爲日耳曼學者的陳銓》，《中華讀書報》2008 年 1 月 2 日。

到了 21 世紀，陳銓的學術思考和對民國文化建構的貢獻，愈益受到學術界的重視。陳銓的《中德文學研究》(1936)、《叔本華的生平及其學說》(1942)、《從叔本華到尼采》(1943)、《文學批評的歷史動向》(1943)、《戲劇與人生》(1947)、都是中國比較文學界經常談論和引述的內容，尤其是他翻譯瑞士凱塞爾《語言的藝術作品——文藝學引論》(1984)，幾乎成為中國學術界的必讀書。「中國研究日耳曼學的鼻祖」、「尼采思想最有力的闡釋者」、「中國比較文學研究的先驅」等美譽，時常見諸各種文字。學者沈衛威對陳銓有過這樣全面的評價：「陳銓是現代文學史、現代學術思想史上一位具有多方面建樹的作家、學者。作為作家，他有詩集、小說、劇本；作為學者，他有中德文學比較的論著、有專門的戲劇理論著作和研究德國現代哲學家的傳記、專著」，抗戰時期積極投身於「戰時文化建設活動」，「集編劇、導演、戲劇理論批評三者為一身。這樣一來，抗戰期間，陳銓就有了多重身份：大學教授（同時寫大量的文章）、作家（主要寫小說、戲劇）和戲劇導演。」〔註99〕

〔註99〕沈衛威：《尋找陳銓》，《文史精華》2006 年 2 期。

後　記

　　蒙李怡先生擡愛，命我提交一部「民國文化與地域文學」方面的文字，作爲《民國文化與文學研究文叢》之一。李怡先生與我相熟多年，知道我多年來主要進行地域文化與地域文學的思考。所以，無論是個人學術興趣，還是出於對李怡先生主持這項學術工程的敬意，我都願意跟進。

　　我一直認爲，一部中國文化史，就是在漫長的歷史進程中，由各地域與各種族文化，歷經交匯碰撞，逐漸化合而成。我很強調人類文化發展史的空間作用，並一直注意文化的空間格局形態對文化發展繁榮的驅動效應。

　　《民國文化建構中的地域文學辨思》主要以民國格局中巴蜀文化的重新發現以及對民國文化的建構貢獻，著重對川籍作家地域性言說對民國文學的發展和繁榮的努力，進行了辨思。同時，也注意了選擇其他一些地域文學的案例，以展示民國文學的空間構成格局形態。

　　感謝李怡先生的青睞，使我再次有機會較爲系統地思考這個話題，感謝學術界同行多年來對我的關注和幫助，還要感謝我的同事和同行師恭叔先生爲本書題簽。

鄧經武

2013 年 5 月